자본시장 이해

허 화 · 박 종 해 · 변 영 태 공저

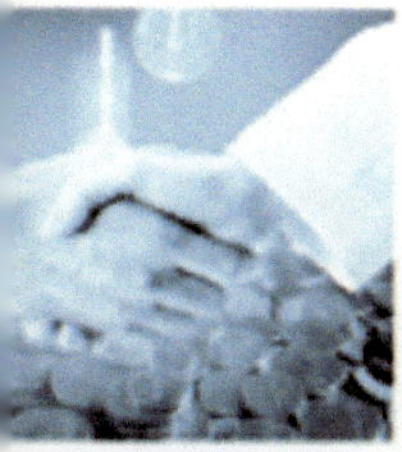

Capital Market

탑 북 스

머리말

자본시장법에 의해 통합된 자본시장으로 성장해 온지도 10년이 되었다. 그동안 한국의 자본시장은 2008년 미국발 금융위기 이후 나타난 유동성 위기와 위험자산 회피현상을 겪으면서 유가증권 시장과 파생상품 시장에서 많은 제도적 변화를 경험하였다. 특히 최근 5년동안 파생상품 시장에 대한 규제강화와 상장지수펀드(ETF)시장의 비약적인 성장이 눈에 띈다. 또한, 인공지능의 발달은 다양한 분야에 적용되어 그동안 사람의 영역이었던 부분들을 대체하고 있는데 금융산업에서 역시 이러한 변화가 감지되고 있어 급변의 시기에 학생들이 무엇을 어떻게 학습해야 할 것인가에 대한 진지한 고민이 필요한 시점이기도 하다.

그 동안 저자의 경험에서 보면 많은 학생들이 자본시장에 대해 공부하면서 많은 수학적, 통계학적 이론을 배우는데 어려움을 겪고 있다. 특히 어려운 수학적, 통계학적 개념이 아님에도 불구하고 주식, 채권, 파생상품 등에 응용하는 과정에서 위험과 수익의 개념을 금융상품에 적용하는 과정이 자본시장이나 금융상품에 대한 흥미를 떨어뜨리고 있다고 여겨진다. 이 책은 자본시장을 보다 쉽게 이해할 수 있도록 자본시장의 원리와 제도적 이해에 초점을 맞추고 있으며, 자본시장에서 거래되는 상품들의 가격과 포트폴리오에 대해 이해할 수 있는 기본적인 이론을 습득할 수 있도록 구성하였다.

1장과 2장에서는 자본시장의 역할과 증권회사를 중심으로 한 금융투자업에 대해 이해할 수 있도록 설명하였다. 3장은 자본시장에서 거래되는 투자상품의 기본적인 개념들에 대해 설명하고 해당 증권의 발행과 유통에 관해서는 4장과 5장을 빌어 설명하였다. 2008년 금융위기 이후 변화되어 오고 있는 증권관련 제도는 6장에서 학습할 수 있다. 7장부터 12장에서는 주식과 채권의 가치평가에 대한 기본적인 이론들을 보다 이해하기 쉽게 설명하고 있으며, 13장에서는 대표적인 파생상품인 선물과 옵션에 대해 학습할 수 있도록 구성하였다.

아무쪼록 이 책을 통해 공부하는 학생들이 보다 쉽게 자본시장에 대해 이해할 수 있기를 바라며, 책의 출판에 많은 도움을 주신 탑북스에 감사드린다.

2017년
저자들 씀

차례

제1장 금융시장과 자본시장

제2장 금융투자업과 투자자

제3장 금융투자상품

제4장 증권의 발행시장

제6장 증권관련제도

제7장 증권의 기본적 분석

제8장 증권의 기술적 분석

제9장 포트폴리오 이론과 자본자산가격결정모형

제10장 자본시장의 효율성

제11장 채권가치의 평가

제12장 채권수익률의 기간구조와 위험구조

제13장 선물시장과 옵션시장

제1 장

금융시장과 자본시장

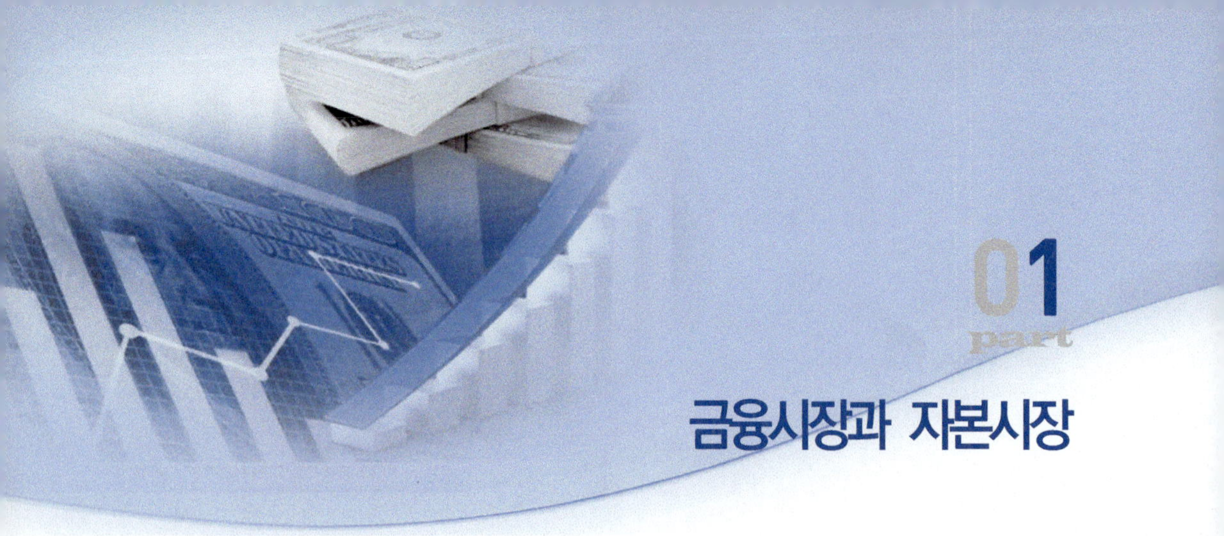

01 part 금융시장과 자본시장

제 1 절 금융시장

1. 금융시장의 의의 및 기능

금융(finance)은 타인에게서 자금을 빌리거나 타인에게 자금을 빌려주는 행위이다. 이와 같은 금융거래가 이루어지는 장소를 금융시장(finance market)이라고 한다. 금융시장은 기업, 가계, 정부, 금융기관 등 경제주체들이 금융상품을 거래하여 필요한 자금을 조달하고 여유자금을 운용하는 조직화된 장소를 말한다. 여기서 금융상품(finance instruments)이란 현재 또는 미래의 현금흐름에 대한 법률적 청구권을 나타내는 화폐증서를 의미하며 기업어음, 채권, 주식 등과 같은 기초자산 뿐만 아니라 선물, 옵션, 스왑 등 파생금융상품이 포함된다. 금융시장은 국민경제에서 중요한 기능을 수행하는데 먼저 거시경제적 측면에서 자금을 중개하는 기능을 들 수 있다. 금융시장은 자금잉여부문의 여유자금을 흡수하여 자금부족부문에 공급한다. 국민경제에서 대표적인 자금잉여부문은 가계이며, 대표적인 자금부족부문은 기업이다. 가계는 소득수준 및 스스로의 시간선호(time preference)를 감안하여 적정 소비규모를 결정하고 남는 자금은 미래 소비를 위해 저축하는데 그 대부분을 금융자산으로 운용한다. 기업은 일시적인 여유자금을 금융자산으로 운용하기도 하지만 대부분의 경우 부족한 투자자금과 운영자금을 가계 등 자금잉여부문으로부터 조달한다.

금융시장은 이러한 자금중개기능을 통해 자금배분의 기능을 가진다. 금융시장의 기능을 자금중개기능의 관점에서 본다면 다음 6가지의 구체적인 기능을 들 수 있다.

(1) 금융시장은 시간, 국경, 산업을 초월해서 자금(자원)을 이전하는 수단을 제공한다.

집을 사기 위해 은행에서 돈을 빌린다든지, 퇴직에 대비해서 개인연금에 든다든지, 기업이 생산설비에 투자한다든지 하는 금융행동은 시간의 어느 시점에서 다른 시점으로 자금의 이동을 수반한다. 금융시장은 이와 같은 시점간의 자금의 이전을 가능하게 한다.

시점간의 자금의 이전과 함께 금융시장은 장소간의 자금의 이전도 가능케 한다. 미국에 유학하는 자식에게 돈을 송금하는 것도 국경을 넘어 자금이 이동하는 예이다. 금융시장은 국내에서는 물론이고 국경을 넘어 자금의 이전을 쉽게 할 수 있는 수단을 제공한다. 또한 우리가 매입한 중국펀드로 성장성이 높은 중국산업으로 자금이 이전되고 있다. 이와 같이 경제가 복잡해 질수록 금융시장의 시점간, 장소간, 산업간의 자금배분수단을 제공하는 기능이 강화된다.

(2) 금융시장은 상품, 서비스, 자금의 원활한 거래를 위하여 결제수단을 제공한다.

금융시장의 중요한 역할의 하나는 개인이나 기업에 대하여 상품이나 서비스의 거래를 원활하게 하기 위한 결제수단을 제공하는 것이다. 결제수단이 금에서 지폐로 바뀐 것은 지불시스템의 효율성을 증가시킨 하나의 예이다. 지폐의 다음 단계로 발달해 온 어음, 수표, 신용카드, 전자자금결제는 더욱 결제수단의 효율성을 증가시킨 것이다.

(3) 금융시장은 리스크관리의 수단을 제공한다.

금융시장을 통해서 자금이 이동하는 것과 동시에 리스크도 이전한다. 예를 들어 우리가 주식에 투자하면 투자수익률이 변동하기 때문에 리스크가 발생한다. 금융시장은 이러한 리스크를 관리하기 위한 수단으로서 예컨대 보험계약, 보증 및 선물, 스왑, 옵션 등의 금융파생상품을 제공한다.

(4) 금융시장은 대규모 프로젝트를 위한 자금의 축적 및 대기업의 소유권을 다수의 소유자에게 분할하는 수단을 제공한다.

현대경제에 있어서는 기업경영을 위해 필요한 자금은 개인이나 대가족이 부담가능한 자금을 훨씬 초과하는 경우가 대부분이다. 금융시장은 대규모의 기업을 경영하는데 필요한 자금의 축적을 가능하게 하는 메카니즘(예를 들어 주식시장 혹은 은행)을 제공한다. 대기업이라도 그 주식은 균등한 권리내용을 가진 단위(액면금액)로 세분되어 있고 자유롭게 양도할 수 있다. 기업이 대규모화 될수록 자본금이 커져 발행주식수의 50% 이상이 불특정 다수의 개인이나 기관 투자자에 의해 소유되고 있다.

(5) 금융시장은 경제 각 부분의 독립적인 가격결정을 위한 정보를 제공한다.

매일 신문 · 텔레비전 등에서 주가나 금리가 발표되고 있다. 이 정보는 주식이나 채권에 투자하는 사람에게만 유용한 것이 아니라 가계의 의사결정에도 도움이 된다. 예컨대, 현재의 금리수준으로 은행에서 장기대출을 받아 분양하는 아파트를 매입하는데 이용될 수 있다. 기업 경영자에게도 새로운 프로젝트와 그 자금조달의 의사결정을 하는데 주가와 시장금리에 관한 정보가 도움이 된다.

(6) 금융시장은 정보의 비대칭(asymmetric information)이 존재하는 경우 또는 어떤 자가 타인의 대리인으로서 행동할 경우 인센티브(incentive)에 관한 문제를 해결하는 수단을 제공한다.

정보의 비대칭은 시장에서의 각 거래 주체가 정보의 양이 서로 다를 경우 발생한다. 정보의 비대칭은 금융시장에서 도덕적 해이(moral hazard)와 역선택(adverse selection)의 문제를 일으킨다. 우선, 역선택은 거래가 일어나기 전에 정보의 비대칭에 의해 야기되는 문제이다. 예를 들어 자동차 보험회사는 가입을 원하는 사람 중 사고의 위험성이 낮은 사람만 받아들이고 높은 사람은 받고 싶지 않을 것이다. 만약 보험회사가 보험가입을 원하는 사람이 어떤 유형인지 잘 판별할 수 없다면 사고의 위험성이 높은 사람들이 주로 보험을 가입하는 역선택 현상이 발생할 수 있다. 이와 같은 역선택의 문제는 과거의 사고에 의해 자동차사고가 발행할 확률이 높은 사람들에게 더 비싼 보험료를 부과함으로써 해결될 수 있다. 도덕적 해이는 거래가 일어난 후에 정보의 비대칭에 의해 야기되는 문제이다. 은행의 대출심사기능이 부실할 경우 기업의 사정을 제대로 파악할 수 없게 되어 은행과 대출자(기업) 사이에 정보의 비대칭이 발생한다. 이 경우 도덕적 해이가 야기될 수 있는데 도덕적 해이에 빠져 있는 비정상적인 기업은 능력 이상으로 무조건 많은 대출을 하려 할 것이다. 반대로 정상적인 기업은 원리금 상환의무를 충실히 이행할 만큼 대출을 자제할 것이다. 이와 같은 도덕적 해이는 금융시장에서 기업신용평가가 철저히 이루어지고, 대출의 사후 감독이 제대로 이루어짐으로써 해결될 수 있다.

오늘날 대부분 주식회사의 경우 기업의 주인(principal)인 주주가 대리인(agent)인 경영자에게 경영에 관한 의사결정을 위임하게 되는데 이러한 경우 주주와 경영자 사이에 대리인문제(agency problem)가 야기된다. 대리인 문제는 주주와 경영자 사이에 정보의 비대칭이 존재할 때 경영자가 주주의 이익보다는 자신의 이익을 확대하려는 경향이 있기 때문에 발생하며 이런 문제를 해결하는 데 드는 비용을 대리인비용(agency cost)이라 한다. 대리인비용은 주주들이 경영자의 행동을 감시하고(감시비용) 또는 이를 밝혀내기(확증비용) 위하여 소요되는 비용을 말한다. 대리인문제도 금융시장에 의해 일부 완화될 수 있다. 예컨대 전문경영자에 대한 인센티브로 스톡옵션(stock option)이 도입되면 주주와 경영자 간의 이해관계가 일치하게 되어 대리인 문제를 어느 정도 해결할 수 있다.

2. 금융시장의 종류

금융시장은 금융상품의 만기나 특징, 거래단계, 거래장소 등을 기준으로 여러 형태로 분류되지만 이 절에서는 단기금융시장과 자본시장, 직접금융시장과 간접금융시장을 중심으로 살펴본다.

1) 단기금융시장과 자본시장

금융시장은 거래 금융상품의 만기를 기준으로 단기금융시장(money market)과 자본시장(capital market)으로 구분된다. 단기금융시장은 보통 만기 1년 이내의 금융자산이 거래되는 금융시장을 말하며, 자본시장은 만기 1년 이상의 장기채권이나 만기가 없는 주식이 거래되는 시장을 의미한다. 단기금융시장은 기업, 개인 또는 금융기관이 일시적인 여유자금을 운용하거나 부족자금을 조달하는 등 개별경제주체들의 유동성 보유에 따른 기회비용을 최소화하는데 활용된다. 우리나라의 단기금융시장으로는 콜, 기업어음, 양도성예금증서, 환매조건부채권매매, 표지어음, 통화안정증권 시장이 있다.

자본시장은 주로 기업, 정부 등 자금부족부문이 자금잉여부문으로부터 장기적으로 필요한 자금을 조달하는데 활용되고 있기 때문에 장기금융시장이라고도 부른다. 우리나라의 자본시장에는 주식이 거래되는 주식시장과 국채, 회사채 및 금융채 등이 거래되는 채권시장이 있다. 넓은 의미의 자본시장에는 주식, 채권이 거래되는 증권시장 외에 은행, 보험회사 등의 장기대부시장도 포함되지만, 일반적으로 자본시장을 증권시장으로 부른다.

2) 직접금융시장과 간접금융시장

금융제도는 국가마다 다르다.[1] 기업자금 조달에 있어 미국은 채권이나 주식 등 직접금융 의존도가 높은 반면 일본이나 독일은 은행대출과 같은 간접금융이 더 중요한 역할을 담당한다. 따라서 금융시장도 각국의 역사적 발전과정에 따라 다소 상이하지만, 크게 직접금융시장과 간접금융시장으로 구분할 수 있다.

직접금융은 자금의 공급자와 수요자가 계약당사자로서 직접 금융거래를 하는 형태이며 간접금융은 금융기관이 자금공급자나 수요자를 대신하여 계약의 일방이 됨으로써 자금의 공급자와 수요자를 연결하는 금융형태를 말한다. 예를 들어 대표적인 직접금융수단인 주식의 경우 자금수요자인 기업이 자금공급

---

1) 금융시스템과 금융시장은 엄밀한 의미에서 구분된다. 금융시스템(finance system)은 금융거래가 구체적으로 이루어지는 방식과 이에 관한 제반 규칙 등을 포괄하고 있다. 즉, 금융시스템은 금융시장과 금융기관, 금융거래를 지원하고 감시하는 금융하부구조를 포괄하는 개념이다.

자(투자자)로부터 자금을 직접 조달하는데 비해, 간접금융수단인 은행대출에서는 은행이 예금 등을 통해 자금공급자로부터 조달한 자금을 대출계약을 통해 기업에 공급한다. 그리하여 직접금융시장에서는 주식과 채권이 거래되는 자본시장이 중요한 역할을 하고 간접금융시장에서는 은행이 중추적인 기능을 한다.

국가별로는 자본시장중심 금융제도가 발달한 나라로 미국과 영국을, 은행중심 금융제도가 발달한 나라로 독일과 일본을 들 수 있다. 금융이 발달한 선진국들도 이렇게 금융제도가 서로 다름에 따라 지난 20년간 자본시장중심 금융제도와 은행중심 금융제도의 상대적 우월성에 대한 논쟁이 꾸준히 제기되어 왔다.

은행중심 금융제도가 효율적인가, 자본시장중심 금융제도가 효율적인가에 관한 과거의 논쟁은 기본적으로 직접금융과 간접금융이 상호 경쟁관계에 있다는 인식에 바탕을 두고 있다. 그러나 최근에는 직접금융과 간접금융이 상호 경쟁적일 뿐 아니라 보완적이기도 하다는 인식이 높아지면서 금융시스템간 비교우위 논쟁은 예전에 비해 열기가 크게 식었다. 오히려 직접금융과 간접금융 모두 필요하며 두 금융방식이 균형적으로 발전하여야 한다는 쪽으로 의견이 모아지고 있다.

3. 금융시장의 구조

우리나라 금융시장은 [그림 1-1]에서 보는 바와 같이 자금의 조달 및 운용과 관련하여 장단기 금융상품이 거래되는 전통적 의미의 금융시장과 외환시장, 그리고 파생금융상품시장으로 구성된다.

전통적 금융시장은 거래되는 금융자산의 만기에 따라 크게 단기금융시장과 자본시장으로 구분된다. 외환시장은 외환의 수요와 공급에 따라 외환자산이 거래되는 시장으로 우리나라에서는 교역규모 확대, 외환자유화 및 자본시장 개방, 자유변동환율제 도입 등에 힘입어 주로 원화와 달러화를 중심으로 이종통화간의 거래가 활발히 이루어지고 있다.

파생금융상품시장은 전통적 금융시장과 외환시장의 거래결과 발생하는 위험을 관리하기 위해 널리 활용되는 시장으로서 우리나라의 경우 외환파생상품

[그림 1-1] 우리나라 금융시장의 구조

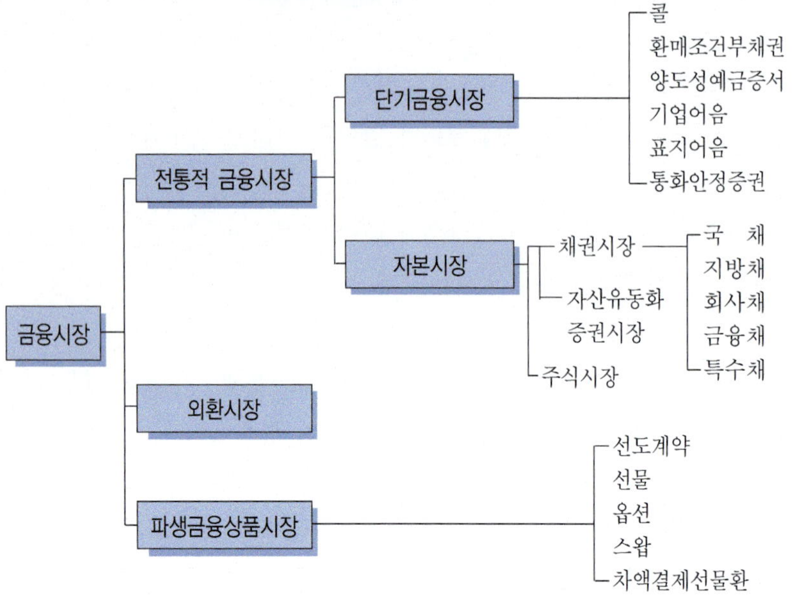

위주로 발전되어 왔다. 그러나 1990년대 중반 이후에는 주가지수선물 및 옵션, 채권선물시장 등이 도입되면서 거래수단이 다양화되고 거래규모도 확대되는 추세에 있다.

단기금융시장은 단기자금의 수요자와 공급자간 수급불균형을 조절하기 위하여 보통 만기 1년 이내의 금융상품이 거래되는 시장이다. 단기금융시장은 주식 및 채권이 거래되는 자본시장(capital market)과 비교하여 화폐시장(money market)이라고도 부른다.

현재 우리나라에는 중요 단기금융시장으로 콜시장, 기업어음시장, 양도성예금증서시장, 환매조건부채권시장, 통화안정증권시장, 표지어음시장 및 CMA시장 등이 있다.[2)]

자본시장은 주로 기업, 정부 등 자금부족부문이 자금잉여부문으로부터 장

2) 우리나라의 단기금융시장에 대해서는 한국은행, 우리나라의 금융시장, 2004.2 참조.

기적으로 필요한 자금을 조달하는데 활용되고 있기 때문에 장기금융시장이라고도 부른다. 우리나라의 자본시장에는 주식이 거래되는 주식시장, 국채, 회사채, 금융채 등이 거래되는 채권시장, 주식이나 채권과 같은 기초자산에서 파생된 선물, 옵션, 스왑 등이 거래되는 파생상품시장이 있다. 넓은 의미의 자본시장에는 주식, 채권이 거래되는 증권시장, 파생상품시장 외에 은행, 보험회사 등의 장기대부시장도 포함되지만, 일반적으로 자본시장을 증권시장으로 부른다.

1) 채권시장

채권은 채무를 나타내는 증권을 말하며, 채권이 거래되는 시장이 채권시장이다. 채권은 발행자의 신용에 따라 만기수익률이 달라지며, 발행방법은 공모와 사모방식으로 나눌 수 있다. 발행된 채권은 유통시장에서 거래되는데 거래소시장과 장외시장으로 구분할 수 있으며, 주식시장과 달리 장외시장의 점두거래에 의해 대량으로 거래되는 것이 특징이다. 외환위기 이후 국채전문유통시장, 시가평가제도 도입 등으로 인해 전문적인 시장으로 발전하고 있다.

2) 주식시장

주식은 자기자본 출자에 대한 권리를 나타내는 증권으로 출자자는 의결권, 배당청구권, 신주인수권, 잔여재산분배청구권을 가진다. 주식이 거래되는 시장을 주식시장이라 하며, 일정요건에 의해 공개적으로 자본을 모집할 수 있도록 거래소를 조직하고 운영하는 것이 일반적이다. 우리나라에서는 한국거래소에서 주식시장을 운영하고 있으며, 유가증권시장, 코스닥시장, 프리보드시장으로 구분되어 운영되고 있다.

3) 파생상품시장

파생상품시장은 그 가치가 통화, 채권, 주식, 금(gold) 등 기초자산의 가치변동에 의해 결정되는 금융거래가 이루어지는 시장이다. 파생상품거래는 계약형태에 따라 선도(foward), 선물(futures), 옵션(option), 스왑(swap) 등으로 구분된다. 거래방법에 따라 장내 및 장외 사장으로 구분할 수 있다. 장내시장은 거래가 정형화된 거래소를 통해 이루어지는 것이며, 장외시장은 장외에서 거래당사자간에 직접 거래하거나, 중개업자를 통해 거래가 이루어지는 것을 말한다.

제 2 절 자본시장

1. 자본시장의 역사적 형성과정

산업혁명은 근대자본주의 발전을 이루는 하나의 계기였다. 산업혁명에 의하여 도구와 인간의 손에 의한 재화의 생산방식이, 기계와 동력에 의한 근대적 생산방식, 즉 공장제 생산방식 내지 대량생산방식으로 이행하여, 자본주의 경제가 상업자본주의로부터 산업자본주의로 발전하는 길이 열렸기 때문이다. 이와 같은 근대적 생산방식에의 이행은 생산의 담당주체인 기업의 자본축적에도 큰 변화를 가져왔다.

첫째는, 기업에 있어서 자본수요의 양적 확대이다. 기업이 단순한 생산방식 하에서 소규모로 경영되고 있을 때에는 소액의 자본만이 소요되었기 때문에, 기업가는 그 자본수요를 자기가 축적해온 저축에 의하든지 혹은 개인적인 친지관계에 있는 사람이 가진 저축을 차입함으로써 자본을 조달할 수 있었다. 이러한 단계에서 기업자본의 수급관계는 개인적 관계의 기초 위에서 성립한다고 말할 수 있다. 이에 대해서 기업에 있어서 근대적 생산방식의 도입은 기업의 대규모화를 촉진하고 자본수요의 양적 확대를 가져왔다. 그러므로 이러한 거액의 자금수요는 단순히 개인적 관계에 근거한 자금으로서는 부족하기 때문에, 기업은 광범위하게 사회전반에 흩어져 있는 일반대중의 유휴저축에 자금원천을 찾게 된 것이다.

둘째는, 기업에 있어서 장기적 자본수요의 확대이다. 근대적 생산을 실시하기 위해서는 생산활동에 앞서 기업은 건물을 비롯해서 각종 기계, 설비를 도입하지 않으면 안된다. 이러한 기계, 설비를 확대함으로써 기업의 자본구성에서 차지하는 고정자산의 비중은 증대하고, 이른바 자본의 유기적 구성의 고도화가 이루어진다. 기계, 설비에 대한 투하자본의 회임기간은 길기 때문에 자본의 유기적 구성이 고도화하면 할수록, 기업은 장기성자금에 대한 수요가 확대된다. 산업이 경공업중심으로부터 중화학공업으로 발전하여, 산업구조의 고도화가 이루어지면, 장기성자금에 대한 요구는 더욱 확대되어 간다. 이와 같이 근대적 기업의 자금수요는 거액자본과 장기성자본이 동시에 수요된다는 필연성을 가진다.

그런데 산업자본의 공급원천으로서 기대되는 일반대중이 보유하는 저축은 양적으로 소액이며, 또한 언제든 현금화할 수 있도록 요구하고 있다. 다시 말하면 저축의 회수에 대한 요구가 높다. 이와 같이 일반대중이 공급하는 자본은 소액자본이며 단기성자본이라는 특징을 가진다.

근대자본주의 하에서 기업자본의 수요와 공급은 그 양적 측면에 있어서 거액자본수요에 대한 소액자본공급, 그리고 그 질적 측면에 있어서 장기성 자본수요에 대한 단기성 자본공급이라고 하는 두 측면에서 상호 불균형이 존재한다. 따라서 자본의 수요와 공급이 일치하기 위해서는 자본수급간에 존재하는 이와 같은 양적 · 질적 불균형을 극복하지 않으면 안된다. 이러한 사회적 요청에 의하여 생긴 금융제도가 상업은행(commercial bank)이다. 은행은 대중의 저축을 예금으로 받아들여, 즉 개인의 소량 · 단기성 자금을 대량으로 집중하여 이것을 각 기업에 대부함으로써 자본수급의 사회적 불균형을 극복했던 것이다. 그런데 산업혁명 이후 본격적으로 산업구조가 중화학공업단계에 들어감으로써 자본수급의 양적 · 질적 불균형이 더욱 심화되었다. 상업은행은 원래 1년 미만의 단기자금을 공급해 주는 것이 그 주된 역할이었기 때문에 중화학공업단계의 자금수급의 불균형을 해소하는 데는 한계가 있었다. 여기서 새로운 금융제도의 성립이 요청되었던 것이다. 이것이 주식회사제도 하에서 자연적으로 발생된 증권시장제도이다. 주식회사제도는 자본의 증권화에 의하여 자본수급의 불균형을 극복할 수 있다. 즉, 자금수요자인 기업은 주식에 대해서는 영구적으로, 회사채에 대해서는 만기까지 자유로이 이용할 수 있고, 자본의 공급자인 투자자는 보유증권을 제3자에게 양도함으로써 언제든지 투자자금을 회수할 수 있는 것이다. 그런데 주식회사제도가 경제적 기능을 발휘하기 위해서는 자본의 증권화에 의하여 생성된 증권이 구체적으로 거래되는 자본시장이 형성되어야 한다.

주식회사제도는 산업혁명(1770년대) 훨씬 전에 성립되었다. 그 효시라고 할 수 있는 네덜란드의 동인도회사는 1602년, 영국의 동인도회사는 1612년에 설립되었는데, 유럽 각국의 사정에 따라 각각 독특한 형태로 발전하여 왔다. 당초 각국의 주식회사는 무역업에서 출발하였으나 산업혁명이 급속히 진전하고, 제반법규 등 제도가 정비되면서 원양어업, 광산업, 은행업, 제조업 등으로 점차 확대되었다. 이와 같이 주식회사가 산업혁명과 더불어 급속하게 발전된 것은 이 제도가 다수인으로부터 소규모 영세자금을 모아 산업자금화하는데 효율적이었기 때문이다. 주식회사가 다른 회사형태보다 산업자금조달에 유리한 점은 주주는 자기가 출자한 한도내에서 회사의 채권자에 대하여 책임을 진다는 유한책임제도와 주주는 출자에 의하여 주식을 취득하고 당해 주식을 자유로이 양도하여 환금함으로써 투자자본을 회수할 수 있는 증권제도에 있다. 그러나 주식회사가 경제적 기능을 발휘하기 위해서는 증권의 매매가 이루어 질 수 있는 자본시장의 발달이 전제되어야 한다. 자본시장의 기원은 증권의 매매가 일정한 규모에 달하여 조직적 시장을 형성하게 된 19세기 이후이다. 산업구조가 중화학공업화함에 따라 설비의 거대화, 고정자본투하액의 장기화가 진전되는데, 이에 대응하여 기업형태로서 주식회사제도가 보급되고 발전한다. 이것은 선진자본주의국가에 있어서 공통된 현상이었으며, 주식 · 채권의 발행 · 유통을 둘러싼 시장제도도 이 과정에서 자연발생적으로 형성된 것이다. 요컨대 자본시장제도는 자본수급간에 있어서 양적 · 질적 모순을 동시에 조정 · 극복하기 위한 금융제도로서의 역할을 수행한 것이다.

이와 같이 산업자금을 원활히 하기 위하여 조직된 자본시장은 자본주의가 점차 고도화 되어감에 따라 그 기능과 역할이 다양해지고 있으며, 국민경제에서 차지하는 비중이 커져 이제는 자본시장이 없는 자본주의 경제는 상상할 수 없게 되었다.

2. 자본시장의 경제적 기능

자본시장은 넓은 의미의 금융시장의 일부로서 주식, 채권, 파생상품 등을 매매대상으로 하는 시장인데, 그 경제적 기능을 다음과 같이 요약할 수 있다.

1) 장기성투자자금의 조달

기업이 필요로 하는 자금은 일반적으로 공장건설 및 기계설비 등 장기적으로 고정되는 설비자금과 원재료의 구입, 임금지불 등의 운전자금으로 나누어진다. 운전자금은 단기금융시장을 통해서 은행 기타 금융기관으로부터의 차입으로 조달하는 것이 보통이다. 설비자금은 주식, 사채의 발행에 의한 장기안정적인 자금형태로 자본시장을 통해서 조달하는 것이 그 원래의 모습이라고 할 수 있다. 즉, 설비투자 등에 소요되는 장기자금은 주식 또는 사채 등의 증권에 의하여 조달하는 것이 국민경제적으로 바람직하고, 기업의 자본구조 건전화에 도움이 된다. 이와 같이 자본시장은 기업이나 정부가 증권발행이라는 수단을 통하여 장기투자자금을 조달하는 시장이다.

2) 효율적 자금배분의 기능

한 나라의 금융시장에 있어서 자금량에는 일정한 한계가 있음은 말할 필요도 없다. 따라서 국민경제적 입장에서는 자금의 적절한 효율적 배분이 매우 중요하다. 그러나 금융기관으로부터의 차입에 의한 간접금융은 그 자금의 배분이 때때로 금융기관의 주관 내지 자의에 의해 좌우되는 경향이 없지 않다. 그런데 자본시장에 있어서 주식, 사채의 발행에 의한 직접금융은 기업의 가치가 증권가격이라는 객관적 기준에 의해 나타나서 이를 통해서 자금의 효율적 배분이 이루어지게 된다. 즉, 직접금융의 경우는 그 증권의 발행시에 광범위하게 일반투자자의 평가를 받으며, 경제정세 및 금융사정을 민감하게 반영하여 증권가격도 변동하며, 그 가격의 등락이라고 하는 시장원리를 통해서 증권의 발행량이 증감되는 것이다. 즉 자본시장에서 미래수익이 높을 것으로 예상되는 기업은 다른 기업보다 낮은 비용으로 필요한 자금을 최대한 조달하여 생산능력을 확충할 수 있다. 이와 같이 자본시장은 우량기업에 효율적인 자금배분의 기능을 가진다.

3) 저축수단의 제공

자본시장은 자금의 수요자의 측면에서 보면 자금조달시장이지만, 자금의 공급자의 측면에서 보면 저축 내지 금융자산의 운용을 위한 투자시장이기도 하다. 자본시장은 주식 · 채권 · 수익증권 · 뮤추얼펀드 · 파생상품(derivatives) 등 다양한 저축수단을 투자자에게 제공한다. 자본시장이 제공하는 금융자산은 기대수익률이 높은 반면 위험도 상대적으로 높다는 것이 특징이다. 최근 세계 각국의 금융시장에서 선물 · 옵션 등 파생상품의 거래가 증가되어 자본시장은 보다 다양한 저축수단, 예를 들어 펀드, 주가지수연계증권(ELS: equity linked securities), 주식워런트증권 등을 제공하고 있다.

4) 통화정책의 매개수단

자본시장은 중앙은행의 통화정책을 실현하는 효율적인 수단으로서의 기능을 하고 있다. 중앙은행이 유동성 조절을 통해 콜금리 등 기준금리를 변동시키면 자본시장의 기대수익률에 영향을 미치고 기업의 자금조달비용을 변동시킴으로써 궁극적으로 기업의 투자결정에 영향을 미친다. 이와 같이 자본시장은 통화정책의 중요한 조정수단을 제공한다.

5) 소유와 경영의 분리

산업화의 초기단계에서는 기업의 창업자가 대부분의 자금을 조달하기 때문에 소유와 경영이 일치하는 것이 보통이다. 그러나 산업구조가 고도화되면서 기업이 대형화되면 대주주의 소유주식이 분산되어 궁극적으로는 소유와 경영이 분리되는 것이 선진자본주의 국가에 있어서 일반적 경향이다. 이와 같은 기업에 있어서 소유와 경영의 분리는 자본시장이 존재함으로써 가능한 것이다. 자본시장이 존재할 때 경영자의 투자 및 생산결정과 주주의 소비 또는 저축의 결정이 독립적으로 분리될 수 있다. 이런 현상을 피셔(I. Fisher)의 분리정리(separation theorem)라고 한다. 다시 말해 투자(생산)와 저축(소비)의 결정이 분리될 수 있으므로 주식회사제도가 성립될 수 있고, 나아가 소유와 경영의 분리가 가능하게 된다. 소유와 경영의 분리는 경영민주화를 촉진시키고 전문경영자시대를 여는 요인이 된다.

연습문제

1. 다음 용어를 설명하라.

   1) 단기금융시장
   2) 도덕적 해이와 역선택
   3) 대리인비용
   4) 직접금융시장과 간접금융시장
   5) 자본시장의 경제적 기능
   6) 금융시장의 기능

제2 장

금융투자업과 투자자

02
part

금융투자업과 투자자

제 1 절 금융투자업

자본시장법에서는 금융투자업이란 이익을 얻을 목적으로 계속적이거나 반복적인 방법으로 다음의 6가지 업무(투자매매업, 투자중개업, 집합투자업, 신탁업, 투자자문업, 투자일임업) 중 어느 하나에 해당하는 업(業)을 하는 자를 말한다.

금융투자업의 범위가 기존의 증권회사·선물회사·자본운용회사 등의 업무보다 더욱 다양하고, 금융투자업자가 원할 경우 6개 금융투자업을 겸업할 수 있도록 했다. 금융기관간 업무장벽이 많이 제거되고, 겸업제한이 폐지되어, 금융투자업자(금융투자회사)는 현재의 증권회사보다 다양한 상품과 서비스를 제공할 수 있게 되었다. 즉, 금융투자회사는 미국의 투자은행(IB)을 모형으로 하고 있다.

금융투자업(투자매매업, 투자중개업, 집합투자업, 신탁업)을 영위하려는 자는 금융투자업의 종류와 상품범위, 투자자의 유형을 구성요소로 하여 대통령령으로 정하는 업무단위의 전부나 일부를 선택하여 금융위원회로부터 하나의 금융투자업인가를 받아야 한다. 특히 금융투자업인가를 받기 위하여 최저자기자본 요건을 충족하여야 한다. 최저자기자본 요건을 살펴보면 투자매매업 500억, 투자중개업 30억, 집합투자업 80억, 신탁업 250억 이상의 자기자본을 갖추어야 한다. 그리고 금융투자업 중 투자자문업 또는 투자일임업을 영위하려는 자는 업무단위의 전부나 일부를 선택하여 금융위원회에 하나의 금융투자업등록을 하여야 한다. 투자자문업의 경우 일반투자자 대상인 경우 5억원, 전문투자자 대상인 경우 2.5억원이며 투자일임업의 경우 일반투자자 대상 15원억, 전문투자자인 경우 7.5억원의 자기자본 요건을 충족해야 한다.

〈표 2-1〉 자본시장법상의 금융투자업

금융투자업	금융기능	금융기관	인가 및 등록
투자 매매업	누구의 명의로 하든지 자기의 계산으로 금융투자상품의 매도, 매수, 증권의 발행, 인수 또는 그 청약의 권유, 청약, 청약의 승낙	증권회사, 종합금융회사, 은행, 보험회사, 자산운용사 등	인가
투자 중개업	누구의 명의로 하든지 타인의 계산으로 금융투자상품의 매도, 매수, 증권의 발행, 인수 또는 그 청약의 권유, 청약, 청약의 승낙	선물회사, 은행, 증권회사, 자산운용사, 보험회사 등	인가
집합 투자업	2인 이상에게 투자권유를 하여 모집된 자금을 독립된 제3자가 이를 운영하고 그 결과를 투자자에게 배분하여 귀속시키는 업무	자산운용사, 자산관리회사, 선박운용회사, 창투사, 문화사업자 등	인가
신탁업	신탁법에 의한 신탁을 수탁하는 업무	신탁회사, 수탁회사, 자산보관회사, 자산보관기관, 자산관리자 등	인가
투자 자문업	금융투자상품의 가치 또는 금융투자상품에 대한 투자판단에 관한 자문을 하는 업무		등록
투자 일임업	투자자로부터 금융투자상품에 대한 투자판단의 전부 또는 일부를 일임 받아 투자자별로 구분하여 자산을 취득, 처분, 그 밖의 방법으로 운용		등록

금융투자업은 많은 이해관계자와 관계를 가지기 때문에 금융투자업자는 건전한 경영을 유지하기 위해 노력해야 한다. 이를 위해 재무건전성을 유지하고 경영건전성 기준을 충족할 수 있도록 경영건전성 감독을 실시하고 있다. 금융투자업자는 업무보고서를 금융위원회에 제출하여야 하며 경영상황에 중대한 영향을 미칠 사항은 금융위원회에 보고할 뿐 아니라 공시하여야 한다. 또한 금융투자업의 독립성을 유지하기 위하여 대주주 및 계열회사와의 거래를 엄격히 제한할 뿐 아니라 대주주는 금융투자업자의 이익에 반하는 부당한 영향력을 행사해서는 안 된다.

금융투자업자는 영업행위를 위해 공통적으로 지켜야 하는 세 가지 중요한 규칙이 존재한다. 첫째는 금융투자업자는 신의성실의 원칙에 따라 공정하게 금융투자업을 영위하여야 하고 정당한 사유 없이 투자자의 이익을 해하면서 자기가 이익을 얻거나 제3자가 이익을 얻도록 해서는 안 된다. 둘째는 금융투자업자는 적합성의 원칙, 적정성의 원칙, 설명의무를 바탕으로 투자권유를 할 수 있도록 한다. 셋째는 금융투자업자는 직무상 알게 된 정보로서 외부에 공개되지 아니한 정보를 정당한 사유 없이 자기 또는 제3자의 이익을 위하여 이용하여서는 아니 된다.

자본시장법에서 구분하는 6가지 금융투자업 기능별 담당업무나 영업행위 규칙을 살펴보도록 한다.

1. 투자매매업

투자매매업이란 누구의 명의로 하든지 자기의 계산으로 금융투자상품의 매도·매수, 증권의 발행·인수 또는 그 청약의 권유, 청약, 청약의 승낙을 영업으로 하는 것을 말한다. 자기의 계산으로 한다는 점에서 투자중개업과 구분이 가능하며 증권거래법상의 매매업무(dealer), 인수업무(underwriting), 발행업무(issuance)가 투자매매업에 포함되어 있다. 매매업무란 증권의 매매를 자기 계산으로 하는 업무로 장내거래인지 장외거래인지는 관계없다. 투자매매업자를 상대방으로 하거나 투자중개업자를 통하여 금융투자상품을 매매하는 경우, 정부 등에 의한 매매와 한국은행의 공개시장조작을 위한 매매 그리고 환매조건부증권매매(RP거래) 등이 매매업무에 포함된다. 인수업무에서 인수란 공모를 용이하게 하기 위하여 필요한 업무를 담당하거나 나아가 발행된 증권이 전액 매출되지 않는 경우에 발행하는 발행위험을 부담하는 행위를 말한다. 투자매매업의 발행업무는 원칙적으로 자기가 증권을 발행하는 경우와 일반기업이 자금조달을 위해 증권을 발행하는 것은 투자매매업의 규제대상이 아니다. 단지 ELS와 같은 신종금융상품을 발행하는 것을 투자자보호의 필요성으로 인해 규제대상으로 보고 있다.

2. 투자중개업

투자중개업이란 누구의 명의로 하든지 타인의 계산으로 금융투자상품의 매도 · 매수, 그 청약의 권유, 청약, 청약의 승낙, 또는 증권의 발행 · 인수에 대한 청약의 권유, 청약, 청약의 승낙을 영업으로 하는 것을 말한다. 타인의 계산으로 한다는 점에서 증권거래법상의 위탁매매업무(brokerage)가 투자중개업에 해당한다. 투자중개업은 법률효과의 귀속주체와 손익의 귀속주체가 다른 경우로 위탁매매업, 중개업, 대리업, 발행주선업무로 구분한다. 위탁매매업무는 금융투자상품의 매매를 투자자의 계산으로 하는 업무로 거래소의 회원인 금융투자업자가 투자자의 위탁을 받아 자기명의로 행하는 매매로 이는 금융투자업의 가장 큰 비중을 차지한다. 위탁매매업자는 투자자로부터 매매주문을 받아 그것을 자신의 명의로 그리고 투자자의 계산을 실행하여 경제적 효과를 투자자에게 귀속시키는 대가로 수수료를 받는다. 중개업무란 타인간 매매가 성립되도록 중간에서 중개하는 사실행위를 말하며 중개업자가 매매의 당사자가 되지 않는다는 점에서 대리와는 다르며 주로 법인 사이의 대량 주식거래의 경우 행해진다. 중개업무로 M&A중개와 자본시장법상 기업금융업무로 기업의 인수 및 합병의 중개 주선 또는 대리업무를 포함한다. 대리업무는 위탁자의 이름으로 금융투자상품의 매매를 행해주는 대가로 수수료를 받는 업무이다. 발행주선업무는 증권의 발행, 인수에 대한 청약의 권유, 청약, 청약의 승낙을 영업으로 하는 것을 의미한다.

3. 집합투자업

집합투자업이란 집합투자를 영업으로 하는 것을 말한다. 여기서 집합투자란 2인 이상에게 투자권유를 하여 모은 금전 등 또는 국가재정법 제81조에 따른 여유자금을 투자자 또는 각 기금관리 주체로부터 일상적인 운용지시를 받지 아니하면서 재산적 가치가 있는 투자대상자산을 취득·처분, 그 밖의 방법으로 운용하고 그 결과를 투자자 또는 각 기금관리주체에게 배분하여 귀속시키는 것을 말한다. 즉, 펀드와 같이 다수의 투자자로부터 모집된 자금을 독립된 전문가(집합투자업자)가 운용하고 그 성과를 투자자에게 배분하는 것을 말한다. 증권거래법상 자산운용회사가 집합투자업자에 해당한다.

4. 신탁업

신탁업이란 투자신탁을 영업으로 하는 것을 말한다. 투자신탁이란 투자자로부터 자산에 운용할 목적으로 자금을 모집한 집합투자업자가 그 재산을 수탁자(신탁업자)로 하여금 당해 집합투자업자의 지시에 따라 투자·운용하게 하고, 그에 따른 수익권(수익증권)을 분할하여 투자자에게 취득시키는 것을 목적으로 하는 간접투자제도이다.

금융투자업자는 위의 여섯가지 기본업무 외에 금융투자업과 관련된 모든 부수업무를 포괄적으로 영위할 수 있다. 예를 들어 금융투자회사(투자매매업자와 투자중개업)는 자금이체 및 ATM기기 이용 등 소액결제업무를 할 수 있다. 다만 회사의 건전성 등에 문제가 있을 경우 부수업무에 대해 감독당국이 사후 금지하는 체제로 되어있다.

5. 투자자문업

투자자문업이란 금융투자상품의 가치 또는 금융투자상품에 대한 투자판단(종류, 종목, 취득·처분의 방법, 수량, 가격, 시기 등의 판단)에 관한 자문에 응하는 것을 영업으로 하는 것을 말한다. 투자자가 재산을 금융투자업자에게 위탁하지 않은 상태에서 행해진다는 점에서 집합투자업 및 투자일임업과 구분된다. 불특정다수인을 상대로 한 조언은 투자자문업으로 보지 않는다. 다만, 이러한 조언도 대가를 받고 하는 경우에는 유사투자자문업에 해당된다. 수탁매매에 수반되는 무보수상담의 경우나 자문요역과 관련한 분석정보의 제공은 투자자문업에서 제외된다.

6. 투자일임업

투자일임업이란 투자자로부터 금융투자상품에 대한 투자판단의 전부 또는 일부를 일임받아 투자자별로 구분하여 금융투자상품을 취득·처분, 그 밖의 방법으로 운용하는 것을 영업으로 하는 것을 말한다. 투자자별로 구분한다는 점에서 집합투자업과 구분된다. 투자중개업자가 투자자의 매매주문을 받아 주문을 처리하는 과정에서 일부 재량적 처리가 불가피한 경우는 금융투자업에서 배제한다. 그리고 일임매매제도의 경우 증권거래법상은 허용되었으나 자본시장법에서는 폐지된다.

제2절 간접투자(집합투자기구의 형태)

직접투자란 투자자가 주식이나 채권, 파생상품 등을 직접 선택해서 투자하는 것이다. 개인투자자가 자신의 판단하에 증권, 파생상품 등을 매매하는 것이다. 간접투자란 자산운용회사(집합투자업)가 운용하는 펀드에 투자자가 가입하는 것으로 펀드투자와 같은 의미이다. 개인이 직접 매매하는 것이 아니고 투자금액을 자산운용회사(집합투자업)에 맡겨서 운용전문회사가 대신 투자하도록 하는 것이다. 간접투자는 운용결과에 따라 이익 또는 손실이 발생하는 실적배당형태이므로, 투자원금이 보장되지 않는다.

자본시장법에서 펀드(fund)의 자산을 운용하는 업무를 집합투자업이라 하고 펀드의 자산을 운용하는 주체인 자산운용회사를 집합투자업자라고 말한다. 집합투자업자는 펀드를 운용하는 간접투자의 주체이다. 일반적으로 펀드를 운용하는 자를 펀드매니저라고 한다.

투자자들에게 일반적으로 알려진 펀드는 집합투자기구라고 하고 있다. 집합투자기구(펀드)의 형태는 운용구조에 따라 투자신탁(계약형 펀드)과 투자회사(회사형 펀드)로 구분된다.

1. 투자신탁의 구조

펀드(집합투자기구)는 기본적으로 신탁법의 투자신탁에 기초하고 있다. 펀드란 불특정 다수 또는 특정 소수자인 투자자(펀드 가입자)로부터 모은 자금을 재산적 가치가 있는 모든 자산(투자대상)에 투자・운용한 후 그 결과를 돌려주는 실적배당형 간접투자상품이다.

따라서 투자신탁은 집합투자업의 운용주체인 집합투자업자(자산운용회사), 신탁재산의 보관 및 관리를 담당하는 신탁업자, 다양한 집합투자기구(펀드)를 판매하는 금융회사 그리고 수익권을 가진 수익자(투자자)로 구성되어 있다.

1) 투자자

투자자는 투자자금의 납입과 수익권에 대한 권리를 가진 사람으로, 신탁법에 의거하여 투자신탁 수익증권을 소지한 사람이다. 투자자는 수익증권의 환매를 청구할 수 있고, 투자이익을 분배받을 수 있다. 투자신탁의 수익증권은 설정 당시 신탁원본액 1,000원에 대하여 1좌의 단위로 수익권의 지분을 표시하고 있다.

2) 집합투자업자

집합투자업자는 투자신탁 재산을 운용하는 주체로, 현재 펀드를 운용하는 자산운용회사이다. 즉, 집합투자업자(자산운용업자)는 투자신탁의 위탁자가 되거나 투자회사의 법인이사가 되어 집합투자재산을 운용하는 자로 금융위원회의 허가를 받아야 한다. 집합투자업자가 신탁법상 위탁자가 되는 것은 집합투자자산의 보관·관리업무를 수탁자인 신탁업자에게 위탁해야하기 때문이다.

자본시장법상 집합투자업(자산운용)을 하는 집합투자업자의 형태는 투자신탁(계약형)과 투자회사(회사형)으로 구분된다.

집합투자업자(자산운용회사)가 투자재산을 운용함에 있어서 집합투자증권(투자신탁의 수익증권, 투자회사의 주식 등)을 제외한 모든 증권 및 자산에 대해 의무적으로 10%를 한도로 분산투자를 해야한다. 현재 KB자산운용, 삼성투신운용, 미래에셋자산운용회사 등 많은 집합투자업자가 있다.

3) 신탁업자

신탁업자는 종래의 신탁업법에 의한 은행신탁계정 중 금전신탁, 재산신탁, 종합재산신탁 등의 업무를 하는 단독 운영자와 투자신탁과 투자회사의 수탁자로서 투자신탁재산의 보관·관리업무를 하는 수탁업자를 말한다. 집합투자재산을 보관·관리하는 신탁업자는 대부분 은행이 그 역할을 수행하며, 선량한 관리자의 주의로써 집합투자재산을 보관·관리해야 하고 투자자의 이익을 보호해야 한다.

4) 판매회사

집합투자증권의 판매회사는 집합투자증권의 매매·중개업에 대한 인가를 받은 자이다. 즉, 펀드의 판매회사는 금융투자회사, 은행, 농·수협중앙회의 신용사업부, 한국산업은행, 중소기업은행, 보험회사, 종합금융회사, 신용협동조합, 농협협동조합, 수산업협동조합 등이다. 집합투자증권의 판매회사는 고객과의 분쟁을 방지하기 위해 판매전문인력을 5인 이상 확보해야 한다.

투자신탁의 운용구조를 나타내면 [그림 2-1]과 같다.

[그림 2-1] 투자신탁 운용구조

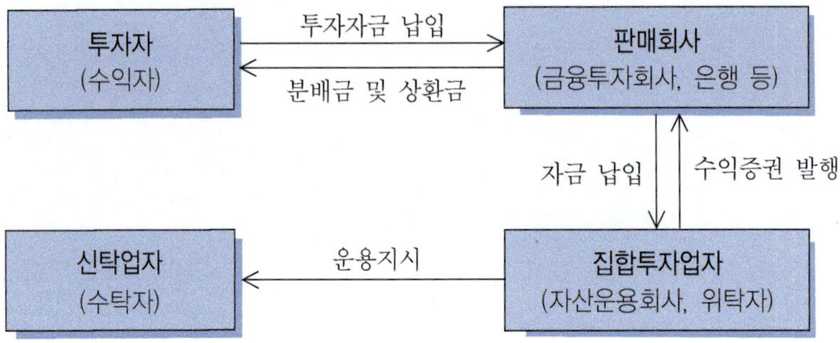

2. 투자회사의 구조

투자회사는 주식회사로 투자자의 자금을 주식의 형태로 모아 그 수익을 주주(투자자)에게 분배하는 것을 목적으로 설립된 회사형의 집합투자기구이다. 투자회사는 미국의 뮤추얼펀드와 같은 의미이다. 집합투자재산은 투자회사의 재산을 의미하며, 집합투자증권은 투자회사의 주식을 말하고, 투자자는 주식회사의 주주를 의미한다.

투자회사는 투자자의 자산을 유가증권, 부동산, 선박, 석유, 파생상품 등에 투자하여 그 수익을 투자자에게 분배한다는 점에서 투자신탁과 동일하다. 투자회사가 투자신탁과 구별될 수 있는 큰 특징은 명목상으로 주식회사이며, 투자자의 지위는 주주라는 점이다.

우리나라의 거래소에 상장된 투자회사는 골든경매, 베트남펀드 등 일반투자회사, 부동산 투자회사, 선박투자회사, 인프라펀드 등 다양하다. 자본시장법에서는 조합형태의 집합투자기구, 사모투자펀드, 헤지펀드, M&A 펀드 등도 투자회사에 해당된다고 규정하고 있다.

투자회사는 주식회사이지만, 명목상의 회사이기 때문에 자산의 운용·보관 등의 업무를 위탁해야 한다. [그림 2-2]는 투자회사의 운용구조를 나타낸 것이다.

[그림 2-2] 투자회사의 운영구조

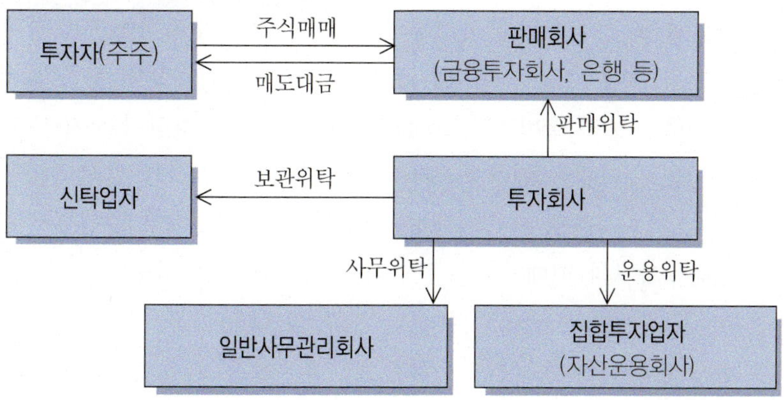

간접투자의 형태 및 구조를 정리하면 다음과 같다.

투자신탁(계약형펀드)	투자회사(회사형펀드) = 뮤추얼펀드
* 판매회사 - 투자자 모집, 판매 * 위탁자(집합투자업자) - 신탁재산 운용지시 * 수익자(투자자) - 분배금, 상환금 * 수탁자(은행, 종금) - 신탁재산 보관, 감시	* 집합투자업자 * 투자회사 * 주주(투자자) * 판매회사 * 일반사무관리회사 - 증권발행, 명의개서 * 자산보관회사(수탁회사)

제3절 전문투자자

1. 전문투자자의 의의와 범위

전문투자자는 개인투자자에 대한 상대적 개념으로, 개인 또는 법인들로부터 여유자금을 조성하여 이를 유가증권에 전문적으로 투자하는 법인형태의 투자자를 말한다. 보통 기관투자자(institutional investor)라고도 부른다. 금융투자상품에 관한 전문성 구비여부, 소유자산 규모 등을 고려하여 투자에 따른 감수능력이 있는 투자자를 전문투자자로 규정하고 있다. 이와 같이 전문투자자는 다수의 소액투자자로부터 거액의 자금을 모아 전문적인 증권투자를 하기 때문에 전문투자자의 매매활동은 증권시장에 큰 영향을 미친다.

전문투자자의 범위는 각국의 특성상 조금 다르다. 미국은 1964년 뉴욕증권거래소의 규정에 따라 연금기금, 생명보험, 뮤추얼펀드, 상호저축은행, 저축대부조합, 은행의 신탁계정, 화재·손해보험회사, 재단기금, 대학기금 등을 전문투자자로 정의한다. 영국에서는 보험회사, 연금기금, 계약형 투자신탁, 회사형 투자신탁 등을 전문투자자의 범위에 포함한다. 일본의 경우에는 보험회사, 신탁은행, 투자신탁회사, 공적연금, 간이보험, 농협공제회 그리고 회사법인, 공공단체 등이 전문투자자의 범위에 속한다.

우리나라에서는 자본시장법하에서 투자자를 구분하고 있다. 전문투자자는 국가, 한국은행, 금융기관 등의 전문투자자, 상장법인 등을 원칙적으로 전문투자자로 인정하고, 비상장법인은 외부평가를 받는 경우에 한해 전문투자자로 인정한다. 개인은 순자산이 일정금액 이상(법인은 100억원, 개인은 50억원 이상에 투자 경험 1년 이상)인 경우에 한해 금융위원회에 신고로 전문투자자로 인정받게 된다. 그리고 국내에 주소를 갖고 있는 외국인도 대리인을 선임하여 전문투자자가 될 수 있다. 그리고 이러한 전문투자자 이외의 개인과 법인을 일반투자자라 한다.

2. 전문투자자의 기능

전문투자자가 자본시장에 미치는 기능은 긍정적인 측면과 부정적인 측면이 있다.

1) 긍정적인 기능

전문투자자가 가지고 있는 긍정적인 기능은 다음과 같이 요약될 수 있다.

첫째, 기관투자자는 방대한 개인의 유휴자금을 모아 증권시장에서 발행되는 증권을 인수해 줌으로써, 증권의 발행을 원활하게 하고, 유통시장에서 증권을 매입함으로써 기업에 장기자금조달을 공급한다.

둘째, 전문투자자는 소액투자자를 위해 영세자금을 모아 대신 투자·운용을 함으로써 소액투자자의 투자기회를 확대해서 증권의 대중화에 기여하고, 시장의 유동성을 증가시킨다.

셋째, 전문투자자는 막대한 자금과 고도의 전문투자능력으로 효율적인 분산투자를 하여 증권수급을 원활히 조절함으로써 증권가격을 안정시키는 기능을 한다. 즉 기관투자자는 효율적인 투자정보의 수집 및 분석에 의거하여 대량의 매매와 장기 안정투자를 함으로써 증권가격을 조절하는 기능을 가진다.

2) 부정적인 기능

전문투자자는 막대한 자금과 많은 투자정보를 바탕으로 증권시장에 큰 영향을 미치고 있지만, 투자자 보호라는 측면에서 전문투자자의 역할증대에 따른 부정적인 기능도 적지 않다.

첫째, 전문투자자가 장기 안정적인 투자보다는 기업지배나 단기적인 매매차익을 위해 매매를 할 경우 거대한 자금을 기초로 증권가격을 조작할 수 있다. 이로 인해 개인투자자가 피해를 입고 증권투자를 그만 둘 수 있게 한다.

둘째, 증권시장의 전문화는 소수의 대형우량 주식(blue chip)에 매매가 집중되는 주가의 양극화 및 자원배분의 비효율성을 초래할 수 있다.

셋째, 증권시장의 전문화는 전문투자자간의 병행거래(parallel trading)를 유발시킬 수 있다. 병행거래는 동일 시점에서 동일한 방향으로 유사한 거래를 행하는 것을 의미한다. 이는 주식시장 불균형을 가져와 주가의 심한 변동을 야기시킬 수 있다. 이 밖에도 주식의 장기보유에 따른 유동성의 저하, 내부자거래의 가능성, 그리고 전문투자자에 의한 기업지배의 가능성 등도 전문화의 부정적인 측면이라고 할 수 있을 것이다. 제2차 세계대전 이후 세계 증권시장의 규모가 확대됨에 따라 전문투자자가 증권시장에 미치는 영향이 커지고 있는 것이 일반적인 추세이다.

연습문제

1. 다음 용어를 설명하라.

1) 증권회사의 고유업무

2) 수익증권

3) 전문투자자의 기능

2. 다음의 물음에 답하라.

1) 금융투자업의 고유업무가 아닌 것은?

① 투자매매업무　② 투자중개업무
③ 집합투자업　④ 신용공여업무

2) 투자신탁을 구성하지 않는 것은?

① 투자자　② 투자회사
③ 집합투자업자　④ 신탁업자

3) 간접투자의 기능이 아닌 것은?

① 유가증권의 물량조절 기능을 수행한다.
② 기업 및 금융기관의 자금조달을 용이하게 한다.
③ 일반대중의 증권수요 확대에 기여한다.
④ 증권시장에서 가격조절기능은 수행치 않는다.

4) 우리나라 간접투자의 관련기관이 아닌 것은?

① 금융투자　② 자산운용회사
③ 은행　④ 일반사무수탁회사

5) 다음 간접투자에 대한 설명 중 올바르지 않는 것은?

① 간접투자 조직형태는 계약형과 회사형이 있다.
② 우리나라 투자신탁은 계약형이다.
③ 투자신탁은 위탁회사, 수탁회사, 판매회사, 수익자로 구성된다.
④ 위탁회사는 수익증권이나 펀드를 보관 및 관리하는 회사이다.

6) 집합투자기구의 회사형과 계약형에 대한 설명 중 잘못된 것은?

① 회사형은 주식회사처럼 운영되나 수익권자는 주주가 아니라 투자자이다.

② 계약형은 위탁자, 수탁자, 수익자가 신탁계약에 의해 조직된 투자신탁이다.

③ 회사형은 뮤추얼펀드라고 칭하며 투자목적으로 설립된 독립회사이다.

④ 회사형은 자금조달시 주식외 채권도 발행할 수 있다.

해답 2. 1) ④ 2) ② 3) ④ 4) ④ 5) ④ 6) ①

제3장

금융투자상품

03 part 금융투자상품

제 1 절 금융투자상품의 의의

금융상품이란 금융시장에서 생산되어 유통되는 상품을 말한다. 자본시장법에서는 금융상품을 투자성을 기준으로 금융투자상품과 비금융투자상품으로 나눈다. 금융투자상품의 경우 투자성을 가지는데, 여기서 투자성이란 투자원본의 손실가능성을 가리키는 것으로 특정 금융상품(권리)을 취득하기 위하여 지급하였거나 지급해야 할 금액(원본)이 그 권리로부터 회수할 수 있는 금액(회수금액)을 초과하게 될 위험을 말한다. 주식과 채권은 투자성을 가지는 대표적인 금융투자상품 이라고 할 수 있다. 비금융투자상품은 투자원본의 손실가능성이 없는 상품이다. 예금이나 보험상품이 비금융투자상품에 해당된다.

자본시장에서 거래되는 금융투자상품은 다시 원본의 초과손실을 기준으로 증권과 파생상품으로 구분한다. 증권의 경우에는 투자자의 손실이 최대로 커지더라도 증권의 매입금액보다 커지지 않는 반면, 파생상품의 경우엔 기초자산의 가격변화에 따라 추가적인 지급의무(원본초과손실가능성)를 지게 된다. 금융투자상품 중 증권은 채무증권, 지분증권, 수익증권, 투자계약증권, 파생결합증권 및 증권예탁증권의 6가지로 세분된다.

[그림 3-1] 금융상품의 종류

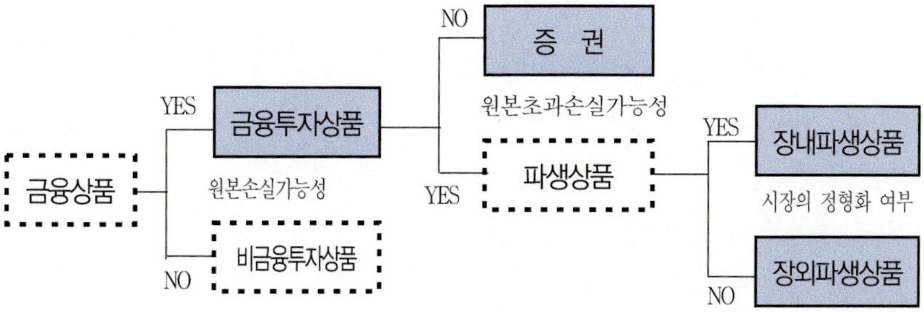

파생상품(derivatives)은 선도(forward), 옵션(option), 스왑(swap)으로 구성되며 거래소시장에서의 거래 여부에 따라 장내파생상품과 장외파생상품으로 나눈다.

상기의 [그림 3-1]은 자본시장법에 따라 금융투자상품, 증권, 파생상품으로 분류한 것이다.

제2절 단기금융상품

1. 콜

콜시장(call market)은 은행을 비롯한 금융기관 상호간에 일시적인 자금과부족을 조절하기 위해 초단기(1일물이 대부분)로 거래하는 시장이다. 콜시장에서의 자금거래는 금융기관이 매일 영업하는 중에 발생하는 여유자금 내지 지불준비금의 부족을 조정할 목적으로 이루어진다. 초과지급준비금을 보유하고 있는 금융기관은 지급준비금이 부족한 다른 금융기관에게 자금을 대여함으로서 이자를 받을 수 있다. 콜자금의 차입자를 콜머니(call money)라고 하고, 콜자금의 대부자를 콜론(call loan)이라고 한다. 이와 같이 콜시장을 통한 자금거래는 금융기관들 간의 초 단기자금의 수급을 조정하는 유일한 금융기관간 시장이다.

금리의 시장기능이 잘 발휘되고 있는 선진국의 경우 콜시장의 금리가 다른 금리에 큰 영향을 미친다는 점에서 중앙은행의 통화신용정책의 중요한 지표가 된다. 일반적으로 콜금리의 변동은 기업어음, 양도성예금증서 등 단기금리의 변동에 영향을 미치고, 나아가 회사채수익률, 은행의 여수신금리 등에 영향을 미쳐 소비, 투자 등 실물경제의 변동을 일으키게 된다. 그러나 실제로 금융기관들 만으로는 자금과부족이 해결되지 않는 경우가 많다. 이 경우 한국은행으로부터 부족자금을 차입하거나 여유자금을 운용한다. 이와 같은 한국은행과 금융기관간 자금거래는 환매조건부채권(RP)거래를 통해 이루어진다.

2. 기업어음

어음은 상거래에 따른 지급대금을 약속어음의 형태로 발행한 상업어음과 상거래는 없이 단순히 자금융통을 위하여 자기신용에 의하여 발행한 기업어음으로 구분된다. 기업어음(commercial paper : CP)시장은 신용등급이 양호한 기업이 단기자금을 조달하기 위하여 상거래와 관계없이 발행한 무담보의 융통어음이 할인·거래되는 시장을 말한다. 기업어음시장은 기업에 대하여는 담보없이 자기신용을 기초로 하여 단기자금을 조달할 수 있는 수단을 제공하는 한편, 일반투자자에게는 단기자금의 운용수단을 제공하는 역할을 하게 된다.

이와 같이 CP는 무담보거래가 원칙인 만큼 신용도가 우량한 기업이 발행하며 2개 이상의 신용평가기관에서 일정수준 이상의 평가등급(현재 B등급 이상)을 받은 기업만 발행할 수 있다. CP의 최장만기는 1년 이내이며, 최저액면금액은 1억원 이상으로 되어 있다. CP의 할인·매출·매수기관으로 증권회사, 종합금융회사, 은행, 보험회사 등이 참여하고 있다.

3. 상업어음할인

상업어음(trade bill)은 상거래에서 발생된 지급대금을 약속어음의 형태로 발행한 것인데 진성어음이라고도 한다. 상업어음은 현재 은행과 종합금융회사에 의해 주로 할인되고 있고, 할인된 상업어음은 그 일정액을 다시 한국은행이 재할인하여 자금을 공급해주고 있다. 상업어음할인시장은 상거래에 수반하여 발행되는 상업어음을 어음의 지급일 이전에 금융기관이 할인매입하는 시장을 말한다. 상업어음할인제도는 과거 담보가 있어야 하는 일반대출 위주로 이루어져 온 금융기관의 운전자금의 공급경로를 개선하고 금융자금의 효율성을 증대시키는데 크게 기여하고 있다.

4. 양도성예금증서

CD란 은행이 단기자금을 조달하기 위하여 무기명으로 발행하는 양도성예금증서(negotiable certificate of deposit : CD)의 약칭이다. CD란 정기예금에 양도성을 부여한 예금증서이며 이것이 발행·유통되는 시장이 양도성예금증서시장이다. CD의 만기는 30일 이상인데, 91일이 일반적이며 예치기간 동안의 액면금액에 대한 이자를 차감하여 할인식으로 발행된다. 최저발행금액에 대한 제한은 없으나 고객이 기관이나 법인인 경우 10억원 이상이며, 개인인 경우에는 1,000만원 이상이다. CD를 발행할 수 있는 금융기관은 예금업무가 인정되고 있는 모든 예금은행이다.

5. 환매조건부채권매매

환매조건부채권(repurchase agreement : RP)이란 일정기간 경과 후에 특정 가격으로 동일 채권을 다시 매수하거나 매도할 것을 조건으로 채권을 거래하는 방식의 금융거래이며, 환매조건부채권매매가 이루어지는 시장을 RP 시장이라고 한다.

RP거래는 기본적으로 단기자금의 대차거래이지만, 그 거래대상이 장기금융상품인 채권이며 동 채권이 담보의 성격을 지닌다는 점에서 다른 단기금융상품의 거래와 차이가 있다. 채권보유 금융기관이 단기자금이 필요한 경우 채권을 담보로 RP거래를 하여 손쉽게 자본조달을 할 수 있고, 단기여유자금을 보유하고 있는 투자자로서도 채권투자에 따른 위험부담 없이 비교적 높은 수익률로 자금을 운용할 수 있게 된다. RP를 취급하는 기관은 은행, 증권회사, 종합금융회사, 한국증권금융, 우체국 등이다.

RP거래는 만기에 제한이 없으며 만기 이전 중도환매도 가능하다. 최저거래금액에 대해서도 원칙적으로 제한은 없으나 고객이 금융기관이나 법인인 경우 10억원 이상, 개인인 경우에는 1,000만원 이상이 일반적이다.

6. 통화안정증권

통화안정증권시장은 한국은행이 통화량조절을 목적으로 발행하는 통화안정증권이 발행·유통되는 시장이다. 한국은행은 경상수지 흑자(적자) 등으로 시중의 유동성이 계속 증가(감소)하여 이를 억제(완화)할 필요가 있을 때 통화안정증권을 순발행하여 유동성을 흡수(공급)하게 된다. 따라서 동 시장은 통화당국의 시중 유동성 흡수를 위한 기능의 성격이 강하고, 경제주체간 단기자금의 조절시장으로서의 기능은 미약하다. 발행된 통화안정증권은 증권회사와 종합금융회사를 중개기관으로 해서 거래된다.

7. 표지어음

표지어음(cover bill)은 은행이 할인하여 보유하고 있는 상업어음, 무역어음 등을 분할하거나 통합하여 새로 발행한 약속어음이며, 일반적으로 만기 1년 이내인 원어음의 잔여만기에 기초하여 발행된 것이다. 은행이 표지어음을 발행하게 되면 그 어음의 기초가 되는 원어음의 부도와 관계없이 지급의무를 부담하게 된다. 은행명의로 발행하는 표지어음은 안전하며, 고객의 명의가 기재되는 기명식 어음으로 배서에 의해 타인에게 양도할 수 있으며, 이자지급 방식은 양도성예금증서와 동일한 할인식이다.

8. 어음관리계좌

어음관리계좌(cash management account: CMA)는 고객이 예치한 자금을 기업어음이나 양도성예금증서, 국공채 등의 단기금융상품에 투자하여 그 수익을 고객에게 돌려주는 상품이다. 종합금융회사의 대표적인 저축상품으로서 단기에 고금리를 제공하고 있어 증권사가 판매하는 대표적 단기상품인 MMF (money market fund)와 경쟁관계에 있으나, MMF와 달리 5천만원까지 예금보호가 되었다. 2004년부터 증권회사들이 MMF와 유사한 종합자산관리계좌를 개발·판매하면서 CMA라는 명칭을 사용하고 있다. 증권회사의 CMA는 예금보호대상이 아니다.

어음관리계좌의 가장 큰 특징은 실적배당상품이면서도 수시입출금이 가능한 데 있다. 실적배당상품이므로 제시하는 금리는 기대되는 예상수익률일 뿐 반드시 지켜지는 금리는 아니다. 투자가능 기간은 1일~365일이다. 증권회사의 CMA에 대해 은행계정과 같이 결제·송금 등의 기능이 제공되고 있다.

제3절 증 권

자본시장법에서는 증권의 개념에 대해 다음과 같이 정의하고 있다. 증권이란 내국인 또는 외국인이 발행한 금융투자상품으로서 투자자가 취득과 동시에 지급한 금액 외에 어떠한 명목으로든지 추가로 지급의무를 부담하지 아니하는 것을 말한다. 다시 말해 증권에 대한 투자는 원본초과손실가능성이 없다는 것이다. 이와 같은 증권에는 채무증권, 지분증권, 수익증권, 투자계약증권, 파생결합증권, 증권예탁증권 등 여섯 종류가 있다.

<표 3-1>은 자본시장법에서의 증권의 종류 및 그 예를 정리한 것이다.

〈표 3-1〉 증권의 종류

명 칭		정 의	예
전통적 증권	채무증권	지급청구권을 나타내는 것	국채, 지방채, 사채, 기업어음 등
	지분증권	출자지분을 나타내는 것	주식, 신주인수권, 출자증권, 출자지분 등
	수익증권	수익권을 나타내는 것	신탁 수익증권, 투자신탁 수익증권 등
	증권예탁증권	증권의 예탁을 받은 자가 발행하는 증권	KDR, GDR, ADR 등
투자계약(Investment Contract) 증권		이익을 기대하여 공동사업에 금전을 투자하고 타인의 노력 결과에 따라 손익을 귀속받는 계약	집합투자증권, 비정형 간접투자증권, 주식, 출자지분 등
파생결합증권 (securitized derivatives)		기초자산의 가격 등의 변동과 연계되어 이익을 얻거나 손실을 회피할 목적의 계약상의 권리	주가연계증권(ELS), ELW, 환율연계증권, 역변동금리채등

1. 채무증권

채무증권이란 국채, 지방채, 특수채, 사채권, 기업어음증권(CP) 등 이와 유사한 것으로서 지급청구권을 나타낸 증권이다. 이러한 채무증권은 타인자본 조달수단으로서 채무를 표시하게 된다. 국채는 국가가 재정수요를 충족시키기 위하여 발행하는 채권으로 신용위험이 다른 채권이나 증권에 비하여 상당히 낮기 때문에 무위험자산의 대용자산으로 분류될 수 있다. 지방채는 지방자치단체가 재정수요를 충족하기 위해 발행하는 채권을 말한다. 특수채는 특별법에 의해 설립된 특수법인이 발행하는 채권으로 주로 공사나 공기업에서 발행한다. 사채권은 주식회사가 채권의 발행형식을 갖추어 발행하는 채무로 일반적으로 회사채 또는 사채(社債)로 불리우며 타인자본 조달방법으로 사용된다. 이러한 사채권에 붙은 신주인수권과 같은 이권은 포괄적인 관점에서 채무증권으로 볼 수 있다. 최근에는 이러한 사채에 파생상품적 요소를 결합시킨 신종사채로 전환사채(CB), 신주인수권부사채(BW) 등의 파생결합증권이 발행되고 있다. 기업어음증권은 기업의 신용을 바탕으로 자금조달을 목적으로 발행하는 어음을 말한다.

2. 지분증권

지분증권이란 주권, 신주인수권이 표시된 것, 법률에 의하여 직접 설립된 법인이 발행한 출자증권, 상법에 따른 합자회사·유한회사·익명조합의 출자지분, 민법에 따른 조합의 출자지분 등 출자지분이 표시된 증권을 말한다. 주권은 주식회사 주주의 지위, 즉 주식을 표창하는 지분증권으로 주식회사의 자기자본 조달방법으로 사용된다. 신주인수권이 표시된 것으로는 신주인수권증권와 신주인수권증서가 있는데 신주인수권증권은 기존주주가 신주를 인수할 수 있는 권리를 나타내는 증권이고 신주인수권증서는 신주인수권부사채에서 신주인수권을 표창한 증권으로 워런트라고 불린다. 특수법인의 출자증권은 국가가 특별한 정책목표를 수행하기 위해 특별법에 근거해 설립된 공기업의 출자지분을 표시하는 증권으로 최근 공기업의 민영화에서 발행되는 증권으로 한국산업은행의 출자증권을 예로 들 수 있다.

3. 수익증권

신탁업자(은행)는 금전신탁계약에 의한 수익권이 표시된 수익증권을 발행할 수 있고, 투자신탁을 설정한 집합투자업자(증권회사)는 투자신탁의 수익권을 나타내는 수익증권(펀드)을 발행할 수 있다. 수익증권은 투자신탁의 수익권을 나타내는 증권이다. 금전신탁이란 신탁업자가 금전을 수탁받아 대출이나 부동산 등의 신탁재산에 운용하고 신탁종료시에 신탁재산을 환급하여 수익자에게 금전을 교부하는 신탁을 의미하는데, 금전신탁계약의 수익증권은 수익자가 수탁자에 대해 갖는 신탁재산의 운용에 따른 수익분배권과 신탁재산의 상환권을 표시하는 증권이다. 투자신탁계약에서의 수익증권은 집합투자업자가 발행하는 투자신탁의 수익권을 표시한 증권으로 여기서 집합투자란 2인 이상에게 투자권유를 하여 모은 금전 등을 투자자로부터 일상적인 운용지시를 받지 않으면서 운용하고 그 결과를 투자자에게 배분하여 귀속시키는 것을 말한다.

4. 투자계약증권

투자계약증권은 이익을 기대하며 공동사업에 금전 등을 투자하고 타인(다른 투자자)의 노력의 결과 그 대가를 받는 계약상의 권리가 표시된 증권이다. 집합투자증권(펀드), 출자지분 등이 전형적인 투자계약증권이다. 이러한 투자계약증권은 자본시장법의 포괄주의 관점을 잘 반영한 부분으로 자본시장법에 구체적으로 열거되지 않은 투자대상을 포괄하기 위한 개념이 사용되고 있다.

5. 파생결합증권

파생결합증권이란 기초자산의 가격·이자율·지표·단위 또는 이를 기초로 하는 지수 등의 변동과 연계하여 미리 정하여진 방법에 따라 지급금액 또는 회수금액이 결정되는 권리가 표시된 것을 말한다. 여기서 기초자산이란 주식, 채권 등의 금융투자상품, 통화, 일반상품, 신용위험, 그 밖의 자연적, 환경적, 경제적 위험 등도 포함되고 있다.

파생결합증권에는 주가연계증권(equity-linked securities : ELS), 주식워런트증권(equity-linked warrant : ELW), 환율연계증권 등이 포함된다.

6. 증권예탁증권

증권예탁증권(depository receipt : DR)이란 증권을 예탁해 두었다는 권리가 표시된 것으로 외국에서 주식을 매매할 때 현물주식 대신에 유통시키는 증권의 한 형태이다. 해외증시에서 주식을 매각하고 싶은 국내상장기업은 국내에서 발행된 원주를 예탁기관(증권예탁원)에 맡기고 대신 주식을 예탁했다는 예탁증권을 받아 이를 외국증권시장에 상장시켜 외국투자자들에게 파는 것이다. 삼성전자, 포스코, 국민은행 등 국내 대기업들이 자본조달을 위하여 미국이나 유럽증시에서 ADR(American Depository Receipt), EDR(European Depository Receipt)을 발행하고 있다. 중국원양자원, 엑세스바이오, 잉글우드랩 등 중국기업과 미국기업들이 발행한 KDR이 한국거래소에 상장되어 있다.

제4절 주 식

1. 주식의 개념

주식(share, stock)은 주식회사의 자기자본에 대한 출자지분권을 나타내는 유가증권이다. 자본시장법상에서 주식은 지분증권 중 대표적인 증권이며 자본시장에서 주식회사는 자기자본의 조달을 위한 방법으로 주식을 발행하며 투자자는 주식회사에 대한 투자수단으로 투자를 하게 된다. 주식은 주식회사의 자본을 구성하는 단위이며 주식회사의 사원으로서 권리발생의 기초가 되는 주주의 자격을 가진다. 따라서 주주가 주식을 보유하게 됨에 따라 주식회사에 대한 주주총회 의결권을 가지고 또한 주식회사의 이익, 배당, 잔여재산 등에 대한 지분에 따른 청구권을 행사할 수 있게 된다. 이러한 주주의 권리는 주주평등의 원칙에 따라 주식 1주의 권리를 동일한 것으로 본다. 단 정관의 규정에 의해 우선주 등의 주주평등의 원칙의 예외를 인정한다.

2. 주식의 종류

1) 권리의 우선순위에 따른 분류

회사의 이익이나 이자의 배당 그리고 잔여재산 등의 재산적 내용의 우선순위에 따라 주식은 크게 보통주, 우선주, 후배주로 나눌 수 있다.

보통주는 이익, 배당이나 잔여재산분배에 있어서 기준이 되는 주식을 말한다. 일반적으로 주식시장에서 주식이라 함은 보통주를 의미한다. 보통주를 보유한 주주는 배당 받을 권리, 기업의 잔여재산에 대한 청구할 수 있는 권리와 그리고 신주인수권을 가지게 되며 주주총회에서 투표할 권리인 의결권을 부여받게 된다.

우선주는 이익배당, 잔여재산의 분배에 있어서 보통주에 대해 우선적인 청구권을 가지는 주식을 말한다. 우선주는 재산상의 이점이 부여되는 대신 일반적으로 의결권이 존재하지 않는 경우가 일반적이며 우선주 발행시에는 배당금이 미리 결정되기 때문에 보통주와 회사채의 중간적인 성격을 가진다. 그러나 우선주의 배당금은 회사채의 이자와는 달리 이익이 적을 경우나 손실이 발생할 경우에는 지급되지 않을 수도 있으며, 단 배당금이 지급되지 않을 경우에는 의결권의 행사가 가능하다. 주식시장에 보통주에는 종목명만을 표현하는 반면 우선주에는 종목명의 뒤에 “우”로 표시한다.

우선주는 배당부족액의 다음 회계연도 배당 여부에 따라 누적적 우선주와 비누적적 우선주로 구분한다. 누적적 우선주는 회계연도의 배당이 소정의 우선배당률에 미달할 때 그 부족액을 후년도의 이익에서 우선적으로 배당받을 수 있는 우선주이다. 비누적적 우선주는 회계연도의 배당이 우선배당률에 미달할 경우 그 부족액을 후년도에 우선적으로 배당받을 수 없는 우선주를 말한다.

배당금을 우선주와 보통주에 배당하고 남은 이익의 배당 참가여부에 따라 참가적 우선주와 비참가적 우선주로 구분한다. 참가적 우선주는 일정률의 이익배당이 진행된 후 다시 잔여이익의 배당에도 보통주와 함께 참여할 수 있는 우선주이다. 반면 비참가적 우선주는 잔여이익에 대해서는 배당이 제외되는 우선주를 말한다.

2) 의결권의 유무에 따른 분류

주주총회에서의 의결권 유무에 따라 의결권주와 무의결권주로 구분을 할 수 있다. 의결권주는 주주총회에 상정되는 안건에 대한 주주의 의결권이 부여되는 주식을 말한다. 반면 무의결권주는 경영참가가 아닌 배당의 우선되는 권리를 가지기 때문에 의결권이 주어지지 않는 주식을 말한다. 의결권이 없는 우선주는 경영권을 방어하면서 자기자본을 조달하는 방법으로 대주주의 입장에서 매력적인 방법이다. 그래서 상법상 무의결권주의 발행은 발행주식 총수의 1/4을 초과할 수 없고, 주권상장법은 특례적용으로 1/2까지 발행이 가능하다.

3) 기명주와 무기명주

기명주식은 주주의 성명이 주권과 주주명부에 기재되는 주식을 말한다. 회사로부터 주주로 인정받기 위해서는 주주명부에 성명 등을 기재하는 명의개서 절차를 거쳐야 한다. 우리나라에서는 상법상 기명주식을 원칙으로 하고 있고 한국증권예탁원에서 주식을 보관한 상태에서 명의개서가 이루어져 주주의 권리를 행사할 수 있다. 무기명주는 주주의 성명이 주권 및 주주명부에 기재되지 않는 주식을 말한다. 따라서 주권을 인도함으로써 양도가 성립하게 되어 매매거래가 신속 간단하고 비밀 유지의 장점을 가지고 있어나 권리의 주장을 위해서는 주권을 회사에 공탁해야 하는 단점이 존재한다.

4) 액면주과 무액면주

액면주의 발행시 1주의 금액은 100원 이상의 금액으로 동일한 금액으로 액면발행해야 한다. 통상 우리나라에서 액면금액은 100원, 200원, 500원, 1,000원, 2,500원, 5,000원 중 하나를 택하고 있다. 발행주식의 액면총액은 회사의 자본금이 되고 시가발행시의 액면초과금액은 주식발행초과금으로 자본잉여금에 적립된다. 무액면주는 주권에 액면가액을 기재하지 않고 단지 주식 수만이 기재되어 있는 주식이다. 따라서 회사의 자본금은 발행당시의 시가에 의해 결정된다. 미국과 같은 선진국에서는 무액면주의 발행이 보편화되어 있으며 우리나라에서는 2012년 4월에 무액면주식 발행이 허용되었다.

제5절 채 권

1. 채권의 개념

채권은 자본시장법 상의 채무증권으로 자본시장에서 국가나 지방자치단체의 자금 조달 수단으로 주식회사의 타인자본의 조달을 위한 방법으로 사용된다. 정부, 공공단체와 주식회사 등이 투자자로부터 거액의 자금을 일시에 조달하기 위하여 발행하는 차용증서이며, 그에 따른 채권을 표창하는 유가증권이다.

채권의 발행주체는 정부, 지방자치단체, 특수법인, 상법상 주식회사만이 채권이 발행할 수 있도록 법적 제한이 가해진다. 채권은 발행시에 원금과 이자의 상환금액이 확정되기 때문에 확정이자부증권의 성격을 가지며 원금상환기일이 사전에 약정된 기한부증권이다. 또한 채권의 발행주체는 수익의 발생여부와 관계없이 발행시 약정된 이자를 지급해야 하며 지급능력이 있는 한 반드시 원금을 상환해야 한다.

채권의 발행주체의 제한으로 채권은 대체로 안전성이 높은 투자상품이며, 액면이자율에 따른 이자소득과 채권가격의 변동에 따른 자본소득의 수익을 얻을 수 있는 상품이다. 채권은 만기와 수익률에 따라 주요한 투자자금의 운용수단으로 이용된다.

2. 채권의 분류

1) 발행주체에 따른 분류

채권은 발행주체에 따라 국채, 지방채, 특수채, 회사채로 분류한다. 국채는 국채법 등에 의해 국회의 동의를 받고 정부가 발행하는 채권이다. 국채는 일반적으로 정부가 원리금 상환을 보장하고 있어 무위험자산의 대용자산으로 이용된다. 우리나라 국채로는 제1종, 제2종, 제3종 국민주택채권, 재정증권 그리고 가장 일반적으로 발행되는 국고채권 등이 있다. 지방채는 중앙정부가 아닌 지방자치단체가 재원을 확보하기 위해 발행하는 채권으로 각 시도에서 발행하는 지역개발공채와 그리고 지방자치단체의 산하기관에서 발행되는 서울도시철도공채와 지역의 도시철도공채 등이 있다. 특수채는 특별법에 의해 설립된 특별법인이 발행하는 채권이다. 특수채는 한국전력(주), LH와 같은 비금융 특별법인이 발행하는 특수채와 특별법에 의해 설립된 금융기관인 산업은행, 수출입은행 등에서 발행하는 금융채로 나뉘어진다. 회사채는 상법상의 주식회사가 장기자본조달을 목적으로 발행하는 채권으로 상장주식회사만이 발행할 수 있다. 국공채는 국가가 원리금 지급을 보장하는 반면에 회사채는 원리금의 적기상환능력이 채권 발행기업간에 차이가 날 수 있기 때문에 회사채의 총액이 해당기업 순자산액의 4배를 초과하지 못하도록 규정하고 있다.

2) 이자지급방법에 따른 분류

이자지급방법에 따라 단리채, 복리채, 할인채, 이표채 등으로 구분할 수 있다. 단리채는 단리방식에 의한 이자금액이 원금과 함께 만기에 일시에 지급되는 채권이다. 복리채는 채권발행 후 만기까지 이자지급 단위기간의 수만큼 복리로 계산하여 만기에 일시 지급하는 채권으로 산업금융채권과 국민주택기금채권이 있다. 할인채는 만기시까지의 총이자를 채권발행 또는 매출시에 미리 할인하여 이자를 선지급하는 형태의 채권이다. 할인채는 발행시 액면금액에서 이자부분을 제외한 할인금액으로 발행되고 만기시에는 액면금액만을 지급하게 된다. 주로 단기채에서 사용되는 방법으로 통화안정증권이나 단기 금융채에서 이용된다. 이표채는 채권의 이자지급 방법 중 가장 일반적인 방법으로 액면가에 대해 액면이자율에 따른 이자를 정기적으로 지급하는 방식의 채권이다. 이표채는 채권의 권면에 이자지급에 대한 권리를 표시하는 이표가 붙어 있고 매 이자지급일에 이 이표를 떼어 이자를 지급받는 방법이다. 한국에서 발행되는 대부분의 회사채는 이표채로 발행된다.

3) 지급이자 변동 여부에 따른 분류

지급이자 변동 여부에 따라 고정금리채권, 변동금리채권, 그리고 역변동금리 채권으로 구분할 수 있다. 고정금리채권은 채권발행시에 미리 약정한 액면이자율이 만기까지 계속 유지되는 채권이며 대부분의 회사채와 국공채가 고정금리 채권에 속한다. 변동금리채권은 액면이자율이 기준금리에 가산금리를 적용하여 일정기간마다 변동되는 채권이다. 전형적인 고정금리채권과 달리 기준금리의 변동에 따라 매 기간마다 액면이자율이 변화하기 때문에 액면이자율에 의해 결정되는 이자의 현금흐름이 확정되지 않은 채권이다. 역변동금리채권은 지정금리에서 기준금리를 차감하는 반식으로 일정기간마다 액면이자율이 변동하는 채권이다. 기준금리가 상승할 경우 변동금리채권의 액면이자율이 상승하는 반면에 역변동금리채권은 액면이자율이 하락하게 된다.

4) 보증여부에 따른 분류

채권은 원리금이 정해진 기간에 상환되는 않을 채무불이행위험을 가지고 있다. 원리금상환을 보장하기 위한 방법으로 보증이나 담보가 사용될 수 있다. 보증사채는 원금상환과 이자지급을 발행회사 이외의 제3자 보장하는 형태의 회사채를 의미한다. 담보부사채는 발행회사가 보유한 부동산이나 유가증권 등을 원리금지급의 담보로 제공하는 회사채를 의미한다. 무부증사채는 원리금상환과 관련하여 금융기관의 보증이나 물적 담보의 제공 없이 발행회사의 신용만으로 발행하는 회사채이다.

5) 만기기간에 따른 분류

채권의 만기까지의 기간을 기준으로 나눈 분류이다. 만기기간에 의한 분류는 일률적으로 결정하기 어려운 부분이 존재하지만 단기채, 중기채, 장기채로 구분한다. 우리나라의 경우 단기채는 발행 이후 만기까지의 기간이 1년 이내인 채권을 말하며 대표적으로 통화안정증권이 있다. 중기채는 만기까지의 기간이 1년 초과 5년 이하의 채권을 의미하며 대부분의 회사채와 특수채 그리고 국고채권의 일부가 포함된다. 장기채는 만기까지의 기간이 5년 이상인 채권으로 제2종 국민주택채권(20년), 국고채권(10년, 20년) 등이 포함된다. 미국 국채의 경우 미국 재무성이 발행하는 재무성 증권이 있는데 단기채는 보통 만기가 1년 이하의 것으로 재무성 증권(Treasury Bill; T-Bill)이라 하고 중기채는 만기가 1년 이상 10년 미만의 것으로 재무성 중기채(Treasury Note; T-Note)라고 하며 장기채는 만기가 10년 이상의 것으로 재무성 채권(Treasury Bond; T-Bond)이라 부른다.

6) 기타 특수한 신종사채

(1) 전환사채

전환사채(convertible bond: CB)는 사채로 발행되나, 일정기간이 경과해 채권소유자의 청구가 있을 때 미리 약속된 조건대로 발행회사의 주식으로 전환할 수 있는 권리가 부여된 사채를 말한다. 전환사채의 전환권은 일종의 콜옵션(매수청구권)으로서 사채소유자가 전환기간 내에 채권발행시 정해진 전환가격으로 발행회사의 주식을 살 수 있는 권리이다. 전환사채는 전환시점에서 사채의 성격이 소멸하고 주식으로 전환하는 것이 특징이다. 투자자의 입장에서 보면 전환사채는 주식으로 전환할 때까지는 사채로서 확정이자를 얻을 수 있고, 주가가 상승해서 전환가격을 상회하는 경우에는 전환 후에 자본이득과 배당을 기대할 수 있다. 또 한편 기업으로서는 전환권이 부여되어 있기 때문에 보통 사채에 비하여 낮은 이율로 자금조달을 할 수 있고, 전환이 이루어지면 주식자본의 증가에 의하여 재무구조의 건전을 도모할 수 있다. 특히 신설기업이 증자 또는 사채의 발행이 곤란할 경우, 혹은 우량회사라도 일시적으로 업적이 나쁜 경우에 있어서의 자금조달방법으로서 전환사채를 발행하는 것이 유리하다. 전환사채를 발행하기 위해서는 정관을 통해 주식으로서의 전환조건과 전환으로 인해 발행할 수 있는 사항이나 전환을 청구할 수 있는 기간 등을 규정해야 한다.

(2) 신주인수권부 사채

신주인수권부 사채(bond with stock purchase : BW)란 발행회사의 신주를 일정기간(행사기간) 내에 일정한 가격(행사가격)으로 정해진 수량만큼 인수할 수 있는 권리, 즉 신주인수권(warrant)이 부여된 사채이다. 신주취득한도는 회사채 금액의 범위 내에서 가능하다. 신주인수권은 행사기간 전이면 언제든지 권리를 행사할 수 있기 때문에 일종의 매수청구권(call option)이라고 할 수 있다. 전환사채와의 차이를 보면, CB는 사채권자의 전환권 행사에 의해 사채가 소멸되고 사채권자의 지위를 상실하는 동시에 주주의 지위를 취득하게 되나, BW에 있어서는 신주인수권을 행사해도 신주만 발행될 뿐 사채가 소멸되지 않으므로 주식이 함께 남게 된다. 신주인수권부사채는 분리형과 비분리형으로 구분된다. 채권과 신주인수권이 별도의 증권으로 분리되어 별도로 양도할 수 있는 것은 분리형, 신주인수권과 채권이 함께 표시되어 분리·양도할 수 없는 것은 비분리형이다. 분리형의 경우 신주인수권만 분리해 신주를 청약할 수 있다. 신주인수권의 특징은 첫째, 투자위험이 한정된다. 가격변동에 따른 최대 손실은 당해증권을 매수한 금액에 한정된다. 주식을 인수할 권리는 있으나 의무가 없기 때문이다. 둘째, 신주인수권 행사시 추가자금이 유입되므로 발행기업의 입장에서는 재무구조가 개선되는 효과가 있다. 셋째, 전환청구시 마다 증자를 해야 하므로 실무상 번거롭다는 단점도 있다.

(3) 이익참가부사채

이익참가부사채(participating bond: PB)란 사채권자가 채권으로부터 받을 일정한 이자 이외에 회사의 이익에도 참가할 수 있는 권리가 부여된 사채를 말한다. 즉, 기업수익의 급증으로 주주가 일정률 이상의 배당을 받을 때 사채권자도 이익분배에 참가할 수 있는 권리가 부여된 사채로, 이익분배부사채라고도 한다. 이익참가부사채는 회사의 이익분배에 대한 참가권이 부여됨으로써 투자상의 매력이 증대되어 회사채발행에 의한 자금조달을 용이하게 할 수 있는 장점이 있으나, 이익분배의 참가는 그만큼 주식에 대한 배당을 감소시키는 결과를 초래하여 주식발행에 의한 자금조달을 어렵게 할 수도 있다. 이익참가부사채는 발행총액과 이익배당참가의 내용에 관하여 정관에 규정하거나 혹은 주주총회의 특별결의로서 이를 결정하여야 한다.

(4) 교환사채

교환사채(exchangeable bond: EB)는 사채권자가 특정기간 내에 사전에 합의한 교환조건에 따라 발행회사가 보유하고 있는 주식(주권상장법인의 특례 규정에 의거하여 취득한 자기주식 또는 주식매수청구권의 특례규정에 따른 행사로 취득한 자기주식을 포함)과 교환을 청구할 수 있는 권리(교환권)가 부여된 사채를 말한다. 교환사채는 주식과 채권을 혼합한 채권의 대표적인 상품인 전환사채와 유사한 성격을 지녔으나 전환 시 전환대상이 되는 주식이 발행회사의 주식이 아닌 발행회사가 보유한 다른 회사의 주식이 될 수 있다. 이러한 채권의 장점은 투자자의 경우 발행회사가 보유하고 있는 우량주식에 투자하여 주가상승에 따른 자본이득을 기대하면서 주가하락 시에도 회사채로서 일정수익률을 보장받을 수 있다. 반면에 발행자는 일반 채권발행 보다 나은 조건, 즉 낮은 금리로 채권을 발행하여 자금을 확보할 수 있다. 교환사채는 주주의 이익에 직접적인 영향을 주지 않기 때문에 이사회결의를 통해 발행될 수 있다.

(5) 옵션부사채

옵션부사채(bond with imbeded option)는 사채발행 시에 일정한 조건이 충족되면 만기 전에 발행회사는 채권자로부터 채권을 매수할 수 있는 권리, 즉 조기상환권(call option)이 있거나 채권자가 발생회사에게 채권을 매도할 수 있는 권리, 즉 조기변제요구권(put option)을 행사할 수 있는 권리가 부여되어 있는 채권을 말한다.

우선, 조기상환권부채권 또는 콜옵션부채권(callable bond)은 채권의 발행 당시에 비해 채권의 발행금리가 하락하게 되면 발행회사는 기존의 채권을 투자자로부터 매수하고 새로 저금리 채권을 발행할 목적으로 활용된다. 반면 조기변제요구권부채권 또는 풋옵션부채권(puttable bond)은 발행 당시에 비해 금리가 상승한 경우 투자자는 만기 전에 채권을 발행회사에게 매도할 수 있다. 이들 채권의 발행금리는 다른 조건이 동일하다면 조기상환권부채권은 발행회사에게 유리하므로 금리가 높고, 조기변제요구권부채권은 투자자에게 유리하므로 금리가 낮은 것이 일반적이다.

(6) 영구채

영구채(perpetual issue bond)는 만기일이 명시되지 않고 투자자에게 발행일로부터 영구히 약정이자를 지급하는 채권으로 영국의 British Consol과 미국의 TVA(Tennessee Valley Authority) 공채가 대표적인 예이다.

영구채는 채권의 형태를 가지지만 만기가 없으므로 속성은 자본에 가까운 신종자본증권이다. 영구채는 주로 공공기관이나 대형 사업체에서 대규모 자금이 투입되는 프로젝트를 진행하기 위해 장기적인 자금이 필요한 경우에 발행된다.

제6절 파생상품

파생상품이란 기초자산(주식, 채권, 통화 등)에서 파생된 상품을 말하는데, 파생상품은 그 기초자산의 가격이 어떻게 결정되느냐에 따라 그 수익률이 결정된다. 자본시장법에서 파생상품이란 다음의 세 가지 상품을 말한다. 첫째 기초자산이나 기초자산의 가격·이자율·지표·단위 또는 이를 기초로 하는 지수 등에 의하여 산출된 금전 등을 장래의 특정시점에 약정하는 선도계약(forward), 둘째 당사자 어느 한 쪽의 의사표시에 의하여 기초자산이나 기초자산의 가격·이자율·지표·단위 또는 이를 기초로 하는 지수 등에 의하여 산출된 금전 등을 수수하는 거래를 성립시키는 권리를 부여하는 것을 약정하는 옵션계약(option), 셋째 장래의 일정기간 동안 미리 정한 가격으로 기초자산이나 기초자산의 가격·이자율·지표·단위 또는 이를 기초로 하는 지수 등에 의하여 산출된 금전 등을 교환할 것을 약정하는 스왑계약(swap) 상의 권리를 말한다. 즉, 자본시장법에서 파생상품은 선도(forward), 선물(futures), 옵션(option), 스왑(swap)을 추상적으로 정의하고 있다.

여기서 파생결합증권과 파생상품의 기초자산은 동일하게 정의되지만 그 성격은 명확히 다르다는 점을 유의해야 한다. 즉, 파생결합증권의 경우 투자자의 손실이 있더라도 원본초과손실까지 가지 않는데 비해, 파생상품의 경우 기초자산의 가격변화에 따라 원본을 초과해서 손실을 지게 될 수 있다.

파생상품은 장내파생상품과 장외파생상품으로 나누어진다.

장내파생상품이란 파생상품으로서 정형화된 파생상품시장(거래소)에서 거래되는 것을 말한다.

장외파생상품이란 파생상품으로서 장내파생상품이 아닌 것을 말한다. 즉, 장외파생상품은 정기적인 거래소시장의 밖, 즉 장외시장에서 주로 거래당사자간 전화통화 인터넷 등을 통해 거래가 이루어지는 파생상품을 말한다. 예를 들어 선도거래되는 상품은 장외파생상품이지만, 선물거래되는 상품은 장내파생상품이다.

제 7 절 펀드(간접투자상품)

1. 펀드의 개념

펀드(fund)는 투자자로부터 모은 자금을 집합투자업자(자산운용회사)가 주식, 채권, 파생상품, 부동산 등에 투자・운용한 후 그 결과를 돌려주는 간접투자상품이다. 즉, 펀드는 불특정다수 혹은 특정 소수의 투자자(펀드 가입자)로부터 모은 자금을 재산적 가치가 있는 모든 자산에 투자・운용한 후 그 결과를 돌려주는 실적배당형 간접투자상품이다. 펀드투자는 다음과 같은 장점을 가지고 있다.

첫째, 투자위험이 감소된다. 즉, 분산투자로 인해 위험이 감소되고, 주가하락시기에도 가격하락위험의 헤지가 가능하다.

둘째, 전문가의 자산운용, 노하우 공유가 가능하다. 투자정보의 수집 및 분석, 투자결정 등을 자산운용회사가 대행하고, 전문가(펀드매니저)의 오랜 경험에 따른 투자전략 및 노하우를 공유할 수 있게 된다.

셋째, 투자방식이 간편하고 비용이 저렴하다. 투자대상펀드를 선택한 후 더 이상의 노력이 필요하지 않고, 직접투자에 비교해 거래비용이 저렴하다. 또한 투자수익률에 대한 조회 및 성과보고를 받을 수 있다.

수익증권은 펀드에 투자한 투자자에게 그 투자비율에 따라 나누어주는 권리증서, 즉 수익권을 나타내는 증서이다. 펀드에 가입(매수)한다는 것은 수익증권을 매수한다는 것이다. 좌는 수익증권의 거래단위인데, 신탁원본액 1,000원에 대하여 1좌의 단위로 계산한다. 펀드에 투자하면 투자금액과 총좌수가 기록된 통장을 투자자(수익자)에게 준다.

펀드를 매도하는 것을 환매라고 한다. 즉, 투자자는 펀드를 매입한 판매회사에 당해 펀드의 환매를 청구할 수 있다. 환매는 주식형, 채권형, MMF 등에 따라 다르고, 하루 중 시간에 따라서도 다르다. 예를 들어서, 주식형 펀드의 경우 오후 3시 전에 환매청구하면 환매청구 당일 종가가 반영된 내일(T+1) 기준가격으로 환매금액이 결정되고, 4일째(T+3)에 출금된다.

기준가격은 펀드의 매매에 필요한 기준지표를 말한다. 거래단위당 순자산가치를 의미한다. 기준가격은 최초설정시 1,000원으로 시작된다. A펀드가 2008년 10월 31일 설정 당시 1,000원이었는데 2009년 10월 17일 현재 1,200원이라면, 투자수익률은 20%가 된다. 기준가격은 집합투자업자(자산운용회사)나 증권회사가 매일 공시하고 있다.

2. 펀드의 종류

1) 운영대상에 따른 분류

(1) 증권투자펀드

투자자산의 40% 이상을 유가증권(주식, 채권, 기업어음 등)에 운용하는 전통적인 펀드상품이다.

(2) 파생상품투자펀드

위험회피의 목적으로 투자자산의 10%를 초과하여 선물・옵션・스왑 등 장내・외 파생상품에 운용하는 상품이다.

(3) 부동산투자펀드

직접 부동산을 취득, 개발, 관리, 처분하거나 간접적으로 부동산 사업에 대출(project financing) 또는 부동산 관련 증권에 투자하여 수익을 되돌려 주는 펀드이다. 거래소에 상장된 부동산투자펀드(투자회사형태)를 리츠(real investment trust fund : Reits)라고 한다.

(4) 상품펀드

원유, 가스, 금, 구리 등 원자재외에 돼지, 밀, 옥수수, 설탕, 커피 등과 같은 실물자산에 투자하는 상품이다. 상품펀드는 보관, 운송, 평가, 유동성 등의 문제로 인해, 상품을 직접 편입하기보다는 상품관련 유가증권, 기업의 주식, 각종 가격지수와 연동된 수익을 지급하는 가격연동상품펀드로 판매된다. 상품펀드는 주식·채권과 상관관계가 낮고 공급부족으로 기대수익률이 높다.

(5) 단기금융상품펀드(MMF)

MMF(money market fund)는 여유자금의 수시출입금 또는 단기투자에 적합한 펀드다. 이 펀드에 편입되는 자산도 국채, 통화안정채권, 신용등급 AA 이상 회사채, A1, A2 이상 CP 등 신용등급이 매우 우수한 자산이며, 만기도 90일 이내로 단기이기 때문에 환금성과 안정성이 매우 높은 상품이다.

2) 주식의 투자비율에 따른 분류

(1) 주식형펀드

자산총액의 60% 이상을 주식(주가지수선물, 옵션 포함)에 투자하여 고수익을 추구하는 펀드이다. 주식형펀드는 주식편입 비율에 따라 안정형(30% 이내), 안정성장형(50% 이내), 공격형(70% 이상)으로 분류된다. 적극적인 투자전략 및 주요 편입종목에 따라 수익률의 편차가 크다.

(2) 주식혼합형펀드

주식 40%~60% 또는 80% 이하, 채권 및 유통성 자산 60%~40% 또는 20% 이상 등과 같이 주식투자에의 비중이 50%를 초과할 수 있는 상품이다.

(3) 채권형펀드

운용대상에 주식이 편입되지 않고 자산총액의 60% 이상을 채권(금리선물 포함)으로 운용하는 상품으로, 국고채형, 우량채권형, 금리변동부채권(floatig rate note: FRN)펀드 등이 있다.

(4) 채권혼합형펀드

채권과 주식이 혼합되어 운용되나 채권에의 투자비중이 더 많아 채권의 안정과 주식의 수익성을 기대하는 펀드이다. 주식 20~30% 또는 50% 미만, 채권 및 유동성자산 70~80% 또는 50~100%로 운용된다.

3) 신유형 펀드

(1) 상장지수펀드(ETF)

상장지수펀드(exchange traded fund: ETF)는 KOSPI200과 같은 주가지수, 달러, 원유와 같은 자산의 가격움직임과 연동되도록 설계된 인덱스펀드의 일종으로 거래소에 상장되어 주식과 같이 실시간으로 거래가 가능한 상품이다.

ETF는 일반적인 펀드의 간접투자와 주식의 직접투자의 장점을 모두 갖추고 있는 투자수단으로서 소액으로 분산투자의 효과를 누릴 수 있고, 운용의 투명과 저렴한 위탁수수료, 환매수수료가 없으며 증권거래세가 면제되는 투자상품이다.

〈표 3-2〉 ETF와 개별주식 비교

펀드유형	ETF	펀드	개별주식
거래소에서 실시간 거래가능 여부	가능	불가	가능
투자위험	시장위험	시장위험	시장위험, 기업고유위험
위험분산효과	위험분산효과 높음	위험분산효과 높음	위험분산 어려움
거래비용(세금)	국내주식형: 없음 그 외: 소득세(15.4%)	소득세(15.4%)	주식매도시 증권거래세 0.3%

우리나라의 ETF는 2002년 10월 KODEX200(삼성자산운용), KOSEF200(키움투자자산운용) 등 4개가 처음으로 상장되었으며 2016년 9월말 현재 KODEX200(삼성자산운용), KODEX레버리지(삼성자산운용), KODEX인버스(삼성자산운용), TIGER 나스닥100(미래에셋자산운용) 등 239개 종목이 거래소에 상장되어 있다.

(2) 인덱스펀드

인덱스펀드(index fund)란 장기적인 주식투자에서 일반투자자의 수익률이 시장평균율을 상회할 수 없다는 전제 아래, 특정 주가지수(KOSPI 200, S&P 500 지수 등)에 사용된 종목별 비중에 따라 분산투자를 함으로써 종합주가지수 수익률 정도를 확보하고자 하는 펀드이다. 인덱스펀드는 베타(β)가 1이기 때문에 시황이 변동되어도 평균적으로 종합주가지수의 수익률에 접근된다.

(3) 하이일드펀드

하이일드펀드(high yield fund)는 기업의 신용등급 BB+ 이하에 해당되는 채권 및 기업어음(commercial paper; CP)에 1년 이상 투자하여 실적에 대해 배당 형식으로 지급되는 펀드이다. 이러한 펀드의 경우 수익률은 매우 높은 반면 신용도가 취약해 정크본드(junk bond)라고 불리는 고수익(high yield), 고위험(high risk)펀드이다. 채권의 신용등급이 투자부적격(BB+이하)인 채권을 주로 편입해 운용하는 펀드이므로 발행자의 채무불이행 위험이 투자적격채권에 비해 높다. 따라서 투자를 잘하면 고수익이 보장되지만 반대의 경우 원금의 상당부분을 잃을 수도 있다.

〈표 3-3〉 국내 하이일드 펀드 수익률

펀드명	수익률		
	6개월	1년	3년
미래에셋글로벌하이일드	4.98	13.99	14.54
피델리티유럽하이일드	4.94	10.18	13.56
하나USB재형글로벌스마트하이일드	5.38	11.97	13.22
AB글로벌고수익	5.25	15.59	12.99

자료 : 제로인, 기준일 (2017년 1월 13일)

(4) 주가연계펀드(ELS펀드)

주가연계펀드(equity linked funds : ELS)는 개별종목의 주가나 주가지수(KOSOIP 200, NIKKEI 225 등)에 따라 미리 정한 수익률을 추구하는 주가연계증권에 투자하는 펀드로 원금의 95~96% 수준을 채권 등 안전자산에 투자하고 발생된 이자로 ELS에 투자해 추가수익을 추구하는 펀드이다. 최근 증권회사들이 여러 종류의 ELS를 발행하고 있다. 이 펀드의 수익률은 주식형펀드보다 낮지만 손실을 내는 경우가 적다는 것이 장점이다.

(5) 펀드 오브 펀즈

펀드 오브 펀즈(fund of funds)란 성격이 다른 여러 펀드에 분산투자하는 재간접투자펀드로 투자자로부터 모집된 자금을 다른 펀드에 40% 이상 투자하는 상품이다. 전문가를 통해 국내외의 다양한 상품 중 검증된 펀드에 재투자된다. 최근에는 해외펀드 특히, BRICs국가, 베트남 등에 투자하는 펀드 오브 펀즈가 증가하고 있다. 펀드운용의 내용을 파악하기 어렵다는 단점이 있다.

(6) 적립식펀드

적립식펀드는 목돈 마련을 위해 일정기간 동안 원하는 펀드나 주식, 채권 등을 선택하여 적립식으로 투자하는 펀드상품이다. 은행의 정기적금과 같이 일정기간 동안 적립하고 만기에 목돈을 찾는 형식의 상품이다. 적립식 투자방법은 여러 종목과 장기간에 걸쳐 분산투자함으로써 위험을 낮추는 정기적립효과(dollar cost average effect)를 가진다.

(7) 공모주 펀드

공모주 펀드는 채권혼합형의 일종으로 우량채권에 70%, 나머지 30%는 주로 시장프리미엄의 획득이 가능한 공모주에 투자하여 운용하는 펀드로 정기예금금리 + α를 목표수익률로 한다.

(8) 해외펀드

펀드 운용자산이 국내에 한정되지 않고 세계 여러나라의 다양한 주식・채권・부동산・원자재 등에 투자되는 상품이다. 이와 같은 해외펀드에 투자하는 이론적 근거는 글로벌 분산투자를 통해 위험을 감소시키고, 기대수익률은 증대시킬 수 있다는데 있다. 국내법에 의해 설립된 자산운용회사가 운용하는 펀드는 On-shore 펀드라고 하고, 외국자산운용회사가 운용하는 펀드는 Off-shore 펀드라고 한다.

펀드 투자대상 자산이 전세계 선진국 및 개발도상국을 포함하는 경우 글로벌펀드(global fund), 특정국가에 한정하는 경우 로컬펀드(local fund)라고 한다. 최근 유럽, 미국, 라틴아메리카 등 글로벌펀드와 더불어 저렴한 노동력 및 풍부한 천연자원을 배경으로 한 BRICs 펀드(브라질 · 러시아 · 인도 · 차이나), 친디아펀드(중국 · 인도), 중국펀드 등이 유행되고 있다.

(9) 헤지펀드

헤지펀드(hedge fund)란 100명 미만의 투자자들로부터 파생금융상품(선물, 옵션 등)에 투자해서 위험을 줄여 한정적으로 운용하는 사모형 펀드를 말한다. 헤지펀드는 은행 등으로부터 차입을 해서 투자할 수 있다는 점에서 사모펀드와 다르다. 조지 소로스의 퀀텀펀드가 유명하다. 우리나라에서도 최근 남아메리카 · 동유럽 등 신흥시장의 부동산, 원자재 등에 집중 투자하는 헤지펀드가 생겨나고 있다.

제8절 신종금융상품

1. 랩어카운트

최근 금융투자회사의 금융상품 중 고객의 투자성향을 파악해 포트폴리오를 구성해서 판매하는 랩(wrap) 상품의 중요성이 커지고 있다. 랩어카운트(wrap account)는 금융투자회사가 투자자의 성향과 투자목적 등을 분석하고 진단한 후 고객의 성향에 맞추어 주식 · 채권 · 펀드 등 다양한 자산운용서비스를 묶어 제공하는 종합자산관리계좌이다. 우리나라에서는 2000년 초반부터 랩어카운트 서비스가 제공되어 왔으며, 현재 금융위원회에 투자일임업을 등록한 금융투자회사와 투자일임업 인가를 받은 보험사가 랩어카운트를 취급할 수 있다.

랩어카운트는 고객자산에 대한 투자운용 결정권이 원천적으로 불가한 공모펀드와는 다르게 포트폴리오 구성에 법적 제약이 고객이 투자운용에 개입을 할 수가 있어서 간접투자와 직접투자의 중간 형태를 가진다. 따라서 이러한 금융상품은 포트폴리오에 편입되는 주식 비중과 종목 선택에 있어서 '선택과 집중'이 가능하므로 시장 변화에 따른 탄력적 운용이 가능하다. 랩어카운트는 포트폴리오 구성의 결정 주체에 따라 증권사가 투자자문사의 자문을 받아 운용하는 자문형랩과 증권사가 직접 구성·운용하는 일임형랩으로 구분된다.

자문형랩은 투자자문사와의 계약을 통해 운용에 편입되는 자산 등에 대한 투자자문을 제공받고 일임자산을 운용하는 형태로 고객이 직접 포트폴리오를 설정하고 투자를 집행한다. 반면, 일임형은 투자자로부터 투자판단의 전부 또는 일부를 위임받아 투자자별로 구분하여 예탁자산을 운용하는 것을 전제로 하기 때문에 공모펀드와 달리 주식, 채권, 펀드, 부동산 등 다양한 종류의 자산을 포트폴리오에 편입이 가능하다.

〈표 3-4〉 랩어카운트와 공모펀드 비교

	랩어카운트	공모펀드
업무영역	투자일임업(등록)	집합투자업(인가)
대상/자산/소유권	특정 소수 자산가/고객이 자산소유권 보유	불특정 다수 소액 투자자/고객은 수익권만 보유
규제	고객의사 반영 가능: 사적규제	고객의사 반영 불가: 공적규제
운용의 개별성	고객별 투자판단 위임: 개별운용	운용사 판단에 따른 집합운용
보수	자산비례고정 보수(wrap fee), 성과보수 등 수취	운용보수+판매보수+수탁보수+펀드평가보수 등

자료: 한국금융연구원

2. ELS(Equity Linked Securities)

주가연계증권(ELS)은 주가 또는 지수의 변동에 따라 만기 지급액이 결정되는 증권으로서 옵션 등의 파생상품을 이용해 만기를 정해놓고 만기까지 일정 조건을 충족하면 정해진 수익률을 제공하는 상품이다. 상품에 따라 반기 혹은 분기 단위로 조기상환이 가능하며 원금보장 여부에 따라 원금보장형과 원금비보장형으로 구분되기도 한다.

ELS는 투자자금의 일부는 채권투자를 통해 원금을 일정부분 보장하고 나머지는 주가지수 또는 개별 종목의 등락에 연동해 수익률을 결정하는 선물, 옵션 등으로 구성된 파생결합상품의 일종이다. 외국에서는 일반적으로는 ELN(Equity Linked Notes ; 주식연계채권)으로 사용되는데 우리나라에서 정부가 증권거래법 시행령 개정을 발표하면서 주가연계증권 개념을 처음 소개할 때도 ELN이라는 말을 썼으나, 이후 금융당국과 업계가 상품출시를 위한 구체적인 방안을 논의하는 과정에서 ELS라는 이름으로 바뀌었다.

ELS와 유사한 금융상품으로 주가연계예금(ELD: Equity Linked Deposit)과 주가연계펀드(ELF: Equity Linked Fund)가 있다. ELD는 주가지수 상승률에 연동하여 사전에 약정한 금리를 지급하는 정기예금의 일종이다. 즉, 은행이 투자원금 중 일부를 원금이 보장되는 이자율로 정기예금에 넣은 뒤 나머지 자금으로 주가지수 옵션 등에 투자, 만기 시 예금원금은 보장하면서도 이자수익을 가지고 주가지수에 연동해 추가수익을 내는 주가지수연동 정기예금을 의미한다. 따라서 ELD는 원금보장을 원하면서 은행의 정기예금 이자율에 만족하지 못하는 사람에 적당한 금융상품이라고 할 수 있다. ELD는 예금이기 때문에 예금자보호법에 의해 5,000만 원 한도까지 보장받을 수 있다. ELF는 앞서 설명한 ELS 상품들에 자금을 투자해서 운용되는 펀드이다. ELF는 실적배당상품이므로 실제 펀드의 운용실적에 따라 사전에 약속한 수익보다 더 많을 수도 있고 적을 수도 있다는 점에 유의해야 한다.

3. ELW(Equity Linked Warrant)

주식워런트증권(ELW)은 주식 및 주가지수 등의 기초자산을 사전에 정해진 가격(행사가격)으로 미래 특정시점에 사거나(call) 팔(put) 수 있는 권리를 갖는 신종 금융상품이다. 특정주식의 가격 또는 주가지수의 변동과 연계하여 미리 약정된 방법에 따라 주식의 매매 또는 금전을 수수하는 권리가 부여된 증서인데, 특정한 주식을 기초자산으로 하여 특정시점(예 : 만기 3개월) 후에 사전에 정한 가격(행사가격, 예: 10만원)보다 높은지 낮은지에 따라 그 수익이 결정되는 상품이다. 이러한 상품의 특징에는 레버리지 효과, 한정된 투자위험, 높은 유동성, 위험헤지 등이 있다.

ELW는 상품특성이 주식옵션과 유사하나 법적 구조, 시장구조, 발행주체와 발행조건 등에 차이가 있다. 증권사가 ELW에 대해 공모를 거쳐 거래소에 상장하면 주식처럼 거래가 이루어지며, 만기 시 최종보유자가 권리를 행사하게 된다. 발행사의 설계에 따라 다양한 상품이 나올 수 있으며 결제이행에 따른 위험은 발행사가 진다. 대상종목도 주식옵션이 2016년 12월 말 현재 삼성전자와 SK텔레콤 등 20개(유가증권시장 20개) 종목으로 한정된 반면 주식워런트증권은 KOSPI 구성 주식, KOSPI 200 지수로 상당히 다양하다. 또한 ELW 시장에서는 투자자의 환금성을 보장할 수 있도록 호가를 의무적으로 제시하는 유동성공급자(LP ; Liquidity Provider) 제도가 운영된다. LP의 경우에도 증권선물거래소회원이면서 자기매매가 가능한 증권사로 한정된다.

4. CDS(Credit Default Swap)

신용부도스왑(CDS)은 기업의 부도위험 등 '신용'을 사고 팔 수 있는 신용파생상품 거래로 대출이나 채권의 형태로 자금을 조달한 채무자의 신용위험만을 별도로 분리해 이를 시장에서 사고파는 금융파생상품의 일종이다. CDS는 채권을 발행한 기업이나 국가 등이 부도가 나더라도 원금상환을 보장받을 수 있도록 구조화한 상품으로 스왑이라는 용어를 사용하고 있으나 옵션과 유사한 신용파생상품이다. 따라서 보장매입자가 보장매도자에게 일정기간 프리미엄(보험료)을 지급하고 신용사건 발생시(채무불이행) 손실의 전부나 일부를 보상받기로 하는 쌍방간의 계약이다.

글로벌 금융위기가 발생한 2008년 당시 세계적인 보험사인 AIG는 모기지채권을 기초자산으로 한 CDS에 의해 천문학적 규모의 손실을 입은 사례가 있다.

[그림 3-2] 신용부도스왑

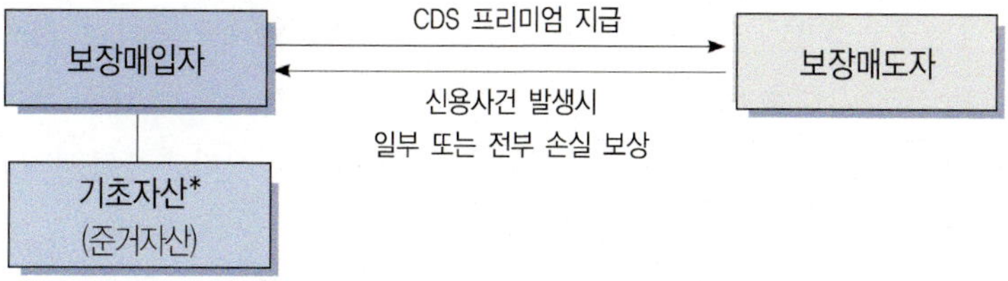

자료: 한국은행. 한국의 금융시장(2016)
주: * 기초자산(underlying assets)은 보장매입자가 신용파생상품거래를 통해 신용위험을 헤지하고자 하는 대상 자산이다. 예를 들면 은행의 특정 기업에 대한 대출금을 기초자산이라 할 수 있다. 준거자산(reference assets)은 신용파생상품 계약상 신용사건의 발생여부를 판단하는 기준이 되는 자산으로서 기초자산이 그대로 이용되거나 기초자산과 밀접한 관련이 있는 다른 자산이 이용된다. 예를 들면 은행이 특정 기업에 제공한 대출금의 신용위험을 헤지하고자 하는 경우 동 기업이 발행한 회사채를 신용파생상품 계약상 준거자산으로 할 수 있다.

5. ABS(Asset-Backed Securities)

자산유동화증권(ABS)은 자산(Asset)을 근거로(Backed) 발행되는 증권(Securities)이다. 일반적으로 '자산담보부증권'이라 불려왔으나 1998년 9월 '자산유동화에 관한 법률"이 제정되면서 '자산유동화증권'이라는 용어를 사용하게 됐다.

여기서 '자산'이란 자동차, 가전회사 등이 고객들로부터 미처 받지 못한 미수금(매출채권), 금융기관 대출금, 리스채 등 각종 채권, 부동산 등 일반자산이다. 즉, ABS란 기업의 부동산을 비롯한 여러가지 형태의 자산을 담보로 발행된 채권을 말한다. 보통 원리금지급이 거의 확실한 선순위채권과 그렇지 않은 후순위채권으로 분리 발행된다.

금융시장이 발달한 선진국의 경우를 보면 ABS는 상대적으로 안정성이 높으면서 적정한 수익률을 제공하는 금융상품으로 인식되며 발행규모가 해마다 증가하고 있다.

6. MBS(Mortgage Backed Securities)

주택저당증권(MBS)은 자산유동화증권(ABS)의 일종으로서 금융기관이 주택을 담보로 장기대출을 해준 주택저당채권을 기초자산으로 해서 발행한 증권이며 '주택저당채권 담보부증권'이라고도 한다. MBS 시장은 1차시장과 2차 시장 및 자본시장으로 구성되는데 1차 시장은 주택을 담보로 대출을 받은 모기지 차입자와 우리은행, KB국민은행 등 모기지 대출기관 사이에 모기지론(주택담보대출)이 이루어지는 시장이다. 2차 시장은 모기지 대출기관이 보유하고 있는 주택저당채권을 증권화(유동화)하는 시장을 일컫는 것으로 MBS가 기관투자자들에게 매각되고 유통되는 시장을 말한다.

은행, 보험회사, 할부금융사 등과 같은 금융회사들은 주택을 담보로 20~30년 동안 장기간 자금을 대출해 준 뒤, 이 담보권을 기초로 주택저당채권(주택에 근저당이 설정된 대출채권)을 보유하게 된다. 금융회사들은 대출재원의 효율적 활용을 위해 주택저당채권을 MBS 발행기관(유동화중개회사; SPC)에 매각하게 되고,

[그림 3-3] MBS 발행구조

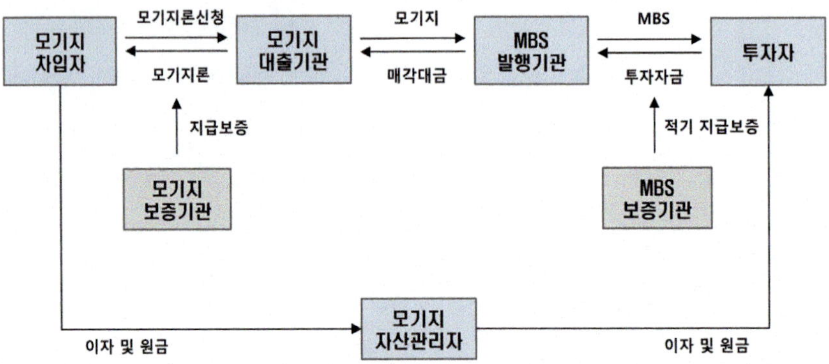

자료 : 한국은행, 한국의 금융시장(2016).

MBS 발행기관은 이를 담보로 MBS라는 상품을 발행하여 투자자들에게 MBS 상품을 판매하고 현금화함으로써 금융회사에게 그 돈을 지급한다. 금융회사들은 장기간에 걸쳐 고객(채무자)들로부터 상환받아야 할 돈을 한번에 회수하여 목돈을 마련하는 셈이 되므로 그 돈으로 다시 주택구입자들을 위한 대출재원으로 사용할 수 있게 된다.

연습문제

1. 다음 용어를 설명하라

1) 금융투자상품
2) 증권
3) 파생상품
4) ADR, KDR
5) 수익증권
6) ELS
7) ELW
8) 파생결합증권
9) 장내파생상품
10) 장외파생상품
11) 랩어카운트
12) MMF
13) 하이일드펀드
14) 인덱스펀드
15) 펀드 오브 펀즈
16) 뮤추얼펀드
17) 상장지수펀드
18) 헤지펀드

2. 다음의 물음에 답하라.

1) 양도성예금증서(CD)에 관한 설명 중 틀린 것은?

① CD는 정기예금에 양도성을 부여한 금융상품으로 무기명할인식으로 발행된다.

② CD는 제3자에게 양도는 가능하나, 유통시장에서 매매는 할 수 없다.

③ 수익률은 실세금리 연동형 확정금리이다.

④ 이자지급은 예치기간 동안의 액면금액에 대한 이자를 액면금액에서 차감하여 발행한 후 만기지급시에 증서소지인에게 액면금액을 지급한다.

2) 금융기관이 기업으로부터 매입하여 보유하고 있는 상업어음, 무역어음 또는 팩토링어음을 분할하거나 통합하여 새롭게 발행한 약속어음은?

① 발행어음　　② 표지어음

③ 매출어음　　④ 환어음

3) 다음 중 RP(환매조건부 채권)를 취급하는 금융기관이 아닌 것은?

① 한국증권금융　　② 우체국

③ 상호저축은행　　④ 종금사

4) 어음에 관한 설명으로 옳지 않은 것은?

① 기업어음(CP)이란 상거래에 수반하여 발생된 지급대전을 약속어음 또는 환어음의 형식으로 발행한 것을 말한다.

② 기업이 발행한 상업어음은 은행이 할인매입(어음할인)한 후 다시 일반에게 할인매출(어음매출)하여 일반투자자의 자금을 기업으로 조달케 한다.

③ 무역어음의 매출방법은 실물매출을 원칙으로 하고 있으나, 통장매출로도 가능하며 매출시 무담보부로 배서한다.

④ 금융기관은 상업어음할인시 어음금액에 어음매입일로부터 어음만기일까지의 기간에 상응하는 할인기간의 이자를 공제한다.

5) 가입 당시 확정금리가 적용되는 상품이 아닌 것은?

① CMA　　② 표지어음

③ CD　　④ RP

6) 펀드에 대한 설명 중 잘못된 것은?

① 펀드보유자는 계약기간 만료후 환매청구를 할 수 있다.

② 펀드는 유가증권에 대한 수익권을 표시하는 증권이다.

③ 수익자는 펀드의 소유자로 수익권의 좌수에 따라 균등한 권리를 갖는다.

④ 펀드는 원칙적으로 무기명 방식이나 수익자 청구로 기명으로 전환가능하다.

7) 펀드의 경제적 기능이 아닌 것은?

① 기업의 장기 안정자금 조달에 기여한다.

② 유가증권의 가격조정 역할만 수행하고 물량조절은 증권회사가 수행한다.

③ 자금의 수요 공급의 중개역할로 증권시장 발전에 기여한다.

④ 투자자들로 하여금 단기투자에서 장기투자로의 전환을 촉진한다.

8) 뮤추얼펀드의 폐쇄형과 개방형에 대한 설명 중 올바른 것은?
① 폐쇄형은 환매청구가 가능하다.
② 개방형은 환매청구가 가능하다.
③ 폐쇄형은 증권거래소가 아닌 장외에서 거래된다.
④ 개방형은 투자자의 가입, 탈퇴가 자유롭지 못하다.

9) 하이일드펀드에 대한 설명 중 잘못된 것은?
① 정크본드라고도 불리며 고수익 고위험펀드이다.
② 투기등급 채권을 주로 편입해 운영한다.
③ 공모주를 배정 받을 수 있다.
④ 환매는 절대 불가능하다.

해답 2. 1) ② 2) ② 3) ③ 4) ① 5) ① 6) ① 7) ② 8) ① 9) ④

제4장

증권의 발행시장

04
part

증권의 발행시장

제 1 절 발행시장의 성격과 구성

1. 발행시장의 의의 및 기능

자본시장은 거래되는 증권에 의해 주식시장과 채권시장으로 구분되고, 시장의 기능에 의해 발행시장과 유통시장으로 구분할 수 있다.

발행시장(issue market for securities)이란 신규로 발행된 주식이나 사채 등이 발행자인 자금수요자로부터 중개기관을 통하여 최초의 투자자에게 유통되는 시장을 말한다. 자금수요자인 발행자가 주식 또는 채권을 신규로 발행하여 자금공급자인 투자자에게 제공함으로써 자금을 조달하는 과정을 통해 형성되는 시장으로서 자본시장의 1차시장(primary market)으로 일컬어 진다.

유통시장이란 발행시장을 통해 이미 발행된 주식 및 채권이 투자자 상호간 거래되는 시장으로서 2차시장(secondary market)이라고도 한다.

발행시장과 유통시장은 상호의존적이고 보완적인 관계를 가진다. 즉, 발행시장에서 다양하고 많은 증권이 공급되어야 유통시장에서 활발하게 거래가 일어날 수 있고 또한 발행된 증권들이 유통시장에서 빠른 시간에 적정가격으로 매매할 수 있어야 발행시장을 통한 새로운 증권의 발행이 용이해지기 때문이다.

발행시장의 기능을 살펴보면 첫째 투자자로부터 대규모 정부자금 또는 기업자금의 조달이 가능해지고, 둘째 증권의 발행을 통해 소유와 경영의 분리를 가능하게 만들어 효율적인 자금의 배분이 가능하게 되어 경제의 양적·질적 성장을 가능하게 만들며, 셋째로 정부의 국공채 발행 등을 통해 공개시장조작을 가능하게 만들어 금융정책과 재정정책에 도움을 주며, 넷째로 투자자들에게 다양하고 수익성 높은 투자대상을 제공하여 소득분배의 기능을 하게 된다.

2. 발행시장의 구성조직

증권발행시장은 발행주체, 발행사무 및 발행위험을 부담하는 발행기관 및 자금을 공급하는 투자자로 구성된다.

1) 발행주체 : 자본을 조달하는 자(자본의 수요자)

발행주체는 발행시장에서 유가증권을 발행하는 자로서 증권의 공급자인 동시에 자본의 수요자가 되며 일반적으로 발행자라고도 한다.

발행주체에는 주식 또는 사채를 발행하는 주식회사와 국공채를 발행하는 국가 및 지방 공공단체와 특수채를 발행하는 특수법인 등을 들 수 있다.

2) 발행기관

발행기관은 증권의 발행자와 투자자의 사이에서 증권발행에 따른 사무처리 및 모집주선업를 수행하고 인수업무를 담당하는 경우 발행에 따르는 발행위험을 부담하는 기관이다. 발행기관은 증권발행에 따른 발행위험을 인수하는 경우에 인수기관이라고도 한다.

발행기관의 가장 중요한 기능은 증권을 모집하거나 매출할 때 인수업무를 하는 것으로 이러한 인수업무를 담당하는 발행기관으로는 각국의 자본시장의 역사적 발전과정에 따라 상이한데, 우리나라에서는 증권회사, 은행, 종합금융회사 등이 발행기관의 역할을 하고 있다. 미국에서는 투자은행(investment bank)이, 영국에서는 머천트 뱅크(merchant bank)가 증권의 발행사무를, 증권회사가 인수업무를 담당하고 있다. 유럽 특히 독일과 스위스에서는 은행업무와 증권업무가 구분되어 있지 않기 때문에, 은행이 발행기관의 역할을 하고 있다.

그런데 인수는 발행자로부터 발행위험을 인수하는 것이기 때문에 위험을 분산하기 위하여 발행기관이 단독으로 인수하는 경우는 적고, 대부분의 경우 한 발행주체의 증권발행에 공동으로 참여한다. 인수를 위하여 몇 개의 중개기관(또는 인수기관)이 만드는 조직을 인수단(underwriting syndicate)이라고 하며, 이를 유럽에서는 콘소시엄(consortium)이라고도 한다. 이러한 인수단은 발행주체의 규모가 크고 따라서 증권발행이 거액일 경우, 도매기능을 하는 원인수단과 그 밑에 청약을 전문으로 담당하는 청약기관(selling group)이 있다. 인수단을 대표해서 발행자와 인수계약을 맺고 발행자를 위해 필요한 사무를 대행하는 회사를 대표주관회사(lead underwriter)라고 한다.

3) 투자자 : 자본의 공급자

투자자는 발행시장에서 증권의 모집 또는 매출에 응하여 최종적으로 증권을 매입한 후, 증권의 보유에 따른 이득을 취하거나 또는 유통시장에서 다시 매각하여 그 차액을 취득하려고 하는 자를 말한다. 발행자는 자금의 공급자인 동시에 유통시장에서는 최초의 투자자가 된다. 투자자는 투자주체에 따라 개인투자자와 법인의 형태를 하고 있는 전문투자자로 구분된다.

개인투자자(individual investor)란 증권투자에 의하여 화폐자산을 운용하고 배당수익(income gain) 혹은 매매차익(capital gain)을 획득함으로써 자산의 증식을 꾀하려는 주체를 말한다.

전문투자자(institutional investor)란 개인투자자에 대응하는 것으로 증권투자시 발행한 수익을 주요한 수익원으로 하는 법인형태의 기관으로서의 투자자를 말한다. 전문투자자는 기관투자자라고도 부른다. 전문투자자에는 은행, 보험회사, 자산운용회사, 증권회사, 연금기관, 각종 재단, 기타금융기관 등이 있으며, 증권투자에 대한 전문지식을 가진 기관이라고 할 수 있다. 제2차 세계대

전 이후 각국의 증권시장에 있어서 주목해야 할 변화는 전쟁전에 중요한 역할을 해온 부유한 개인투자자의 비중이 상대적으로 감소한 반면, 풍부한 자금, 전문적인 지식과 조직을 바탕으로 발전한 전문투자자의 증권시장에 있어서의 비중이 커졌다는 점이다.

3. 발행시장의 형태

증권의 발행형태는 발행증권의 수요자를 모집하는 방법에 따라 공모발행과 사모발행으로 나누어지고, 발행에 따른 사무와 발행위험을 누가 부담하느냐에 따라 직접발행과 간접발행으로 구분된다. 여기서 발행위험이란 발행된 증권이 완전히 매각되지 않고 잔여증권이 존재할 수 있는 가능성을 말한다.

발행형태는 발행사무와 발행위험의 담당주체에 따라 직접발행과 간접발행으로 구분되며, 모집대상 투자자의 성격에 따라 공모발행과 사모발행으로 나뉘어진다. 통상적으로 공모발행의 경우에는 간접발행의 형태를 취하고 사모발행의 경우에는 직접발행의 형태를 취하는 것이 일반적이다.

1) 직접발행과 간접발행

직접발행은 발행주체가 직접 발행사무와 발행위험을 담당하여 발행하는 발행증권을 모집하는 것을 말하며 직접모집 또는 자기모집이라고 한다. 여기서 발행모집사무란 주식발행을 촉진하기 위한 사무절차, 홍보 등을 말하며, 발행위험이란 발행되는 주식이나 채권이 전부 팔리지 않고 모집부족액(미소화분)이 발생할 가능성을 말한다. 증권의 발행모집사무가 간단하거나 발행위험이 상대적으로 적은 국채나 지방채의 경우 직접발행이 이용된다.

간접발행은 발행주체가 발행기관(인수기관)을 통하여 간접으로 증권을 모집하는 것을 말한다. 증권을 간접발행할 경우 발행주체가 직접 발행모집사무나 발행위험을 부담하지 않고, 전문지식과 조직을 가진 전문기관, 즉 발행기관(underwriter)에게 발행모집사무와 발행위험을 위탁한다. 우리나라에서는 증권회사, 은행 등이 발행기관에 해당하며, 미국에서는 투자은행(investment bank)

이 발행기관의 역할을 한다.

간접발행은 증권의 발행과정에서 발행위험을 부담하는 정도에 따라 다음과 같이 구분된다.

(1) 모집주선(best-efforts basis)

모집주선이란 발행주체가 스스로 발행위험을 부담하고, 발행모집사무는 발행기관에 위임하는 방법을 말하며, 위탁모집이라고도 한다. 증권발행에 대한 전문지식을 가진 발행기관이 증권발행에 따른 사무처리, 홍보 등을 담당하나 팔리지 않은 증권이 발생할 경우 이것을 발행회사에 반환한다. 따라서 목표로 한 자본조달을 100% 달성하지 못할 위험이 존재한다. 우리나라에서 모집주선은 증권발행의 일반화된 방법이 아니다.

(2) 잔액인수(stand-by agreement)

잔액인수란 발행기관이 증권의 발행모집사무의 취급뿐만 아니라 모집기간동안 매도하지 못한 모집부족액(미소화분)이 있을 경우 이 모집부족액을 인수하는 것을 말한다. 인수기관은 모집미달잔액 전액에 대한 인수한다는 계약을 할 수도 있다. 이 경우 발행증권을 일반투자자들로부터 모집하고 만약 응모총액이 모집총액에 미달할 경우 잔액인수기관이 당초 정해진 발행가액으로 당초 정한 계약물량을 인수계약에 인수하여야 한다. 발행기관이 발행위험을 상당히 부담하기 때문에, 발행회사는 발행기관에 인수수수료를 지급해야 한다.

(3) 총액인수(firm commitment)

총액인수란 발행기관이 공모증권 발행총액 전부를 자기의 책임과 계산하에 인수(매입)하여 일반 투자자에게 매출하는 것으로 인수매출이라고도 한다. 즉, 발행기관이 증권발행에 따른 발행모집사무와 발행위험을 모두 담당하는 방법이다. 또한 많은 자금을 필요로 할 뿐 아니라 매출하기까지의 기간동안 매출잔량을 보유하고 발행증권의 가격변동에 따른 모든 위험을 부담하게 된다. 간접발행의 대부분은 이 총액인수방식을 사용하며 인수기관의 부담이 큰 만큼 인수수수료율도 가장 높다. 그러나 발행주체의 입장에서는 목표자본을 100% 조달할 수 있는 방법이기 때문에 선호하게 된다. 우리나라에서는 주식이나 채권

발행의 경우 간접발행이며, 대부분 총액인수방법으로 공모발행되고 있다.

2) 공모발행과 사모발행

공모발행(public offering)이란 발행회사(발행주체)가 불특정 다수인 일반 투자자를 대상으로 하여 공개적으로 증권을 모집 또는 매출하는 것을 말한다. 자본시장법에서 증권의 모집이라 함은 6개월간에 50인 이상의 투자자를 대상으로 하여 신규로 발행되는 증권의 취득의 청약을 권유하는 행위를 말하며, 증권의 매출이라 함은 50인 이상의 투자자를 대상으로 하여 이미 발행된 유가증권의 매매를 권유하는 행위를 말한다. 공모발행은 사모발행에 비해 상대적으로 발행방법이나 절차가 투명하고 공정하기 때문에 대부분의 유가증권 발행이 공모발행으로 진행된다.

사모발행(private placement)이란 발행회사가 주주, 종업원, 전문투자자 등 특정인을 대상으로 증권을 발행·모집하는 것을 말하며, 발행증권 총액이 전액 매각되어야 하며, 그 대상이 일반투자자가 아니라는 점에서 비공모발행이라고도 한다. 주주만을 대상으로 주식을 모집하는 주주배정제도 혹은 종업원만을 대상으로 주식을 모집하는 종업원지주제 등이 대표적인 주식의 사모발행이라고 할 수 있다. 사모발행은 대부분 직접발행의 방법을 한다. 미국계 헤지펀드는 전형적인 사모발행의 한 형태이다. 회사채의 경우 증권회사, 보험회사, 은행 등 특정의 전문투자자만을 대상으로 발행·인수시키는 사모발행이 발행시장에서 상당히 일반화되어 있다.

제2절 주식 발행시장

일반적으로 회사설립이나 신규 자본이 유입되는 경우 기업은 신주를 발행하게 되며, 이 외에도 무상증자, 주식전환, 주식배당, 주식분할/병합, 합병 등의 경우 새로운 주식을 발행한다.

1. 주식회사설립과 신주발행

주식회사를 새로 설립하는 경우 주식을 발행하고 주주를 모집한다. 주식이란 주식회사의 물적기반을 이루는 자기자본에 대한 출자지분권(equity)을 나타내는 증서이며, 주주는 1주에 대해 1표의 의결권을 가진다.

주식회사의 설립은 주주의 모집방법에 따라 발기설립과 모집설립으로 나누어진다. 발기설립은 주식회사의 발기인이 설립시 발행되는 주식을 전부 인수하여 설립하는 방법이다. 모집설립은 발기인이 회사설립시 발행되는 주식 중 일부를 인수하고, 나머지 주식에 대해서는 발기인 이외의 투자자로부터 모집하는 방법이다. 모집설립에 있어서 발행주식의 전부를 발기인 등 특정 관계자에게만 인수시키는 경우를 사모발행이라고 하며, 발행주식의 일부를 불특정 다수의 일반투자자를 대상으로 매도하는 경우를 공모발행이라고 한다.

2. 기업공개

기업공개(initial public offering : IPO)라 함은 넓은 의미로는 기업의 전반적 경영내용의 공개(disclosure)까지 포함하지만, 좁은 의미로는 주식공개를 말한다. 즉 주식회사가 새로 발행하는 주식을 일반대중에게 균일한 조건으로 모집하거나 또는 소수의 대주주가 소유하고 있는 발행주식의 일부를 역시 균일한 조건으로 일반대중에게 매출하여, 일반대중에게 주식이 분산됨으로써 사실상 주식회사제도를 갖추는 것을 말한다. 이와 같이 기업공개는 주식을 신규로 증권거래소에 상장하기 위하여 주식을 공모하는 것이기 때문에, 우리나라에서는 기업공개와 증권거래소 상장이 동일한 의미로 사용되고 있다. 미국에서는 주식회사가 상장을 위하여 일반투자자를 대상으로 주식을 최초로 공모하는 것을 IPO라고 하는데, 이것은 뉴욕증권거래소(NYSE)나 NASDAQ 시장 등에 상장되는 것을 의미한다. 우리나라 자본시장법에서는 공개하려는 기업은 상장을 전제로 함으로 일정한 상장요건을 갖추도록 규정하고 있고, 세법상으로는 비공개기업에 비교해서 혜택을 주고 있다. <표 4-1>은 우리나라 증권시장의 기업공개 현황을 나타낸 것이다.

〈표 4-1〉 기업공개 현황

연 도	공 개 회사수	공모금액	상 장 회사수	연도	공 개 회사수	공모금액	상 장 회사수
1986	16	431	355	1996	40	13,914	760
1987	44	2,438	389	1997	23	4,793	776
1988	112	10,449	500	1998	3	368	748
1989	126	30,510	626	1999	15	17,201	725
1990	36	3,360	669	2000	-	-	704
1991	21	2,269	686	2001	3	2,178	689
1992	8	817	688	2002	11	12,274	683
1993	7	1,812	693	2003	10	5,603	684
1994	25	5,795	699	2004	10	6,413	683
1995	36	5,801	721	2005	11	4,517	702

3. 유상증자

증자란 기업설립 후에 신주발행을 통해 자본금을 증가시키는 것을 말한다. 수권자본제도를 채택하고 있는 현행 상법상 신주발행은 정관에 기재된 수권자본금의 범위 내에서 이사회 결의에 의하여 할 수 있도록 되어 있다. 이러한 증자에는 유상증자와 무상증자가 있다.

유상증자란 기업이 자금조달을 위하여 주주에게 현금을 납입케 하는 행위로서, 회사의 재산이 실질적으로 증가하는 실질적 증자이다. 이와 같이 현금을 납입하는 실질적인 유상증자에 대해, 실질재산이 증가하지 않는 형식적인 증자를 무상증자라고 한다.

유상증자는 신주의 발행가격과 배정방식에 따라 다음과 같은 종류로 구분할 수 있다.

1) 발행가격에 따른 분류

(1) 액면발행

액면발행은 유상증자시 주식의 시장가격과는 관계없이 액면가로 신주를 발행하고 해당주식금액을 납입받는 방법이다. 보통주는 주권에 액맨금액이 기재되어 있는데 현재 100원, 200원, 500원, 1000원, 2500원, 5000원 등 6종류가 발행되고 있다. 상법상 무액면주의 발행도 허용되고 있다.

(2) 시가발행

시가발행은 신주의 발행가격이 액면가와 상관없이 자본시장에서 형성되는 시장가격에 근접한 가격으로 신주를 발행하는 것을 말한다. 우리나라의 경우 주식시장가격의 20~30% 정도 할인되어 발행되고 있다.

2) 신주배정방식에 따른 분류

기업이 유상증자를 하는 경우 그 발행방식은 신주인수권(pre-emtive right)을 누구에게 주는가에 따라 다음의 네 가지로 구분된다.

(1) 주주배정방식

주주배정방식이란 신주의 인수권을 주주(구주주)에게 배정하는 가장 일반적인 유상증자의 방식이다. 신주를 인수하지 않아 발생하는 실권주는 이사회의 결의에 의해 처리된다.

(2) 주주우선공모방식

주주우선공모방식이란 상장법인이 신주를 모집하는 경우에 주주에게 우선하여 청약의 기회를 주고 주주가 청약하지 않은 주식(실권주)을 다시 일반투자자를 대상으로 공모하는 방식이다. 보통 인수기관(대표주관)이 유상증자분을 총액인수한 후 주주(80%)와 우리사주조합(20%)에게 우선 청약권을 부여하여 모집하고, 실권주가 발생할 경우 이사회의 결의에 의하여 이것을 일반투자자를 대상으로 공개적으로 모집한다.

(3) 일반공모방식

주주의 신수인수권을 완전히 배제하여 인수기관(대표주관회사)이 유상증자분을 총액인수하여 일반투자자에게 청약을 받는 방식이다. 청약미달이 발생할 경우 인수기관이 자기의 책임과 계산하에 실권주를 인수하게 된다. 일반공모방식으로 주식을 발행하는 경우에는 주주에게 피해를 주지 않게 하기 위하여 신주의 발행가격이 시가에 근접한 가격이 되어야 한다.

(4) 제3자 배정방식(연고자배정)

제3자 배정방식이란 주주의 신주인수권을 배제하고, 회사의 정관, 주주총회 특별결의 등에 의해 특정의 제3자에게 신주인수권을 주는 방식이다. 여기서 제3자는 해외합자투자선, 거래선, 정부 등 회사와 특별한 관계에 있는 자를 가리킨다. 제3자배정방식은 외자유치, 정부출자 등에 사용된다.

4. 무상증자

무상증자라 함은 이사회 및 주주총회의 결의에 의하여, 현금의 납입없이 자본잉여금, 이익준비금, 기업합리화 적립금, 재무구조개선적립금 등 법정준비금을 자본금에 전입하고 이에 해당하는 만큼의 신주를 발행하여 주주에게 소유주식수에 비례하여 무상으로 주는 것을 말한다. 이와 같이 무상증자는 자금조달을 목적으로 하는 것이 아니고, 자본구성의 시정, 사내유보의 적정화 또는 주주에 대한 자본이득의 환원 등을 목적으로, 총자산의 변화없이 재무제표상의 항목변경을 통한 신주의 발행을 의미한다. 즉,기업에 새로운 자금이 추가로 조달되는 것은 없고 다만 재무제표상 자기자본의 항목만 바뀌고 발행주식수가 늘어나게 된다. 이와 같이 실질적인 자금의 유입없이 주식수만 늘어나므로 일반적으로 주가가 하락한다.

우리나라 상장법인의 무상증자 재원을 보면 주식의 시가발행이 정착하기 시작한 1987년 이전까지는 부동산의 재평가적립금의 비중이 컸지만, 1990년 이후에는 시가발행에 의한 주식발행초과금의 비중이 절대적으로 크다. 그런데 우리나라에서는 2001년부터 자산재평가법이 폐지되어 자산재평가가 허용되지 않고 있다.

5. 기타 주식발행

1) 우선주, 후배주

우선주는 보통주에 우선해서 소정의 배당 혹은 잔여재산의 분배를 받을 권리를 가진 주식을 말한다. 우선주는 보통 배당우선권이 중요하며, 의결권이 없는 것이 일반적이다.

후배주는 이익의 배당 또는 잔여재산의 분배 등에 대해서 보통주 보다 순위가 뒤에 있는 주식을 말한다. 후배주는 영국에서 회사발기인에 대해서 발행된 사례가 있었기 때문에 발기인주라고도 한다. 우리나라의 상법에서는 후배주 발행을 허용하지 않고 있다.

2) 주식배당

주식배당(stock dividend)이란 회사가 주주에게 현금으로 배당하지 않고 신주를 발행하여 배당하는 것을 말한다. 이익을 현금으로 배당하지 않고 자본으로 전입함으로써 신주를 발행하여 보유주식비율에 따라 무상으로 분배하는 제도이다. 주식배당은 무상교부와 유사하지만 이익배당의 일종이기 때문에 본질적으로 다르다고 하겠다. 주식배당은 회사에 배당자금이 부족하거나, 사외에 유출될 배당자금을 사내에 유보하고자 하는 경우에 실시한다. 상법에서는 주식배당을 하려면 주주총회의 이익처분에 관한 결의가 있어야 한다고 규정하고 있다.

3) 전환사채의 주식전환

전환사채권자가 전환권을 행사하여 주식을 청구하면, 회사는 신주를 발행하여 사채와 교환하지 않으면 안된다. 즉, 전환액에 상당하는 사채가 주식으로 바뀌므로 회사의 자산에는 변동없이 자본금(발행주식수)만 증가하게 된다. 다만 회사의 자본구조면에서는 부채가 자기자본으로 전환되기 때문에 그 의의가 있다고 하겠다.

4) 주식분할

주식분할(stock split-up)이란 회사가 이미 발행한 주식을 분할하여 증가한 주식을 주주에게 그 소유주식수에 비례하여 배분하는 것을 말한다. 예를 들어 액면 5,000원짜리 주식을 액면 500원으로 분할한다면 100주를 가진 사람은 1,000주를 받게 된다. 주식분할에 따라 발행주식총수는 증가하지만, 회사의 자본금과 자산에는 아무런 변화가 없다. 주식분할은 고주가의 경우 유동성을 증대시키기 위해서, 회사의 공개·상장의 전제로서, 또는 주주에 대한 자본이득 환원의 정책으로서 활용된다. 미국과 같이 무액면주가 일반화되어 있는 경우에는 주식분할이 용이하며, 주식분할은 무상주 발행과 같은 의미를 가진다.

5) 주식병합

주식병합이란 주식분할과는 반대로 주식액면금액을 대단위화해서 발행주식수를 감소시키고, 그 감소비율에 의거하여 주주에게 합병 후의 신주식을 배분하는 것을 말한다. 예를 들어 500원 액면주식 10주를 5,000원에 액면주식 1주에 병합하는 것을 가리킨다. 이 경우도 신주식이 구주식과 교환하는 형태로 된다.

6) 주식합병

합병(merger)이란 기업이 급변하는 환경에 적응하기 위한 일종의 경영전략으로서 둘 이상의 회사가 하나로 통합되어 단일회사가 되는 것을 가리킨다. 합병에는 한 회사가 다른 회사로 흡수되어 한 개의 회사로 되는 흡수합병(merger)과 두 회사가 완전히 소멸되고 제3의 새로운 회사를 설립하는 신설합병(consolidation)이 있다. 전자의 경우 합병회사가 합병비율에 따라 신주를 발행하여 피합병회사의 주주에게 교부한다. 후자의 경우 신설하는 회사가 주식을 발행하여 합병비율에 따라 모든 주주에게 교부하게 된다. 보통 신설합병은 드물고 흡수합병이 일반적이다.

제3절 채권 발행시장

채권(bond)이란 만기까지 약속된 방식에 의해 확정이자 및 원금의 지급을 약속한 증서이다. 채권은 누구나 발행할 수 있는 것이 아니고 발행자의 자격요건 및 발행요건 등이 상법에 제한되어 있다. 채권의 발행에 의한 자금조달은 한시적이다. 원리금 상환기간에 따라 단기, 중기, 장기채권으로 구분된다. 우리나라에서는 10년 이상 만기채권을 장기채로 본다.

채권시장은 정부, 기업, 금융기관, 지방자치단체 등이 장기의 안정적인 자금을 투자자로부터 직접 조달할 수 있는 시장으로서 주식시장과 함께 증권시장의 양대 축을 이루고 있는 중요한 시장이다. 채권시장은 기업에게 안정적인 중・장기 산업자금의 조달을 원활하게 하여 자본비용을 절감시켜 줌으로써 기업의 경쟁력을 제고해 주며, 금융시장의 측면에서는 은행을 통한 간접금융에 대한 의존도를 완화시켜 금융시스템의 안정성을 증대시켜 준다.

채권시장도 주식시장과 같이 발행시장과 유통시장으로 구분된다. 채권의 발행시장은 발행자가 채권을 발행하여 발행기관을 통해 투자자에게 채권을 팔아 자금을 조달하는 추상적인 시장을 말한다. 즉 발행시장은 발행자, 발행기관, 투자자로 구성된다.

발행자는 채권을 발행해 자금을 조달하는 주체로서 정부・지방자치단체, 특별법에 의해 설립된 법인인 금융기관, 주식회사 형태의 기업 등을 말한다. 발행기관은 발행자와 투자자 사이에서 채권의 발행업무를 수행하는 전문기관으로 채권의 발행에 따른 위험부담 및 판매기능까지 발행회사 대신에 수행한다. 발행기관은 그 역할에 따라 주관회사, 인수회사, 청약기관으로 나눌 수 있다. 주관회사는 발행업무를 총괄하는 회사로 채권발행금액이 커서 인수단을 구성할 경우 대표주관회사와 공동주관회사로 나뉘어 진다. 인수회사는 주관회사와 협의하여 발행되는 채권을 인수하는 회사이다. 우리나라의 인수회사에는 증권회사, 은행, 종합금융회사 등이 있다. 청약기관은 발행되는 채권을 최종 수요자인 투자자에게 직접 판매하는 기관인데 증권회사가 대부분 청약기관으로서의 역할을 한다.

1. 채권의 발행형태

채권의 발행형태는 주식과 마찬가지로 공모와 사모, 직접발행과 간접발행으로 구분할 수 있는데 우리나라에서는 회사채발행이 주로 공모 및 간접발행형태에 의해 이루어지고 있다.

1) 공모발행

채권의 공모발행은 발행자가 불특정 다수의 일반 투자자를 상대로 채권을 발행・매각하는 방법이다. 채권의 공모발행에는 직접발행과 간접발행의 두 종류가 있다. 직접발행은 발행자가 투자자로부터 직접 자금을 조달하는 방법인데 직접모집과 매출발행이 있다. 직접발행은 채권발행액을 미리 정하여 발행주체가 직접 채권투자자를 모집하고, 채권발행에 따르는 모든 사무절차를 수행하는 방법이다. 발행예정액보다 채권응모액이 미달할 경우 미달액에 대한 위험을 발행자가 부담해야 한다. 매출발행은 채권의 발행총액을 확정하지 않고 일정기간을 정하여 그 기간에 응모자의 신청에 따라 채권을 매출하는 방법이다.

간접발행은 발행자가 채권발행업무 및 매출업무를 전문기관(발행기관)에 위임하여 간접적으로 자금을 조달하는 방법이다. 우리나라 회사채는 대부분 간접

[그림 4-1] 공모에 의한 채권발행방식

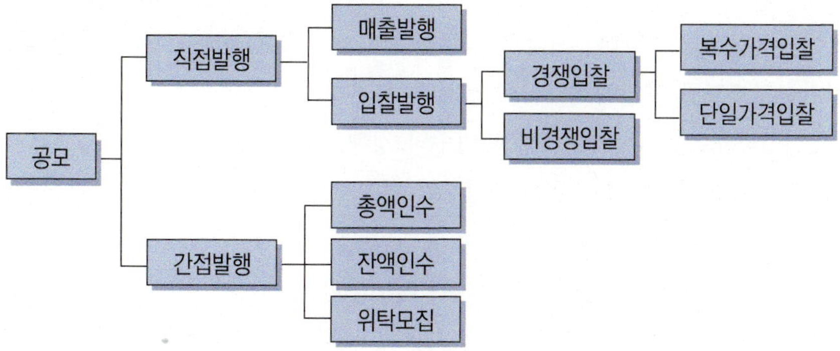

발행에 의해 이루어지고 있는데 간접발행 방법으로는 위탁모집, 총액인수, 잔액인수 등이 있다. 위탁모집은 채권발행자가 전문기관에 모집 또는 매출만 위탁하고 발행위험은 발행자가 부담하는 방법이다. 총액인수는 전문기관(발행기관)이 발행자와의 계약에 의하여 채권의 발행총액을 전부 인수하는 방법이며, 잔액인수는 모집 또는 매출액이 발행하고자 했던 총액에 미달할 경우 전문기관(발행기관)이 그 잔액을 인수하는 방법이다.

2) 사모발행

사모발행은 발행회사가 채권의 발행에 따른 업무를 전문기관에 위임하지 않고 직접 발행하며 금융기관 등 특정인에게 매출하는 형태를 말한다. 우리나라 공사채 발행에 있어서도 소수의 기관투자자를 대상으로 하는 사모가 상당히 보급되고 있다. 사모는 공모와 비교해서 사채발행수수료, 신문공고 등 경비를 절감하고 발행이 신속히 이루어지는 등 유리한 점이 많기 때문에 생명보험회사, 은행, 증권회사 등 기관투자자가 사모의 형태로 채권발행자로부터 직접 채권을 인수하고 있다. 우리나라의 채권인수기관에는 증권회사, 보험회사, 은행, 종합금융회사 등이 있다.

2. 채권 발행시장의 변화

우리나라의 채권시장은 1956년 증권시장 개설 초기부터 1970년대 초반까지 국가건설을 위해 발행된 건국국채 중심으로 이루어졌다. 1972년 정부가 회사채 일반공모제도를 도입하여 회사채발행을 통한 기업자금조달의 기반을 마련했지만, 기업공개촉진법 등 주식시장 위주의 정책으로 채권시장은 상대적으로 위축되었다. 1977년 2월 채권시장 육성방안 발표로 채권종류의 다양화, 발행조건의 다양화, 발행조건의 신축적 운용 등의 노력에 힘입어 채권발행액은 크게 증가하였다. 그러나 이 시기의 채권발행은 대부분이 금융기관의 보증사채였기 때문에 발행이율이나 상환조건 등이 동일했다. 1986년 이후의 채권시장은 경상수지 흑자규모 확대로 인한 해외부문으로부터의 통화증발을 억제하기 위하여 통화안정증권이 많이 발행됨으로써 채권시장이 통화안정증권에 의하여 주도되었다. 1990년 이후 경상수지의 적자와 함께 주식시장이 장기간 침체에 들어서면서 기업의 회사채 발행이 크게 증가해 회사채 중심의 채권시장이 형성되어 1990년대 중반에는 회사채의 연간 발행규모가 13~15조원 수준으로 확대되었다. 1997년 말의 외환위기 이후에 우리나라 채권시장은 새로운 발전의 전기를 마련하였다. 첫째, 금융기관 보증사채 중심의 회사채시장이 금융기관의 지급보증이 어렵게 되어 무보증사채 중심의 시장으로 바뀌었다. 둘째, 금융구조조정, 부실채권정리, 재정적자보전 등을 위한 국공채의 발행이 급증하였다. 셋째, 모든 새로운 펀드에 편입되는 채권을 시가로 평가하는 시가평가제도가 도입되어 채권의 유통시장을 발전시킬 수 있는 토대를 마련하였다.

1999년 한국증권선물거래소는 국채전문유통시장 개설과 함께 국고채전문딜러제도(primary dealership)를 도입하여 국고채시장의 활성화로 구조의 선진화를 이루고, 정부의 안정적인 재정기반을 확립하기 위해 노력하였으며, 이후 금융감독위원회가 모든 은행에 대해 국공채의 매매업을 허가함으로써 은행 역시 국채딜러의 자격을 획득하게 되었으며, 전문딜러와 동일한 의무와 역할을 수행하는 예비국고채전문딜러제도는 2007년 7월 폐지되었다.

국고채는 공모입찰을 통해 발행되는데, 공모입찰 방식은 경쟁입찰 방식과 비경쟁입찰 방식으로 분류된다. 경쟁입찰은 여러 입찰참여자가 입찰금액, 발행가격과 수익률을 함께 제출하고 이 중에서 발행자에게 가장 유리한 조건의 입찰자를 선정하는 것이고, 비경쟁입찰은 경쟁입찰에서의 가중평균 낙찰금리로 발행금리가 결정되는 방식을 말한다. <표 4-2>는 국채의 종류에 따른 발행조건과 발행방법에 대해 설명하고 있다.

〈표 4-2〉 국채 종류별 발행조건 및 발행방법

구분	관련법률및 부담주체	발행목적	발행조건			
			발행방법	만기	이율(%)	이자지급
재정증권	-국고금관리법 ·국고수지목적:각회계 ·통화관리:국고여유자금 조정계정	·정부회계의 일시적 부족자금조달 ·통화관리	경쟁입찰	1년 이내	시장 금리	연단위 후급

구분	관련법률및 부담주체	발행목적	발행조건			
			발행방법	만기	이율(%)	이자지급
외평채권	-외국환거래법 ·외국환평형기금	-외화자금매입 ·해외부문통화관리	경쟁입찰	10년 이내	시장 금리	매3월 후급
국고채권	-국채법, 공공자금관리기금법 ·공공자금관리기금	-회계·기금에의 자금예탁	경쟁입찰	3, 5, 7, 10, 20년	시장금리	매6월 후급
제1종 국민주택 채권	-주택법 ·국민주택기금(건설교통부)	-국민주택건설촉진용 재원조달	첨가소화	5년	3.0%	연단위 복리후급
제2종 국민주택 채권(Ⅰ)	-주택법 ·국민주택기금(건설교통부)	-국민주택건설촉진용 재원조달	첨가소화	20년	3.0%	연단위 복리후급
제2종 국민주택 채권(Ⅱ)	-주택법 -국민주택기금(건설교통부)	-국민주택건설촉진용 재원조달	첨가소화	10년	0%	-
공공용지 보상채권	-공공용지의 취득 및 손실 보상에 관한 특례법 ·일반회계 ·교통시설특별회계 ·철도사업특별회계	-용지보상비대신 교부	교부발행	3년	시장 금리	연단위 복리후급
양곡증권	-양곡증권정리기금법 ·양곡증권정리기금(농림부)	·양곡증권 상환자금	경쟁입찰	6개월 ~5년	시장금리	연단위 복리후급

채권의 종류별 발행잔액 추이를 <표 4-3>에서 보면 2006년까지 채권발행잔액 중 국채의 비중이 33.1%로 제1위이고, 그 다음 통안채가 20.3%, 금융채 18.9%의

〈표 4-3〉 채권 종류별 발행잔액 추이(상장기준)

(단위 : 조원)

구분	2002년	2003년	2004년	2005년	2006년	2007년	2008년	2009년
국 채	99.0	136.9	178.9	223.2	258.0	274.8	285.0	329.7
지방채	9.2	10.2	10.5	11.1	11.8	12.4	13.1	15.3
금융채	98.9	102.3	100.6	106.2	147.1	191.3	216.9	190.8
특수채	131.2	116.2	113.3	118.7	102.4	106.3	125.3	192.1
통안채	94.3	105.5	142.7	155.2	158.4	151.2	128.1	149.2
회사채	141.3	136.1	115.7	107.4	101.0	94.1	96.9	135.1
계	573.9	607.2	661.7	721.8	778.9	830.1	865.3	1,012.2

자료 : 한국거래소

순서이다. 특수채에는 한국전력공사채권, 토지개발채권 외에 금융기관 구조조정 지원을 위한 예금보험기금채권 및 부실채권정리기금채권 등이 포함되어 있다.

제4절 자산유동화증권 발행시장

1. 자산유동화증권의 개념 및 경제적 효과

최근 들어 우리나라 금융시장의 중요한 변화중 하나는 자산유동화증권(asset backed securities: ABS)이 금융기관과 기업의 새로운 자금조달수단으로 크게 부각되고 있다는 점이다.

자산유동화증권은 기업이나 금융기관이 보유하고 있는 자산을 표준화하고 특정조건별로 집합하여 이를 바탕으로 증권을 발행하고 자산의 현금흐름을 이용하여 상환하는 증권을 말한다.

ABS는 부동산, 매출채권, 유가증권, 주택저당채권(mortgage) 등과 같이 유동성이 낮은 자산을 기초로 하여 발행되는 증권을 의미한다. ABS는 자산보유자(originator)가 특수목적회사(special purpose company: SPC)를 설립하여 이 기구에 기초자산의 법률적인 소유권을 양도하는 절차를 거쳐 발행되며 이 증권의 원리금은 일차적으로 기초자산으로부터 발생하는 현금흐름으로 상환된다.

자산유동화증권의 기초자산은 다양한 자산이 될 수 있으며 주로 유동화가 이루어지는 자산들로는 주택저당채권, 자동차할부금융, 대출채권, 신용카드 계정, 리스채권, 기업대출, 회사채 등이다. 최근에는 지방정부세수(municipal revenues), 미래현금흐름(future cash flow), 부실대출(nonperforming), 임대료(rental) 등을 자산유동화하는 사례도 크게 증대하고 있다.

자산유동화의 가장 중요한 경제적 효과의 하나는 자산보유자(originator)의 재무상태를 개선할 수 있다는 점이다. 우선 금융기관의 경우 보유하고 있는 위험자산을 매각하여 현금화함으로써 BIS기준 자기자본비율을 높일 수 있다. 기업이 ABS를 발행할 경우에는 부채비율을 높이지 않고 자금을 조달할 수 있다.

ABS의 또다른 경제적 효과는 자금조달비용을 경감시킬 수 있다는 점이다. 즉, 신용도가 낮은 자산보유자가 우량한 기초자산을 이용하여 신용등급이 높은 ABS를 발행하게 되면 자산보유자의 신용등급보다는 유리한 조건으로 자금을 조달할 수 있다.

한편 투자자의 입장에서 보면 ABS는 양호한 투자대상이다. ABS는 신용평가기관의 엄밀한 평가와 신용보강(credit enhancement)을 거쳐 발행되므로 상대적으로 안전하면서도 일반 회사채보다 수익률이 다소 높기 때문이다.

그러나 자산유동화에는 기초자산으로부터 발생하는 현금흐름의 불확실성(리스크)이 동 자산을 매각한 이후에도 계속 자산보유자에게 영향을 미칠 수 있다. 선·후순위 채권으로 나뉘어 발행되는 ABS중에서 후순위채를 자산보유자가 인수하는 경우 매각한 기초자산의 리스크는 사실상 그대로 안고 있다.

2. 자산유동화증권의 발행구조

ABS는 다음과 같은 과정을 거쳐서 발행된다. 우선 자산보유자가 기초자산을 모아서(pooling) 이를 SPC에 양도한다. SPC는 양도받은 기초자산을 담보로 발행한 ABS를 일반투자자에게 매각하고 매각대금을 자산보유자에게 자산양도의 대가로 지급한다. ABS의 발행에는 자산보유자, SPC, 자산관리자 및 신용평가기관 등이 참가하게 된다.

자산보유자는 보유하고 있는 기초자산을 SPC에 양도하여 SPC로 하여금 ABS를 발행하게 하고 이 ABS의 매각대금을 양도한 기초자산에 대한 대가로 받음으로써 자금을 조달하는 주체이다. 자산유동화증권의 발행주체는 일반적으로 대출채권을 가진 금융기관이나 외상매출채권을 가진 기업인데, 자산유동화에 관한 법률에서는 금융기관, 한국자산관리공사(캠코), 한국토지주택공사, 한국주택금융공사, 국민주택기금 관리자 및 신인도가 높은 법인 등으로 자산보유자를 제한하고 있다.

특수목적회사(SPC)는 자산보유자와 기초자산의 법률적 관계를 분리하기 위하여 설립되는 서류상의 회사(paper company)이다. 우리나라에서 SPC는 주식회사보다 설립이 간편한 유한회사의 형태이다.

[그림 4-2]는 우리나라 자산유동화증권의 발행구조이다. 자산관리자(servicer)는 실체가 없는 서류상의 회사인 SPC를 대신하여 기초자산을 실질적으로 관리해 주는 관리자이다. 자산관리자는 SPC를 대신하여 기초자산에 대한 채권의 추심 또는 채무자관리 등을 담당한다. 우리나라에서는 자산보유자, 신용정보업자 등이 자산관리자가 될 수 있는데 일반적으로 기초자산의 내용을 잘 파악하고 있는 자산보유자가 자산관리자가 된다.

[그림 4-2] ABS의 발행구조

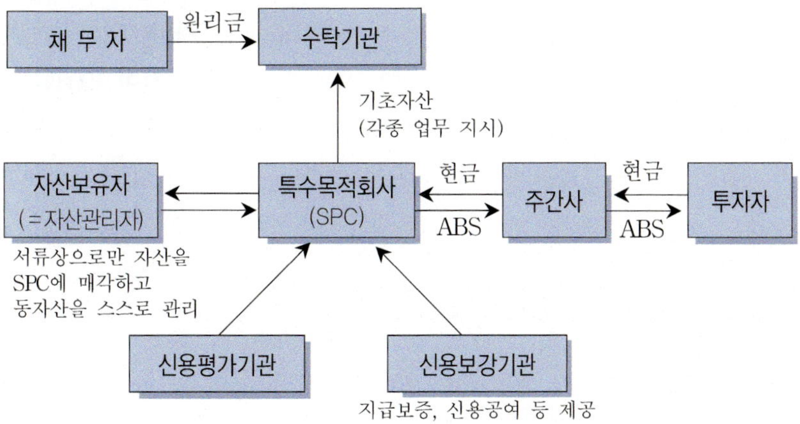

수탁기관(trustee)은 기초자산을 안전하게 보관하는 한편, ABS의 원리금 상환실무 및 채무불이행시 담보권 행사 등 SPC를 대신하여 세부적인 실무업무를 총괄한다. 수탁기관은 ABS와 관련된 현금흐름을 관리하는 동시에 투자자의 이익을 최종적으로 보호해주는 역할을 담당하기 때문에 주로 신인도가 높은 은행이 수탁기관이 된다. 자산유동화에 관한 법률에서 수탁기관을 의무화하지는 않았으나 수탁기관을 선정하는 것이 일반적이다.

신용평가기관은 기초자산의 기대손실 및 신용보강기관의 신용도를 객관적으로 평가하여 ABS의 신용등급을 일반 투자자가 이해할 수 있는 신용등급체계로 표시하여 ABS가 시장에서 원활하게 거래될 수 있도록 하는 역할을 담당한다. 신용보강기관은 ABS의 안전성을 높이기 위해 일정한도 내에서 ABS에 대해 지급보증을 하거나 신용을 공급한다. 또는 ABS를 설계할 때 채권을 선・후순위 구조화한다. 유동화증권 발행에 있어서 원리금 지급우선순위가 다른 두 종류(tranche) 이상의 증권이 발행되는데 선순위채는 기초자산에서 나오는 현금흐름이 부족할 경우 후순위채보다 원리금을 우선적으로 지급받는다. 일반적으로 후순위채는 정크본드(junk bond)시장에서 소화시키거나 자산보유자가 직접 인수하게 된다. 후순위채 비율이 높을수록 선순위채의 신용보강정도가 높아지는데 기초자산으로부터 선순위채와 후순위채를 어떤 비율로 발행할 것인가는 기초자산의 부도율 및 부도시 손실률 등에 따라 달라진다.

우리나라의 경우 1997년말에 발생한 외환위기로 인해 기업 및 금융기관의 유동성이 악화되고 부동산시장이 침체되어, 이를 해결하기 위하여 1998년 자산유동화에 관한 법률이 제정됨으로써 ABS 제도가 도입되었다. 이 제도는 외환위기 이후 금융기관의 부실채권 정리 및 기업들의 유동성제고에 크게 기여하였다.

3. 자산유동화증권의 발행사례

<표 4-4>는 캠코미래 제1차 유동화전문유한회사(SPC)가 발행한 자산유동화증권은 한국자산관리공사가 5개 시중은행으로부터 매입한 부실채권을 평가

〈표 4-4〉 발행구조

발행자	캠코미래 제1차 유동화전문유한회사	자산관리자	우리은행, 외환은행, 신한은행, 하나은행, 국민은행
자산보유자	한국자산관리공사	업무수탁자	국민은행
자산실사자	안건회계법인	수탁관리기관	국민은행
유동화자산	한국자산관리공사가 5개 시중은행으로부터 매입한 특별채권(화의채권, 별제권 등) 평가금액 기준 3,200억원		
신용보강방법	국민은행의 신용공여 약정, 특별채권 매각 은행들의 환매권, 선후순위 구조		
법률적 구조	유동화전문회사의 설립, 유동화계획 등록, 자산관리, 업무위탁관리 및 기타 발행구조가 법률 및 규정에 부합하고 있음.		

금액 기준 3,200억원에 유동화전문회사에 양도하고 동채권의 원리금 회수권리를 바탕으로 선순위유동화사채 4종 2,950억원, 후순위유동화사채 250억원을 발행하는 구조로 되어 있다.

유동화계획과 관련하여 선순위 유동화사채에 대한 신용보강은 채권은행에 대한 환매요구권과 업무수탁자인 국민은행이 제공하는 1,000억원 한도의 신용공여 계약 등에 의해 이루어지고 있다. 캠코미래 제1차 ABS의 발행구조 및 발행증권의 개요는 <표 4-5>와 같다.

〈표 4-5〉 발행증권의 개요

발행증권의 명칭	2년 만기 선순위유동화사채	3년 만기 선순위유동화사채	5년 만기 선순위유동화사채	7년 만기 선순위유동화사채	후순위유동화 사채
권면총액	구백억원	육백억원	구백억원	오백오십억원	이백오십억원
발행예정일	1999. 6. 15	1999. 6. 15	1999. 6. 15	1999. 6. 15	1999. 6. 15
상환예정일	2001. 6. 15	2002. 6. 15	2004. 6. 15	2006. 6. 15	2009. 6. 15
이자율	표면금리 7.90% (예정)	표면금리 8.40% (예정)	표면금리 : 5개 은행 프라임 레이트연동 8.50%(예정)	표면금리 9.40% (예정)	표면금리 50억원 : 20.0% 200억원 : 5.00%
이자지급방법	매 3개월 후급	매 3개월 후급	매 3개월 후급	매 3개월 후급	만기 일시지불
원금상환방법	만기 일시상환	만기 일시상환	만기 일시상환	만기 일시상환	만기 일시상환
선후순위구조	선순위채권 (총발행액의 28.1%)	선순위채권 (총발행액의 18.8%)	선순위채권 (총발행액의 28.1%)	선순위채권 (총발행액의 17.2%)	후순위채권 (총발행액의 7.8%)
모집방법	공 모	공 모	공 모	공 모	사 모

4. 주택저당증권의 발행

주택저당증권(mortgage-backed securities: MBS)은 주택의 구입 또는 건축에 소요되는 대출자금에 대한 주택저당채권(mortgage)을 기초로 발행된 자산유동화증권(ABS)이다. 즉, 주택저당증권이란 주택저당채권 유동화를 위해 발행되는 채권으로, 유동화전문회사가 은행 등 주택금융기관의 저당채권을 유동화하기 위하여 이들 기관으로부터 주택저당채권을 매입하고 이를 담보로 발행하는 증권을 말한다. 저당채권의 유동화란, 금융기관이 대출자금을 조기에 회수하기 위하여 보유하고 있는 다수의 저당채권을 모아 이것을 기초로 증권을 발행하여 투자자에게 분산, 매각하는 것을 의미한다.

이와 같이 MBS시장은 1차 시장, 2차 시장 및 자본시장으로 구성된다. 1차 시장은 모기지 차입자와 상업은행 등 모기지 대출기관 사이에 모기지론(mortgage loan, 주택저당대출)이 이루어지는 시장이다. 2차 시장은 모기지 대출기관이 보유하고 있는 주택저당채권을 유동화(증권화)하는 시장을 말하며, 자본시장은 유동화된 주택저당증권이 기관투자자들에게 매각되고 유통되는 시장을 말한다.

우리나라의 주택저당채권 유동화구조를 살펴보면, 주택자금수요자에게 주택을 담보로 주택구입자금을 대출해준 은행, 보험회사 등 금융기관들은 주택대출채권(mortgage loan)을 한국주택금융공사에 양도한다. 한국주택금융공사는 금융기관으로부터 양도받은 주택저당채권을 기초자산으로 하여 주택저당증권을 발행, 이를 자본시장을 통해 투자자에게 판매한다.

주택저당채권 발행 및 유통을 통한 주택대출채권 유동화제도의 효과를 주택금융수요자, 주택금융기관, 투자자 측면에서 살펴보면 다음과 같다.

첫째, 주택금융수요자 입장에서는 주택구입에 필요한 자금을 원활하게 조달할 수 있게 된다. 이러한 주택금융의 확대는 주택건설을 촉진하고, 주택건설이 촉진되면 국민들의 주택수요를 충족시켜 국민의 주거안정을 꾀할 수 있다.

둘째, 주택금융기관 측면에서는 주택저당채권 유동화제도를 통하여 장기간 고정되어 있는 자산을 단기간내에 유동화하여 자본시장으로부터 자금을 확보함으로써 대출여력을 확대할 수 있다.

셋째, 투자자 입장에서는 비교적 안전한 주택저당채권이라는 새로운 금융상품에 투자할 수 있는 기회를 얻게 되면 우리나라 자본시장은 투자상품이 다양화되어 보다 발전할 수 있는 계기가 될 것이다.

<표 4-6>은 한국주택금융공사에서 2004년 6월 공모발행한 MBS 2004-1의 사례이다.

〈표 4-6〉 MBS 2004-1의 발행구조

구분	발행구조	발행금액	만기	금리	이자지급	신용등급	원금지급	비고
선순위	Tranche1	100억원	1년	4.14%	3개월 이표	AAA	만기일시	
	Tranche2	320억원	2년	4.28%	3개월 이표	AAA	만기일시	
	Tranche3	500억원	3년	4.33%	3개월 이표	AAA	만기일시	
	Tranche4	1,100억원	5년	4.67%	3개월 이표	AAA	만기일시	부분콜옵션부
	Tranche5	1,300억원	7년 6개월	4.82%	3개월 이표	AAA	만기일시	콜옵션부(3년이후)
	Tranche6	800억원	10년	5.04%	3개월 이표	AAA	만기일시	콜옵션부(3.5년 이후)
	Tranche7	500억원	12년	5.16%	3개월 이표	AAA	만기일시	콜옵션부(4년이후)
	Tranche8	500억원	15년	5.22%	3개월 이표	AAA	만기일시	콜옵션부(5년이후)
	Tranche9	400억원	20년	5.26%	3개월 이표	AAA	만기일시	콜옵션부(6년이후)
합계		5,520억원						

주 : Tranche란 발행자의 계층별 위험을 나타낸다.

(1) 주요발행내역 및 위험별 발행구조

① 대상자산 : 2004년 3월 25일~2004년 5월 28일 취급한 한국주택금융공사의 모기지론 5,456억원(하나은행 : 3,592억원, 제일은행 : 761억원, 외환은행 : 610억원, 삼성생명 : 493억원)

② 발행증권 : 주택저당증권(수익증권)

③ 발생금액 : 5,520.1(선순위채 5,520억원, 후순위채 0.1억원)

④ 신용보강 : 선후순위 구조 / 선순위 MBS에 대한 공사 지급보증

(선순위 : "AAA"신용등급 취득, 공모, 상장 / 후순위 : 공사가 인수, 보유)

⑤ 발행금리 : 국고채 기준금리+spread

⑥ 발행시기 : 2004년 6월 15일 공모 발행

주택금융공사는 2009년 3월 26일 건설회사를 지원하기 위해 4,300원 규모의 CBO(Collateralized Bond Obligation)을 발행했다. 이 CBO는 만기 3년, 연 6.89%의 금리로 발행되었다. 대우건설, 대림산업, 고려개발, 남양건설, 벽산건설 등 5개사가 발행한 회사채를 NH투자증권과 한국투자증권 등이 인수한 후 산업은행의 신용보강을 받아 AAA등급의 유동화증권(ABS)를 발행하는 방식으로 이루어졌다.

부록: 유상증자시 발행가액의 결정

유상증자를 하는 경우 신주의 발행가격을 어떻게 정하느냐에 따라 액면발행과 시가발행으로 구분할 수 있다. 액면발행은 신주를 그 액면금액을 기준으로 발행하는 방법이다. 우리나라의 주식발행방법은 1983년 말 시가발행제도가 도입되기 전까지는 주주할당 액면발행이 지배적이었다. 이 방법은 증권시장이 아직 발전하지 못한 나라에서 채용되고 있는데, 시가와 액면의 차액인 주식발행초과금을 주주에게 줌으로써 주식의 청약을 확실하게 하는 것이다. 한편 시가발행은 증권시장에서 형성되고 있는 주식가격에 근접한 가격으로 신주의 발행가격을 결정하는 방법이다. 시가발행에서는 액면발행의 경우 주주에게 귀속되던 주식발행초과금을 발행회사에 귀속하여 자본잉여금으로 적립하게 하고 장래 주주에게 무상주 교부의 형식으로 환원한다. 종래 액면발행에서는 주식의 발행형태가 주주할당방식이었지만, 시가발행에서는 일반공모방식도 이용할 수 있다. 상장회사가 시가발행에 의하여 유상증자를 하는 경우 그 발행가액은 다음 식에 의하여 이론권리락주가(주주우선 공모증자의 경우에는 조정주가라고 한다.)를 산정하고 이를 할인한 가액으로 한다. 이론권리락주가(또는 조정주가)는 유상증자방식별로 다음의 방법에 따라 산정된다.

1) 주주배정방식 또는 주주우선공모방식의 경우

주주배정방식 또는 주주우선공모방식으로 유상증자를 하는 경우에 있어서 발행가액은 권리락 이전에 산정되는 1차 발행가액과 권리락 이후에 산정되는 2차 발행가액 중 낮은 가액으로 한다.

1차 발행가액의 이론권리락주가와 발행가액의 산식은 다음과 같다.

$$\circ\ \text{이론권리락주가} = \frac{\text{기준주가} + (\text{발행가액} \times \text{유상증자비율})}{1 + \text{유상증자비율} + \text{무상증자비율}} \qquad (4\text{-}1)$$

$$\circ\ \text{발행가액} = \text{이론권리락주가} \times (1 - \text{할인율}) \qquad (4\text{-}2)$$

위의 두 산식으로부터 1차 발행가액이 다음과 같이 산출된다.

$$\circ\ 1\text{차발행가액} = \frac{\text{기준주가} \times (1 - \text{할인율})}{1 + (\text{유상증자비율} \times \text{할인율}) + \text{무상증자비율}} \qquad (4\text{-}3)$$

기준주가는 신주배정기준일(주주우선공모인 경우 주주확정일) 전 제3거래일을 기산일로 하여 기산일로부터 소급한 1개월 평균종가, 1주일 평균종가, 최근일 종가를 산술평균하여 산정되며, 그 산정가격이 최근일 종가를 상회하는 경우 최근일 종가를 기준주가로 한다.

2차 발행가액의 산정시 기준주가는 청약일 전 제3거래일로부터 소급한 거래량으로 가중평균한 1주일 평균종가 및 최근일 종가를 산술평균하여 산정되며, 그 산정가격이 최근일 종가를 상회하는 경우에는 최근일 종가를 기준주가로 한다.

○ 2차 발행가액 = 기준주가 × (1 − 할인율) (4-4)

주주배정방식 또는 주주우선 공모방식으로 유상증자를 할 경우, 시가발행의 할인율은 규정상 제한은 없으며, 발행회사가 현재 30% 내외에서 자율적으로 결정하고 있다.

2) 일반공모방식의 경우

상장회사가 일반공모방식으로 유상증자를 하는 경우에는 1차, 2차 발행가액의 구분을 하지 않고 청약일 전 제5거래일을 기산일로 하여 기준주가가 산정된다. 발행가액은 이 기준주가에 10% 이하로 할인율을 정하여 (1 − 할인율)을 곱한 금액이 된다. 일반공모는 신주를 전액 일반투자자로부터 공모하는 방식이므로 그 발행가액을 기준주가의 90% 이상으로 정하고 있다.

3) 제3자 배정방식

제3자 배정방식은 유상증자 이사회 결의일 전일 주가를 기준으로 기준주가는 기산일 종가, 기산일 1주일전 평균종가, 기산일 1개월 평균종가의 산술평균과 기산일 종가중에서 최소값이 기준주가로 산정된다. 발행가액은 이 기준주가에 (1-할인율)을 곱한 금액이 된다.

예제 1

상장회사가 시가발행에 의하여 다음과 같이 주주우선공모증자를 실시할 경우 확정 발행가액을 구해 보기로 하자.

① 증자방법 : 유상 30%, 무상 10%(유·무상 동시)

② 주가자료

구 분	신주배정기준일전 5거래일 주가	청약일 전 7거래일 주가
최근일 주가	20,000	20,000
1주일 가중평균	21,000	19,000
1개월 가중평균	22,000	18,000

③ 할인율 : 30%

풀이

① 신주배정기준일전에 산정한 기준주가

$$MIN\left[\frac{20,000+21,000+22,000}{3},\ 20,000\right] = 20,000\ (원)$$

$$발행가 = \frac{20,000\times0.7}{1+0.3\times0.3+0.1} = 11764.7 ≒ 11,800(원)$$

② 청약일 전에 산정한 기준주가

$$MIN\left[\frac{20,000+19,000}{2},\ 20,000\right] = 19,500(원)$$

발행가 = 19,500 × 0.7 = 13,650 = 13,700원

③ 확정발행가액

$MIN[11,800,\ 13,700] = 11,800$ (원)

연습문제

1. 다음 용어를 설명하라.

1) 사모발행
2) IPO
3) 유상증자
4) 주식배당
5) 주식분할
6) 자산유동화증권
7) ABS
8) MBS

2. 다음의 물음에 답하라.

1) 자본시장에 대한 설명 중 잘못된 것은?
① 자본시장에서 발행시장을 2차적 시장이라고도 한다.
② 거래되는 증권에 따라 주식시장과 공사채시장으로 분류할 수 있다.
③ 유통시장은 이미 발행된 증권이 거래되는 시장이다.
④ 시장기능에 따라 발행시장과 유통시장으로 나눌 수 있다.

2) 자본시장의 기능이 아닌 것은?
① 자금조달 기능 ② 투자수단 제공
③ 소유집중 제공 ④ 금융통화조절 기능

3) 다음 설명 중 잘못된 것은?
① 발기설립은 발기인이 발행주식중 일부만 인수하는 것을 말한다.
② 사모발행은 주주, 종업원, 기관투자자 등 특정인을 대상으로 발행하는 것이다.
③ 우리나라는 증권발행과 관련 총액인수제를 채택하고 있다.
④ 기업공개는 자본시장에 상장하기 위해 주식을 공모하는 행위를 말하기도 한다.

4) 유상증자 방식이 아닌 것은?
① 주주배정방식 ② 일반공모방식

③ 제3자 배정방식 ④ 모집주선방식

5) 증권발행시 간접발행 방법이 아닌 것은?

① 위탁매매 ② 잔액인수
③ 총액인수 ④ 공개모집

6) 무상증자를 하는 목적이 아닌 것은?

① 주주에 대한 이익환원 ② 사내유보 규모의 적정화
③ 주식 유통물량축소 ④ 자본금 증대로 인한 대외 신용도제고

7) 다음 설명 중 올바른 것은?

① 전환사채의 주식전환시 자본금증가로 회사의 자산은 증가한다.
② 증권거래소는 신주배정 기준일 전일에 권리락 조치를 한다.
③ 주식병합은 주식수가 줄어들어 자본금이 축소된다.
④ 주식분할할 경우 자본금이 변한다.

8) 병회사가 유상증자를 함에 있어 아래와 같이 주주배정방식과 일반공모방식, 3자 배정방식에 의한 증자를 실시할 경우 확정발행가를 올바르게 연결한 것은?

(유상증자 20%, 할인율 10%, 단위: 원)

구 분	신주배정기준일 3일전 주가	청약 3일전 주가	청약 5일전 주가
기산일종가	10,000	10,000	10,000
기산일로부터 1주전 평균종가	11,000	9,000	11,000
기산일로부터 1월전 평균종가	12,000	8,000	12,000

① 8,600-10,800-9,000 ② 8,500-10,000-9,000
③ 8,500-10,800-9,000 ④ 8,600-10,000-8,500

9) 갑회사는 A주식 1000주(주당 5,000원)를 발행하였고, 을회사는 B주식 5000주(주당 3,000원)를 발행하여 사업을 운영하고 있다. 갑회사가 주당 5,000원에 1 : 5로 을회사를 합병할 경우 합병후 총 자본금은?

① 11,000,000원 ② 10,000,000원
③ 9,000,000원 ④ 12,000,000원

10) H사는 자본금 10억원(액면가 5,000원), 현재 주당 30,000원이다. 주총서 주식분할을 의결하고 1주를 2주로 분할하기로 의결하였다면 총발행주식수는?

① 10만주 ② 20만주
③ 30만주 ④ 40만주

11) 채권의 간접발행에 관한 설명으로 틀린 것은?

① 간접발행은 발행사무를 효율적으로 처리할 수 있고 자금조달이 용이하나 수수료가 발생한다.

② 위탁모집은 채권응모총액이 모집총액에 미달하는 경우 발행위험을 수탁기관이 부담한다.

③ 잔액인수란 발행을 위탁함과 동시에 매출 잔액이 있으면 수탁기관에서 이를 인수하기로 하고 채권을 모집하는 행위를 말한다.

④ 총액인수에서는 인수단이 총액인수한 채권을 적절한 시기에 매출하여 자금회수 및 매매차익을 볼 수 있다.

12) 다음의 신주발행회사의 자산이 실질적으로 증가할 수 있는 것은?

① 주식배당에 의한 신주발행

② 준비금의 자본전입에 의한 신주발행

③ 신주인수권부사채의 신주인수권행사에 따른 신주발행

④ 전환사채의 전환권 행사에 의한 신주발행

해답 2. 1) ① 2) ③ 3) ① 4) ④ 5) ④ 6) ③ 7) ② 8) ① 9) ② 10) ④ 11) ② 12) ③

제5 장

증권의 유통시장

05
part

증권의 유통시장

제 1 절 유통시장의 성격

1. 유통시장의 의의 및 구조

1) 유통시장의 의의

증권의 유통시장은 이미 발행된 증권이 투자자 상호간에 매매 거래되는 시장을 말한다. 즉, 유통시장은 주식, 채권 등 증권을 매각하여 투자자금을 회수하거나 이미 발행된 증권을 취득하여 금융자산을 운용하는 시장이다. 이와 같이 증권의 매매거래는 유통시장에서 이루어지며, 유통시장은 일단 발행된 증권에 의해 형성되는 시장이므로 증권의 2차시장(the secondary market for securities)이라고도 한다. 유통시장에서의 거래는 투자자 상호간의 거래이므로 기업의 자금조달과 직접적인 관련이 없다. 그러나 유통시장이 발달되어 있지 못하면 주식의 시장성이 없어 발생시장이 위축될 수밖에 없다. 유통시장은 발행된 증권, 즉 주식이나 채권의 시장성과 유동성을 높여 일반투자자의 투자를 촉진시킴으로써 발행시장에서의 자본조달을 원활하게 해 준다. 또한 유통시장은 불특정 다수의 투자자가 경쟁적으로 참여하여 증권의 공정한 가격을 형성하고, 나아가 유통시장에서 형성된 시장가격은 앞으로 발행될 증권의 가격을 결정하는 기능을 한다.

2) 유통시장의 구조

유통시장은 크게 거래소시장과 장외시장으로 구분된다. 우선, 거래소시장(on board market)은 우리나라의 경우 유가증권시장, 코스닥시장, 코넥스시장, 파생상품시장으로 나뉘어져 있다. 유가증권시장은 우량상장회사의 주식 등을 중심으로 운영되는 시장이며, 코스닥(KOSDAQ; Korea Securities Dealer Automated Quotations)시장은 기술집약적인 벤처기업을 중심으로 운영되는 시장이다. 코넥스(KONEX) 시장은 자본조달에 어려움을 겪는 중소기업을 위한 중소기업전용 자본시장이며, 파생상품시장은 주식·채권과 같은 기초자산에서 파생된 상품, 즉 선물, 옵션, 스왑 등이 거래되는 시장을 말한다. 장외시장(over the counter market)은 넓은 의미로는 거래소시장 이외의 장소에서 비상장 증권이 거래되는 시장을 총칭하는 의미로 쓰이나, 좁은 의미로는 거래소나 일정한 시간과 규칙에 의하여 경쟁매매가 이루어지는 조직화된 시장 이외의 증권거래시장을 말한다. [그림 5-1]은 증권의 유통시장 구조를 나타낸 것이다.

[그림 5-1] 증권의 유통시장의 구조

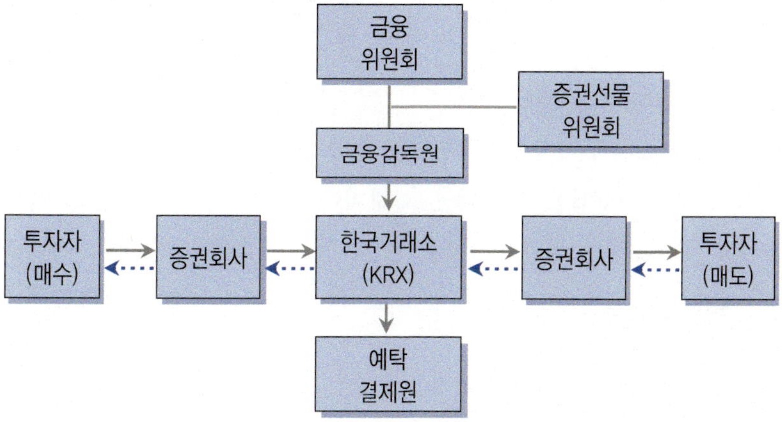

자료 : 한국금융투자협회

(1) 금융위원회(증권선물위원회)과 금융감독원

금융위원회(FSC ; financial services commission)는 금융산업의 선진화, 금융시장의 안정, 건전한 신용질서 그리고 공정한 금융거래관행을 확립하기 위해 설립된 공적 규제기관으로서 증권의 발행, 관리, 공정한 거래, 증권관계기관의 감독에 관한 사항을 심의·의결하기 위한 행정기관이다. 한편, 증권선물위원회는 증권 및 파생상품시장의 불공정거래 조사·기업회계의 기준 및 회계감리에 관한 업무, 증권 및 파생상품 시장의 관리감독 및 감시 등을 위하여 금융위원회로부터 위임받은 업무 등을 수행하는 기관이다.

금융감독원은 민간조직으로서 법률에 의해 검사권, 금융위원회와 증권선물위원회의 집행기능을 수행함으로써 공적 규제기능을 맡고 있는 특수 공법인으로서 유가증권의 발행을 촉진, 관리, 공정한 거래를 위하여 증권관계기관의 감독과 검사를 수행하는 기관이다.

(2) 한국거래소

한국거래소(KRX; Korea exchange)는 "자본시장과 금융투자업에 관한 법률"에 의거 증권 및 장내파생상품의 공정한 가격형성과 그 매매, 그 밖의 거래의 안정성 및 효율성을 도모하기 위해 설립되었다. 한국거래소는 유가증권시장, 코스닥시장 및 파생상품시장의 개설·운영에 관한 업무, 증권 및 장내파생상품의 매매에 관한 업무, 증권의 매매거래 및 파생상품거래에 따른 청산 및 결제에 관한 업무, 증권의 상장에 관한 업무 등을 수행하고 있다.

(3) 금융투자회사(증권회사)

금융투자회사는 투자자를 상대로 금융투자상품을 매매하거나 매매를 중개하는 등의 금융투자업을 영위하는 회사이다. 즉, 투자자의 주문을 받아 주식 등과 같은 증권, 채권 등과 같은 증권이나 파생상품을 매수 또는 매도해 주는 투자중개업자, 투자자와 직접 증권 도는 파생상품을 직접 매매하는 투자매매업 등을 수행하는 회사이다.

(4) 한국예탁결제원

한국예탁결제원(KSD; korea securities depository)은 한국거래소의 자회사

로서 증권의 발행 및 유통과 금융거래의 효율성을 높이고 사회적 물류비용을 절감시키는 역할을 한다. 증권의 집중예탁(일관예탁) 및 계좌간 대체업무, 유가증권시장·코스닥시장·장외시장 결제업무, 유가증권대차거래업무, REPO관리 서비스, 명의개서대리인 서비스, 발행회사 증권관련사무 대행, 실질주주 의결권 대리행사 등의 업무를 수행하고 있다.

(5) 한국금융투자협회 및 코스콤

한국금융투자협회(KOFIA; korea financial investment association)는 자본시장에 의해 설치된 자율규제기관으로서 금융기관 상호간의 업무질서 유지 및 공정한 거래를 확립하고 투자자를 보호하며 금융투자업의 건전한 발전을 위해 설립된 기관이다. 이러한 기관은 자본시장법(2009년 2월 4일 시행)에 따라 기존의 한국증권업협회, 자산운용협회, 선물협회를 통합하여 정식출범하였다.

코스콤은 증권·파생상품시장의 전산화는 물론 증권·파생상품 업무 전산화서비스, 금융정보 및 IT인프라 서비스 등 증권업무와 관련된 다양한 IT솔루션을 제공하는 전산전문회사이다.

2. 한국거래소

1) 한국거래소의 의의

한국거래소(이하 거래소)는 다수의 참가로부터 주문을 집중하여 증권의 매매행위를 상설적으로 하기 위하여 개설한 조직적인 시장을 말한다. 여기서 조직적 시장이란 거래소가 매매거래를 인정한 증권 즉 상장증권의 거래를 원활하고 효율적으로 성립시키며, 또한 규칙적으로 일정한 장소에서 경쟁매매원칙 등 일정한 매매거래제도가 정해져 있는 구체적인 시장을 말한다. 즉, 거래소는 증권의 공정한 가격의 형성과 안정 및 그 유통의 원활을 기하기 위하여 자본시장법에 의하여 설립된 법인이다. 이와 같은 특성 때문에 거래소는 어느 나라에 있어서나 자본시장의 중추기관이다. 증권유통시장에 있어서 중추기관인 거래소가 수행하는 경제적 기능을 다음의 세 가지로 요약할 수 있다.

첫째, 유가증권시장을 개설하여 일정한 범위의 증권 즉 상장증권만을 대상으로 광범위하고 다수의 경제주체의 증권에 대한 수요와 공급을 집중함으로써 매매거래의 성립을 원활히 하고 증권의 유동성을 증대시킨다.

둘째, 거래소는 많은 투자자의 자유로운 판단과 시장원리를 통해서 공정한 가격형성이 될 수 있게끔 한다.

셋째, 거래소는 성립한 매매량, 거래가격과 기타 거래상황을 공표하고 또한 발행회사에 관한 자료를 공개하고, 일반투자자에게 상장증권의 평가 및 투자상의 판단 등에 필요한 정보를 제공한다. 이와 같이 거래소가 수행하는 경제적 기능은 산업자본조달기능과 투자보호기능으로 요약할 수 있다.

우리나라 증권거래소는 1956년 2월에 설립되었는데, 처음의 영단제에서 1962년 제정된 증권거래법에 의해 주식회사제조직으로 개편되었고, 동년 5월의 증권파동을 계기로 정부가 거래소에 출자하는 공영제조직으로 다시 개편되었다. 1988년 3월 증권시장의 효율적 관리를 위하여 거래소의 조직형태를 공영제조직에서 회원제조직으로 바꾸었다. 2005년 1월 한국증권선물거래소법에 의하여 종전의 한국증권거래소, 코스닥증권시장, 한국선물거래소, 코스닥위원회가 합병하여 주식회사 한국거래소로 통합되었다. 한국거래소는 유가증권시장·코스닥시장, 파생상품시장의 개설 및 운영을 위해 설립된 주식회사이다. 최근 세계증권시장은 금융산업에 대한 규제완화와 전자통신기술의 발전을 기반으로 큰 변화를 맞이하고 있다. 세계 각국 거래소는 M&A를 통해 규모를 대형화하고 있고, 또 거래소간 글로벌연계를 강화하고 있다. 특히, 미국의 경우 거래소의 기능을 수행하는 ECN(electronic communication network)이라는 전자매매거래시스템이 등장하여 기존 증권거래소와의 경쟁이 활발하게 전개되고 있다. 미국의 경우 1999년 말 10개의 ECN이 등록되어 거래량에서 나스닥(NASDAQ)의 30%, 뉴욕증권거래소(NYSE)의 5%를 점유하고 있다. 또한 거래소간 경쟁이 심화됨에 따라 거래소간의 M&A가 많아지고 각국의 증권거래소의 조직형태도 비영리법인의 회원조직에서 주식회사제 영리법인으로 전환하는 거래소가 증가하고 있다.

우리나라의 경우 ECN은 2001년 12월 27일부터 개장되어 거래소시장이 마감된 후 오후 4시 20분부터 오후 9시까지 상장기업의 종가를 기준으로 주식거래가 이루어졌으나, 2005년 5월 30일자로 없어지고 시간외 거래로 흡수되었다.

우리나라의 한국거래소는 주식회사 조직으로서의 법인이다. 회원은 한국거래소가 개설한 증권시장에서 언제든지 유가증권의 매매거래에 종사할 수 있는 자를 말한다. 미국, 영국 등의 증권거래소의 경우 개인회원제이지만, 우리나라에서의 회원은 금융위원회의 금융투자업 허가를 받은 주식회사형태의 금융투자회사, 증권회사나 선물회사로 한국거래소에 공동출자하는 등 소정의 등록을 마친 자이어야 한다.

2) 유가증권시장

유가증권시장(KOSPI시장)은 국내외의 우량한 상장기업이 발행한 유가증권의 공정한 가격형성과 안정 및 유통의 원활을 기하기 위하여 설립된 것이다. 우리나라 주식의 대부분과 채권매매의 과반수가 유가증권시장에서 집중적으로 거래된다. 유가증권시장은 코스닥(KOSDAQ)시장과 대비되는 시장으로 과거의 거래소시장과 동일한 개념이다. 우리나라의 유가증권시장본부는 서울에 소재하고 있다. 미국, 일본에는 거래소가 여러 곳에 있으나 매매의 대부분이 그 중 제일 큰 도시에 있는 거래소(유가증권시장)에 집중되고 있다.

3) 코스닥시장

코스닥시장(KOSDAQ)은 유가증권시장에 상장하기 어렵고, 성장성과 기술력이 있는 벤처기업(venture business), 유망중소기업들을 상장토록 하여 이들 기업이 발행한 주식을 일정한 경쟁매매원칙 하에서 거래하는 시장이다. 코스닥시장은 미국의 나스닥(NASDAQ)시장을 벤치마킹한 시장이다.

우리나라의 코스닥시장은 1998년까지만 해도 상장기업수, 거래량 등이 매우 적어서 거래소시장의 보완시장으로서 거래소 상장의 전단계로 생각되었다. 그러나 1999년 이후 정부의 벤처기업육성 및 코스닥시장 활성화정책과 전세계적인 정보통신산업 열기로 인해 우리나라 코스닥시장은 유가증권시장과 독립된 경쟁시장으로 발전하게 되었다. 유가증권시장에 상장하기 어려운 벤처기업, 유망중소기업 등이 코스닥시장에 상장하여 신주공모 등을 통해 장기자금을 조달할 수 있게 되었고, 투자자는 고수익, 고위험의 새로운 투자수단을 갖게 되었다. 2016년 말 현재 KOSDAQ에 상장된 기업수는 1,208개사로 유가증권시장 상장기업 779개사보다 훨씬 많으며 코스닥시장은 거래대금면에서는 유가증권시장의 50~60%에 이르고 있다.

4) 코넥스시장

코넥스(KONEX, Korea New Exchange)는 은행대출에 편중되어 있는 중소기업의 자본조달 어려움을 해소하고 자본시장을 통한 초기 중소기업 지원을 강화하기 위한 목적으로 2013년 7월 1일에 개설된 중소기업전용 신자본시장이다.

코넥스 시장은 코스닥시장 상장요건 강화로 인한 초기 중소기업의 거래소 진입의 어려움과 중소기업 지원을 위한 프리보드의 기능이 미흡하다는 비판에서 출발하였다. 단편적인 예로 설립부터 코스닥시장 상장까지 소요되는 기간이 2004년에는 평균 9.3년이었던 것에 비해, 2011년도에는 평균 13.3년으로 크게 늘어났다.

신시장의 성공적인 정착을 위해 코넥스 시장에 상장하는 법인에 대해서는 수시공시 부담 완화, 증권신고서 제출의무 완화, 분반기보고서 제출의무 면제, 한국채택국제회계기준(K-IFRS) 의무적용 면제, 지배구조 관련 부담완화, 투자촉진을 위한 규제 완화 등의 혜택을 받는다. 2016년말 기준으로 141개의 상장기업이 있으며 시가총액은 4,2585억원 규모이다.

3. 파생상품시장

우리나라에서는 1996년 KOSPI 200 주가지수선물이 한국증권거래소에 상장되면서 선물시장이 개설되었다. KOSPI 200 주가지수선물은 상장 이후 꾸준한 성장세를 보여 유가증권시장의 중요한 위험관리 수단으로 정착되어가고 있다. 1999년 한국선물거래소가 개소되면서 국채선물 · CD금리선물, 미국달러선물

등의 금융선물외에 상품선물로서 금선물 등의 거래를 시작하였으며, 2005년 한국증권거래소와 한국선물거래소가 한국거래소로 통합되면서 거래소내의 파생상품시장본부가 선물・옵션거래 등 모든 파생상품거래를 총괄하고 있다.

2016년말 기준으로 KOSPI200을 중심으로 한 지수선물, 국채선물, 통화선물, 금선물, 돈육선물, 주식선물 등과 변동성 지수를 기초자산으로 한 변동성지수선물 등의 다양한 선물상품이 상장되어 있으며, KOSPI200 지수옵션이 상장되어 거래되고 있다.

4. 장외시장(K-OTC)

장외시장(OTC; over the counter market)이란 넓은 의미로 거래소 시장 이외의 장소에서 증권이 거래되는 시장을 가리킨다. 즉, 장외시장은 증권회사나 은행의 창구(counter)에서 증권회사나 은행과 투자자 사이에 비상장주식이 매매되는 비조직적 시장이며, 증권회사나 은행의 카운터(counter)에서 거래가 이루어지기 때문에 점두시장(店頭市場)이라고도 한다.

장외시장의 좁은 의미로는 유가증권시장이나 코스닥시장과 같이 일정한 시간과 규칙에 의하여 경쟁매매가 이루어지는 조직화된 시장에서 거래할 수 없는 기업들이 발행한 주식거래시장을 의미한다. 우리나라의 경우 유가증권시장, 코스닥시장과 코넥스시장이 장내시장에 포함되며, 종전에 프리보드(free board)시장이라고 불렸던 K-OTC(Korea OTC)[1] 시장이 장외시장에 해당하며, 제3시장이라고도 한다. 프리보드시장은 유가증권시장 및 코스닥시장의 상장요건을 갖추지 못한 기업(지정기업)들의 주식매매를 하기 위한 시장이었으며, 코넥스 시장의 개설로 인해 그 역할이 크게 축소되어 2014년 1월 금융위원회와 금융투자협회의 개편방안에 따라 K-OTC 시장으로 개편되었다. K-OTC 시장은 한국금융투자협회가 운영하고 있으며 규제가 최소화된 장외시장으로 투자자의 자기책임원칙이 강조되는 시장이다. 2016년 말 138개 회사가 상장되

1) http://www.k-otc.or.kr/

어 있으며 시가총액은 10조에 이른다. 매매방식은 경쟁매매방식이 아닌 상대매매방식이며, 시간외 시장이 없으며, 가격제한폭은 30%로 동일하다.

제2절 상장제도

1. 상장제도의 의의 및 효과

증권시장의 거래대상이 되기 위해서는 당해 시장이 요구하는 일정한 요건을 구비한 증권이어야 하며, 또한 그러한 증권 중에서 증권시장의 매매대상으로서 적격인 증권이라고 인정되어야 한다. 일반적으로 다수의 증권 중에서 유가증권시장이나 코스닥시장이 매매적격증권으로 거래될 수 있는 자격을 부여하는 것을 상장(listing)이라고 한다. 유가증권시장이 인정한 상장증권을 발행한 회사를 주권상장회사라고 하고, 코스닥시장이 인정한 증권을 발행한 회사를 코스닥상장회사라고 한다. 유가증권시장이나 코스닥시장에서는 상장증권이 매매거래의 대상이 된다. 상장증권은 거래의 대상이 되면서 동시에 투자대상이 되므로 증권의 종류나 발행주체에 따라 투자자의 이해에 직접적으로 관련되고 있기 때문에 거래소에서는 국민경제의 유지·발전, 투자자보호, 공정한 가격, 적당한 유동성 등을 기준으로 해서 구체적인 상장심사기준을 규정하고 있다. 유가증권시장이나 코스닥시장은 이 기준에 부합하는 유가증권에 한하여 매매를 허용하고, 상장 후 사후관리를 함으로써 공정하고 질서있는 시장의 유지를 도모하고 있다.

유가증권시장이나 코스닥시장에 증권이 거래됨으로써 유동성이 증대되고, 공정한 가격이 형성되기 때문에 증권의 상장은 상장회사나 투자자의 입장에서 큰 경제적 효과를 가지고 있다. 상장회사로서는 첫째, 상장의 심사에는 그 회사의 수익성과 안정성 등이 고려되기 때문에 상장되는 회사는 우량회사라는 것이 증명되어 기업 및 생산제품의 홍보를 기대할 수 있다. 둘째, 소유주식의 분산, 시장성의 증대 및 투자자의 증대 등이 촉진되어 증권에 의한 자본조달이 보다 용이해진다. 셋째, 상장회사는 매스콤의 보도를 통해서 회사 자체, 또는 회사의 매출 내지 서비스에 대해 큰 PR효과를 기대할 수 있다.

투자자로서는 첫째, 상장은 유동성을 증대시키기 때문에 환금을 용이하게 한다. 둘째, 상장증권은 환금성이 높기 때문에 높은 담보가치를 가진다. 셋째, 신속하고 공정한 거래형성을 통해 투자자를 보호하고 있다. 넷째, 상장회사의 기업내용은 시장에 공개되기 때문에 신뢰성있는 투자정보를 입수할 수 있다.

2. 상장의 종류

상장의 종류는 유가증권의 종류에 따라 주권, 외국주식예탁증서(DR), 채권, 신주인수권증권, 신주인수권증서, ETF(상장지수펀드) 수익증권, 투자회사주권 및 부동산투자회사(Reits) 주권의 상장으로 구분된다.

주권의 상장에는 신규상장, 신주상장, 변경상장, 재상장 등이 있다. 신규상장이란 증권거래소에 증권을 처음으로 공개·상장하는 것을 말하며, 신주상장이란 유·무상증자 등으로 새로 발행된 신주를 상장하는 것을 말하며, 변경상장이란 이미 상장된 주식의 종류(우선주, 보통주), 액면금액 등이 변경되어 새로 발행된 주식을 상장하는 것을 말하며, 재상장이란 상장폐지된 날부터 5년 이내 다시 상장하는 경우를 말한다.

일괄상장신청이란 신주인수권증권, 신주인수권부사채, 전환사채의 권리행사 또는 주식매수선택권의 행사로 인해 발행될 총주식에 대하여, 권리행사 가능일 직전일까지 일괄하여 상장을 신청할 수 있는 것을 말한다. 국채, 회사채 등 채권도 거래소에 상장되어 매매되는데 채권을 상장함에 있어서도 발행주체가 채권발행계획을 확정하면 당해년도 발행예정금액을 일괄하여 상장을 신청할 수 있다.

주식예탁증서(depository receipts: DR)란 외국회사가 발행한 원주식을 기초로 우리나라 거래소에 상장하기 위해 국내예탁기관(한국예탁결제원)이 발행한 주식예탁증서를 말한다. 2007년 중국기업인 화풍방적이 최초로 우리나라 거래소에 KDR로 상장되었고, 삼성전자, POSCO 등 우리나라 기업들은 미국뉴욕증권거래소에 ADR로 상장되어 있다.

3. 상장의 심사요건

우리나라에 있어서 상장의 심사요건은 다음과 같다. 먼저 유가증권시장의 심사요건은 <표 5-1>과 같다.

〈표 5-1〉 유가증권시장의 심사요건

상장요건		일반회사	지주회사
규모 요건 (모두)	기업규모	자기자본 300억원 이상	좌동
	상장주식수	100만주 이상	좌동
분산 요건 (모두)	주식수	다음 중 하나만 충족하면 됨 예 일반주주소유비율 25% 이상 또는 500만주 이상 (다만, 상장예정주식수 5천만주 이상 기업은 상장예정주식수의 10% 해당 수량) 예 공모주식수 25% 이상 또는 500만주 이상(다만, 상장예정주식수 5천만주 이상 기업은 상장예정주식수의 10% 해당 수량 예 자기자본 500억 이상 법인은 10% 이상 공모하고 자기자본에 따라 일정규모 이상 주식 발행 · 자기자본 500억~1,000억원 또는 기준시가총액 1,000억~2,000억: 100만주 이상 · 자기자본 1,000~2,500억원 또는 기준시가총액 2,000억~5,000억: 200만주 이상 · 자기자본 2,500억원 이상 또는 기준시가총액 5,000억 이상: 500만주 이상 예 국내외동시공모법인은 공모주식수 10% 이상 & 국내공모주식수 100만주 이상	
	주주 수	일반주주 700명 이상	좌동
	양도제한	발행주권에 대한 양도제한이 없을 것	좌동

상장요건		일반회사	지주회사
경영성과요건 (택1)	매출액 및 수익성	· 매출액: 최근 1,000억원 이상 및 3년 평균 700억원 이상 & · 최근 사업연도에 영업이익, 법인세차감전계속 사업이익 및 당기순이익 각각 실현 & · 다음 중 하나 충족 예 ROE: 최근 5% & 3년 합계 10% 이상 예 이익액: 최근 30억원 & 3년 합계 60억원 이상 예 자기자본 1천억원 이상 법인: 최근 ROE 3% 또는 이익액 50억원 이상이고 영업현금흐름이 양(+)일 것	좌동
	매출액 및 기준시가 총액	· 최근 매출액 1,000억원 이상 & · 기준시가총액 2,000억원 이상 *기준시가총액=공모가격×상장예정주식수	좌동
	기준시가총액 및 이익액	· 기준시가총액 2,000억원 이상 & · 최근 이익액 50억원 이상	좌동
	기준시가총액 및 자기자본	· 기준시가총액 6,000억원 이상 & · 자기자본 2,000억원 이상	좌동
안정성 및 건전성 요건	영업활동기간	· 설립후 3년 이상 경과 & 계속적인 영업활동	좌동(주요자회사의 실질적인 영업활동기간 고려)
	감사 의견	· 최근적정, 직전 2년 적정 또는 한정(감사범위 제한에 따른 한정의견 제외)	좌동(개별 및 연결 재무제표)
	매각제한 (보호예수)	· 최대주주 등 소유주식 & 상장예비심사신청전 1년 이내 최대주주 등으로부터 양수한 주식: 상장후 6월간 · 상장예비심사신청전 1년 이내 제3자배정 신주: 발행일로부터 1년간. 단, 그날이 상장일로부터 6월 이내인 경우에는 상장후 6월간	좌동(금융지주회사의 경우 최대주주 등 소유주식 매각제한 제외)

자료: 한국거래소

코스닥 신규상장심사요건은 벤처기업부와 일반기업부로 구분되는데, <표 5-2>와 같은 요건을 갖추어야 한다. 벤처기업에 대해서는 코스닥시장 상장을 보다 용이하게 하기 위해 일반기업의 상장요건보다 완화되어 있다. 벤처기업은 벤처기업 지정요건에 해당하는 법인이 중소기업청 등의 지원기관에 신청하여 각 요건에 맞도록 지정된 기업을 말하며 그 요건은 <표 5-3>과 같다.

〈표 5-2〉 코스닥 시장의 상장 요건

요건		코스닥시장 상장요건(2014.6.18 개정규정 기준)		
		일반기업	벤처기업	기술성장기업
설립후 경과년수		3년 이상	미적용	미적용
규모 (① or ②)	①자기자본[1]	30억원 이상[2]	15억원 이상	10억원 이상
	②기준시가총액	90억원 이상		
지분의 분산		다음 요건 중 택일 예 소액주주 500명 이상, 지분 25% 이상 & 청구후 모집 5%(25% 미만시 10%) 예 자기자본 500억 이상, 소액주주 500명 이상, 청구후 모집지분 10% 이상 & 규모별 일정주식수 이상 예 공모 25% 이상 & 소액주주 500명		
자본상태[1]		자본잠식[2] 없을 것 (**※대형법인 미적용**)		자본잠식율 10%미만
감사의견		최근 사업연도 적정일 것 (연결재무제표 작성대상법인의 경우 연결재무제표에 대한 감사의견 포함)		
경영성과		계속사업이익 시현 (**※대형법인 미적용**) (연결재무제표 작성대상법인의 경우 연결재무제표 기준)		미적용
이익규모,[1] 매출액[2] &시가총액		다음 요건 중 택일 예 ROE[1] 10% 예 당기순이익[1] 20억 예 매출액[2] 100억원 & 시가총액 300억 예 매출액증가율 20% (&매출액 50억)	다음 요건 중 택일 예 ROE[1] 5% 예 당기순이익[1] 10억 예 매출액[2] 50억원 & 시가총액 300억 예 매출액증가율 20% (&매출액 50억)	미적용
최대주주 등 지분의 매각제한		6월		1년
기타 외형조건		주식양도 제한이 없을 것		

자료: 한국거래소

주 1) 연결재무제표 작성대상법인의 경우에는 연결재무제표상 자기자본(자본금)을 기준으로 하되 비지배지분은 제외

2) 재화의 판매 및 용역의 제공에 한함 (단, 지주회사는 연결재무제표 기준)

- ROE(자기자본이익률) = 당기순이익 / 자기자본 X 100
- 기술성장기업 : 전문기관 기술평가(복수) 결과 A & BBB 등급 이상인 기업
- 대형법인 : 자기자본 1,000억원 또는 기준시가총액 2,000억원 이상 기업(상장예비심사 청구일 현재)

〈표 5-3〉 벤처기업 지정 요건

구분	기준	확인기관
공통기준	중소기업기본법에 의한 중소기업	
벤처투자기업	㉮ 벤처투자기관으로부터 투자받은 금액이 자본금의 10% 이상일 것 ㉯ 투자금액이 5천만원 이상일 것 ㉰ 상기 1, 2의 투자내역을 벤처확인요청일의 직전 연속하여 6개월 이상 유지할 것	한국벤처캐피탈협회
연구개발기업	㉮ 기술개발촉진법 제7조 규정에 의한 기업부설연구소를 보유할 것 ㉯ 연간연구개발비가 5,000만원(창업 1년 미만 기업의 경우 2,500만원) 이상일 것 ㉰ 연간 총매출액에 대한 연구개발비의 합계가 5% 이상으로서 중기청장 고시 업종별 비율 이상일 것 (창업후 3년이 경과하지 않은 기업은 적용하지 않음) ㉱ 연구개발기업 사업성평가기관으로부터 사업성이 우수한 것으로 평가받을 것	기술보증기금 중소기업진흥공단
기술평가보증·대출기업	㉮ 기보의 보증 또는 중진공의 대출을 순수신용으로 받을 것 ㉯ 기보 또는 중진공으로부터 기술성이 우수한 것으로 평가받을 것 ㉰ 보증 또는 대출금액이 8천만원 이상이고, 당해기업의 총자산에 대한 보증 또는 대출금액 비율이 10% 이상일 것	기술보증기금 중소기업진흥공단

코넥스시장은 경영실적이 가시화되지 않은 초기 중소·벤처기업이 원활하게 상장할 수 있도록 매출액·순이익 등의 재무요건을 적용하지 않고 있으며, 초기 중소·벤처기업 실정에 부합하지 않는 요건은 폐지하거나 완화하고, 증권의 자유로운 유통과 재무정보의 신뢰성 확보를 위한 최소한의 요건만 적용하도록 하였다.

〈표 5-4〉 코넥스 시장의 상장 요건

구 분	내 용	비 고
주권의 양도제한	정관 등에 양도제한의 내용이 없을 것 * 다만, 법령에 의해 제한되는 경우로서 그 제한이 코넥스시장에서의 매매거래를 저해하지 않는다고 인정되는 경우에는 예외	
감사의견	최근 사업연도 감사의견이 적정일 것	
지정자문인	지정자문인 1사와 선임계약을 체결할 것	특례상장은 제외
중소기업 여부	중소기업기본법 제2조에 따른 중소기업에 해당될 것	
액면가액	100원, 200원, 500원, 1,000원, 2,500원, 5,000원 중 하나일 것	액면주식에 한함

4. 상장의 폐지

상장폐지는 일단 상장된 유가증권에 대하여 유가증권시장에서 매매거래를 중단시키는 조치를 말한다. 부도와 같은 상장회사 경영에 중대한 사태 등이 발생한 경우 그 증권을 그대로 상장해 두면 투자자에게 뜻하지 않은 손실을 입힐 우려가 있기 때문이다. 주식의 상장폐지 기준은 다음과 같다.

(1) 사업보고서 또는 반기보고서를 제출하지 않을 경우
(2) 감사인의 감사의견이 부정적이거나 의견거절인 경우
(3) 상장법인의 영업활동의 정지, 부도발생 또는 은행과의 거래정지
(4) 자본금 잠식인 경우
(5) 2년간 계속해서 소액주주 지분비율이 10% 미만일 때
(6) 해산 사유에 해당된 때
(7) 공시의무를 위반했을 때
(8) 기타 공익 또는 투자자보호를 위하여 거래소의 상장폐지가 필요하다고 인정할 때

상장폐지기준에 해당하면, 투자자에게 최종의 매매기회를 주기 위하여 7일간 정리매매를 할 수 있도록 한 후 상장을 폐지한다. 상장폐지하는 경우에는

당해 유가증권에 대한 상장폐지 사실을 공시한다.

코스닥시장도 건전성을 강화하기 위하여 상장취소제도를 운영하고 있다. 부도, 은행의 거래정지, 영업양도 및 피흡수합병, 자본전액잠식, 영업정지, 법정관리 회사정리절차의 개시신청, 감사인의 감사의견 부적정 또는 의견거절 또는 관리종목 지정상태 2년 이상 등이 발생하여 기업내용이 부실화되었거나 경영파탄위기에 처하게 된 경우 일정한 유예기간을 둔 후 퇴출시키고 있다. 2005년 3월 코스닥시장 상장규정을 개정하여 퇴출요건을 강화하여 오고 있다. 퇴출된 기업의 주식은 프리보드시장(제3시장)에서 매매될 수 있다.

제3절 주식유통시장

1. 매매거래의 절차

증권시장에서 증권의 매매거래를 할 수 있는 자는 금융투자업의 허가를 받고, 거래소의 회원으로 등록된 금융투자회사(증권회사)에 한정하고 있다. 따라서 일반투자자는 증권의 매매를 금융투자회사에 위탁해야 하며, 위탁을 받은 금융투자회사(본점 또는 지점)는 고객의 주문을 전산화된 증권회사매매 시스템을 통하여 거래소에 직접 전달하여 매매거래를 체결시킨다.

1) 계좌의 개설

투자자가 거래소회원인 금융투자회사에 주문을 제출하고자 할 경우 금융투자회사에 계좌를 개설하여야 한다. 동 계좌를 개설하고자 할 경우에는 사전에 회원과 매매거래계좌설정계약을 체결해야 한다.

모든 주문은 전산화된 증권회사시스템을 통하여 거래소에 직접 전달되며, 매매가 체결되었을 때 체결내역은 증권회사 시스템을 통하여 즉시 통보된다.

주문은 지정가주문, 시장가주문, 조건부지정가주문으로 구분된다. 지정가주문(limit order)은 지정된 가격 또는 그 보다 유리한 가격에서 매매거래를 하고자 하는 주문이다. 시장가주문(market order)은 시장에서 형성되는 가격으로 매매거래를 하고자 하는 주문으로 가격을 지정하지 않은 주문을 가리킨다. 조건부지정가주문(conditional limit order)은 종가결정을 위한 동시호가시간전까지 매매거래가 성립되지 않은 경우 시장가주문으로 전환되는 조건이 부여된 지정가주문을 말한다.

[그림 5-2] 매매거래절차

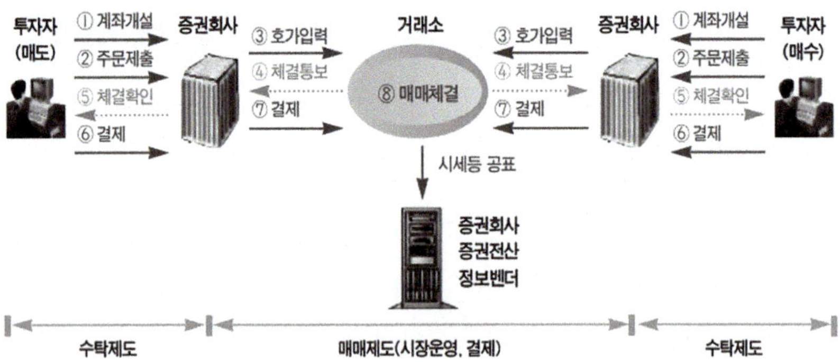

2) 매매거래의 수탁

금융투자회사가 주문을 수탁하는 방법에는 문서나 전화 등에 의한 수탁방법과 전자통신에 의한 수탁방법이 있다. 과거에는 문서나 전화 등에 매매주문 수탁이 주류를 이루었지만, 최근에는 PC통신, 인터넷이나 휴대전화 등 전자통신의 방법에 의한 수탁이 크게 신장되어 매매체결의 전산화가 급속히 진전되고 있다. 인터넷매매의 급증으로 인해 홈트레이딩이 2008년 말 총거래량의 70%를 웃돌고 있는 실정이다.

3) 위탁증거금 및 위탁수수료의 징수

금융투자회사는 투자자로부터 매매거래의 위탁을 받을 때 위탁증거금을 받는다. 위탁증거금을 받는 목적은 결제이행을 위한 담보를 확보하고 투기적 매매를 억제하기 위한 것이다. 금융투자회사는 위탁증거금을 현금이나 당해 매도증권으로 받을 수 있다. 증권시장의 시황에 따라 위탁증거금률이 시장조절의 관리수단으로 이용된다. 즉, 주가가 급등하여 시장이 과열이라고 판단할 때에는 위탁증거금률을 높이고, 반대로 주가가 하락하여 시장이 오랫동안 침체되어 있을 때에는 위탁증거금을 받지 않음으로써 시장을 안정시킨다. 위탁증거금의 징수율과 징수방법은 금융투자회사가 별도로 정하고 있으며, 시장조절 관리수단으로 자주 이용되고 있다.

위탁수수료는 금융투자회사가 위탁자를 대신하여 증권시장에서 유가증권을 매매하여 주는 대가로서 위탁자의 주문을 신속하게 거래를 성립시켜 주는 서비스에 대한 보수라고 할 수 있다. 즉, 금융투자회사는 위탁자(투자자)로부터 매도 또는 매수의 위탁을 받아 매매를 성립시켜 주었을 때 위탁자로부터 위탁수수료를 징수한다. 위탁수수료는 금융투자회사의 중요한 수익원의 하나이다. 위탁수수료의 징수율과 징수방법은 금융투자회사들이 자율적으로 결정하도록 되어 있다.

4) 시장집중의무

유가증권시장에서의 매매거래 위탁을 받은 금융투자회사는 반드시 유가증권시장, 즉 거래소를 통하여 매매하도록 의무화하고 있는데 이를 시장집중의무라고 한다. 코스닥시장의 경우에도 동일하다.

5) 매매거래의 종류

거래소에서 이루어지는 매매거래의 종류는 그 조건에 따라 다음과 같이 분류할 수 있다.

(1) 당일결제거래와 보통거래

당일결제거래는 매매거래가 성립되는 당일에 매도자는 매도증권을, 매수자는 매수대금을 상호 제공하여 결제가 이루어지는 것을 말한다. 채권의 거래는 당일결제거래이며 국채딜러간매매는 당일결제거래로 이루어진다.

보통거래(regular way)는 매매가 성립된 날로부터 3일째 되는 날(T+2)에 매도자는 매도증권을, 매수자는 매수대금을 결제하는 거래방식을 말한다. 우리나라는 1969년 2월 이후 주식의 거래는 보통거래로 이루어지고 있다. 예외적으로 상장법인이 정부 등으로부터 시간외 대량매매의 방법으로 자기주식을 취득하는 경우에 한하여 당일 결제거래를 허용하고 있다. 미국과 일본의 보통거래는 결제기한이 3일이다.

(2) 현금거래와 신용거래

우리나라의 증권거래는 일반적으로 실물결제거래이며, 따라서 현금거래이다. 현금거래는 매매거래의 결제에 있어서 신용에 의하지 않고 현금으로 결제하는 것을 말한다. 신용거래는 매매거래의 결제에 필요한 현금이나 증권을 투자자가 금융투자회사로부터 융자 또는 대주의 방법으로 신용을 받아 결제하는 것을 말한다. 즉, 신용거래는 증권회사가 주식을 구입하고자 하는 투자자에게 신용융자를 하고, 또는 주식을 매각하고자 하는 투자자에게 주식을 빌려주어서(이를 貸株 혹은 公賣라고 한다.) 성립시키는 거래를 말한다.

주식신용거래에서는 금융투자회사가 매수자금이나 매도증권을 빌려주는 것을 원칙으로 하고 있다. 그러나 금융투자회사가 자체에서 조달할 수 없는 주식은 증권금융회사로부터 빌려서 고객에게 빌려주게 되는데 이와 같은 금융투자회사와 증권금융회사간의 거래를 대차거래라고 한다.

(3) 현물거래와 선물거래

현물거래(spot transaction)란 매매계약이 체결되면 즉시 현물(증권)과 현금이 교환되는 거래를 말한다. 선물거래(futures transaction)란 매매계약이 체결된 때와 그 계약이 이행되는 시기와의 사이에 시간적 간격이 있는 거래를 말한다. 이 기간동안에 다시 매입하거나 매도하여 차액만 결제할 수 있는 것이 선물거래의 큰 특징이다.

2. 매매거래의 기준

1) 매매거래시간

정규시장의 매매거래시간은 09 : 00~15 : 30 이다. 시간외시장은 장 개시 전에는 07 : 30~08 : 30, 장 종료후는 15 : 40~18 : 00이다. 시간외시장은 정규시장 개시 전이나 종료 후 투자자에게 추가로 매매기회를 부여하기 위하여 제공되는 시장으로 가장 최종 거래일의 종가기준으로 매매된다.

2) 매매수량 및 호가의 단위

매매수량의 단위는 유가증권시장 및 코스닥시장에서 매매체결을 위한 최저의 수량단위를 말한다. 이러한 매매단위의 크기는 매매에 참가할 수 있는 수요자와 공급자의 범위를 결정하는 중요한 요인이 된다. 현재 한국거래소에서 적용하고 있는 매매수량단위는 주식의 경우 10주(10주 미만의 단주는 장외시장에서 거래된다.), 외국예탁증서 10증서, ETF 1주 신주인수권증서 10증권, 수익증권 10좌이며 채권의 경우 액면 10만원이다. 매매수량단위에 미치지 못하는 단주는 정규시장이 아닌 장외시장에서 매매할 수 있다.

호가는 매매하고자 하는 증권의 종목, 수량, 가격 등 요건을 갖추어 행하는 매도 또는 매수의 의사표시를 말한다. 즉 호가란 투자자가 시장에서 매매하고자 하는 증권의 종목, 가격 등을 경쟁자에게 제시하여 상대방을 구하는 수단이다. 호가의 방법에는 종전에는 투자자가 증권회사에 구두호가와 문서호가를 해왔으나, 매매체결이 전산화되면서 전산시스템에 입력하는 방법을 사용하고 있다. 호가는 호가를 접수한 때부터 매매거래가 성립될 때까지 당일에 한해 효력이 있으며, 증권의 호가수량단위는 주식 1주, 수익증권 1좌, 채권액면 1만원이다. 호가가격단위는 가격수준에 따라 <표 5-5>와 같다.

호가에는 지정가호가, 시장가호가, 조건부지정가호가 등이 있다. 지정가호가는 위탁자가 주문가격을 명시하는 호가이며, 시장가호가는 시장에서 형성되는 가격으로 매매체결은 원하는 호가로 주문가격을 입력하지 않는다. 조건부지정가호가는 장종료시 가격결정전까지 체결되지 않은 지정가호가의 미체결잔량이 시장호가로 전환되어 장종료시의 가격결정에 참여하는 조건부호가를 말한다.

기세란 자본시장에서 매매거래계약이 입회종료시까지 성립되지 아니한 경우의 호가를 말하며, 매도호가의 경우에는 전일의 시세에 비하여 가장 낮은 호가가 기세가 되며 매수호가의 경우에는 전일의 시세에 비하여 가장 높은 호가가 기세가 된다. 기세는 당일의 종가로 인정되어 다음날의 기준가격이 되며, 유가증권의 가격적 효력이 있으며, KOSPI 산출 등 주가지수 산출시 기세를 반영하여 산출한다.

〈표 5-5〉 증권의 호가가격단위

구 분	가격 수준	단 위
주식(외국주식 예탁증서, 수익증권)	1,000원 미만	1원
	1,000원 이상 5,000원 미만	5원
	5,000원 이상 10,000원 미만	10원
	10,000원 이상 50,000원 미만	50원
	50,000원 이상 100,000원 미만	100원
	100,000원 이상 500,000원 미만	500원
	500,000원 이상	1,000원
채 권		1원

3) 가격제한폭

자본시장은 본래 자유경쟁시장이기 때문에 매매거래에 관하여 인위적으로 제한하는 것은 정보의 효율적 반응을 제약하기 때문에 바람직하지 않다. 그런데 수요와 공급의 불균형이나 과당경쟁 등에 의하여 단기간에 주식이나 채권의 가격이 급격하게 변동하는 것은 선의의 투자자에게 막대한 손실을 입힐 우려가 있다. 가격제한폭은 기준가격(전일 종가)을 중심으로 당일 거래시간 중 등락할 수 있는 최대한의 가격변동폭을 말한다. 우리나라의 유가증권시장 및 코스닥시장에서 가격제한폭은 주식, 수익증권 및 외국주식예탁증서(DR)의 경우 기준가격의 30%이다. 주가가 하루에 오를 수 있는 가격상한선까지 상승했을 때의 가격은 상한가라고 하고, 그 반대로 하루에 하락할 수 있는 가격하한선까지 내렸을 때의 가격을 하한가라고 한다. 미국 자본시장의 경우 가격제한폭이 없다.

〈표 5-6〉 한국거래소의 가격제한폭 변화

	구 분	가격제한폭(%)
95. 4월 이전	정액제: 기준가격대별 17단계	평균: 4.6%(2.2~6.7%)
95. 4. 1	정률제	6%
96.11.24		8%
98. 3. 2		12%
98.12. 7		15%
15. 6.15		30%

3. 매매계약 체결방법의 유형

1) 상대매매 · 경매매 · 경쟁매매

증권의 매매계약을 체결하는 방법의 유형에는 크게 상대매매, 경매매 및 경쟁매매로 구분된다.

상대매매는 경쟁없이 매도측 1인과 매수측 1인 사이에 이루어지는 거래방법, 즉 매매 당사자 쌍방의 합의에 의하여 수량, 가격, 결제방법을 결정하는 것을 말한다. 상대매매는 일반적으로 장외시장(제3시장이나 단주시장)에서 당사자들 사이에 이루어지는 매매체결방식이다.

경매매는 매매 쌍방 중 어느 한쪽은 다수이지만 상대방은 1인으로 입찰방식에 의해 매매체결이 이루어지는 방식을 말한다. 이 방법은 거래소내의 경매시장에서 사용되는 매매체결방식이다.

경쟁매매는 다수의 매도측과 매수측이 상호 경쟁하여 매매거래를 성립시키는 방법이다. 거래소시장의 매매거래는 대부분 경쟁매매에 의해 이루어지는데 경쟁매매는 집단경쟁매매와 개별경쟁매매 방식으로 구분된다. 집단경쟁매매는 일정한 시간과 장소에 매도측과 매수측 회원의 시장대리인이 모여 거래소직원의 리드에 따라 각 시장대리인간에 공개적으로 손짓하거나 소리를 내어 가격과 수량을 경합시켜 매도수량과 매수수량이 일치하는 가격에서 매매계약을 체결시키는 매매이다. 거래소직원이 가격이 결정되는 순간 격탁을 치기 때문에 격탁매매라고도 한다. 집단경쟁매매에 있어서 상품의 매수 및 매도가격을 크게 외침으로써 거래상대방을 찾는 호가방법을 공개호가(outcracy)라고 하는데 공개호가는 현재 증권매매의 전산화에 의해 사라지고 있다.

단일가격에 의한 개별경쟁매매는 일정한 시간 동안 호가를 접수하여 매도호가와 매수호가의 합계수량이 합치되는 하나의 가격으로 매매를 체결시키는 방법이다. 이러한 방법에 의해 매매를 체결시키는 매매는 시가 및 장 종료시의 가격결정, 시장의 전부 또는 일부가 정지된 후 재개하여 처음의 가격결정, 매매거래 중단후 재개하여 처음의 가격결정 등에 적용된다. 종전에는 단일가격에 의한 개별경쟁매매를 모두 동시호가를 적용하였다. 현재 동시호가는 단일가격 결정직전 5분 동안(08 : 55~09 : 00 또는 15 : 25~15 : 30)의 예상가격 중 최고가(또는 최저가)와 잠정시가(잠정종가) 간에 5% 이상 괴리가 발생하는 종목의 경우에 한정하고 있다. 동시호가란 단일가매매를 위하여 접수된 호가 중 일정한 경우에 시간의 선·후를 구별하지 않는 호가를 말한다.

접속매매는 단일가격에 의한 개별경쟁매매로 가격이 결정된 직후부터 호가 접수 순서에 따라 체결되는 복수가격에 의한 개별경쟁매매를 가리킨다. 접속매매는 매도호가와 매수호가의 경합에 의하여 가장 낮은 매도호가와 가장 높은 매수호가가 일치할 경우 가격우선의 원칙과 시간우선의 원칙에 따라 합치되는 호가간에 매매를 체결시킨다. 이때 가격조건이 합치되는 경우마다 매매체결이 이루어지기 때문에 복수의 가격이 형성된다. 접속매매는 단일가로 시초가가 결정된 직후부터 종가결정 직전까지 이루어진다.

2) 프로그램매매

프로그램 매매(program trading)란 전문투자자가 컴퓨터 프로그램을 이용하여 선물과 현물의 가격차를 이용해 무위험 소득을 얻는 투자방법이다. 주식의 현물가격과 선물가격이 이론적으로는 동일하게 움직이는 게 정상이지만,

만기 전에는 두 가격이 일치하지 않는 경우가 많다. 선물에 참여하는 투자자들이 현물보다 선물을 더 많이 사면 선물은 상대적으로 고평가되기도 하고 반대의 현상도 일어난다. 이때 비싼 것은 팔고 싼 것을 사는 차익거래를 하는 것을 프로그램 매매라고 한다.

현물과 선물주식을 동시에 매매하려면 컴퓨터프로그램을 통해 한꺼번에 주문을 내야 하기 때문에 프로그램 매매라고 한다. 기관들이 흔히 지수 영향력이 큰 20~30개의 주식을 사고팔기 때문에 프로그램 매매는 종합주가지수에 큰 영향을 끼친다. 프로그램 매도물량이 증시에 쏟아질 경우 대체로 주가지수는 하락한다.

4. 매매계약체결의 특례

1) 대량매매 및 바스켓매매

대량매매란 증권회사가 고객으로부터 받은 주문이 대량이어서 적정한 시간 내에 적정한 가격으로 집행하기 어려운 경우, 특정한 방법으로 매매를 체결시키는 방법이다. 바스켓매매란 수개의 종목을 일괄적으로 매매를 체결시켜 주는 제도이다. 대량매매 및 바스켓매매는 정규시장의 매매거래시간(09 : 00~15 : 30)에 일정한 요건을 충족하는 개별종목 또는 주식집단의 매도와 매수 쌍방호가에 대하여 매매를 체결시켜주는 제도이다.

2) 시간외 종가/단일가매매

시간외 종가매매는 정규매매시간이 끝난 후 일정시간(07:30~08:30, 15:30~17:00) 동안 주문을 받아 최종거래일의 종가로 접수순서에 따라 매매거래를 시키는 제도이다. 대상증권은 상장주식(주권), ETF, ETN, 외국주식예탁증권 전종목이다.

시간외 단일가 매매는 장종료 후 16:00~18:00 동안 10분단위의 주기적인 동시호가를 통해 매매를 성립시키는 방식으로 하며, 당일 종가의 ±10%이내(다만, 당일 상하한가 이내)로 호가를 제시할 수 있다. 대상증권은 시간외 종가매매와 동일하다.

3) 시간외 대량매매

시간외 대량매매는 매도·매수 쌍방이 합의한 가격으로 회원이 신청한 경우 우선적으로 매매를 체결시켜 주는 제도이다. 매도와 매수의 수량과 가격이 일치하는 상대매매주문이다. 정부, 한국예금보험공사, 한국산업은행 등의 보유주식을 시장에서 매각하는 경우 주가하락 등의 충격을 가져오므로 시장에 영향을 미치지 않게 하기 위하여, 또한 당해 주권상장법인이 자기주식으로 취득할 경우 시간외 대량매매가 허용된다. 시간외 매매에서도 시간외 바스켓매매와 단일가 매매를 할 수 있다.

4) 주권상장법인의 자기주식매매제도

상장법인은 증권시장을 통해 자기주식을 취득할 수 있다. 주권상장법인이 자기주식을 취득하고자 할 때에는 우선 자기주식취득신고서를 금융감독위원회와 거래소에 제출해야 한다. 주식회사가 자사주를 매입한다는 것은 자본을 줄이는 것이기 때문에 자본충실에 저해된다. 그러나 자사주가 적대적 M&A에 대한 방어수단을 제공하고 자기주식의 주가 안정을 꾀할 수 있기 때문에, 자사주 취득이 허용되고 있다.

상장법인이 자기주식을 취득하고자 하는 경우 장 개시전 매수의 경우 전일종가의 5% 높은 가격 범위 이내의 가격, 매도의 경우 전일 종가의 2호가 낮은 가격 범위 내에서 매매를 할 수 있다. 다만 상장법인이 예금보험공사 등 정부가 50% 이상 출자한 법인으로부터 자기주식을 대량으로 취득하거나 정부의 지도·권고에 의해 자기주식을 취득하는 경우 시간외 대량매매의 방법으로 매매할 수 있다.

제4절 채권유통시장

채권유통시장이란 이미 발행된 채권이 투자자들 사이에 매매되는 시장을 말한다. 즉 유통시장은 채권의 만기 이전에 채권을 팔려는 사람과 채권에 투자하려는 사람과의 사이에 채권의 거래가 이루어지는 시장을 가리킨다. 채권발행시장을 제1차 시장이라고 하고, 유통시장을 제2차시장이라고 한다.

채권유통시장의 기능은 첫째, 발행시장에서 발행된 채권의 유동성을 부여함으로써 새로운 채권의 발행을 통한 발행주체의 자금조달능력을 크게 향상시킨다. 둘째, 채권의 공정한 가격형성, 즉 공정한 채권수익률(시장수익률)을 가능케 한다. 특히 유통시장에서 형성되는 수익률은 신규로 발행할 채권의 조건을 결정하는 지표가 된다. 셋째, 채권의 유통시장이 발달하면 이자율의 기간별 구조가 공정하게 형성되고, 미래의 채권수익률을 효과적으로 예측할 수 있게 된다.

채권유통시장은 상장채권만이 거래되는 증권거래소시장과 비상장채권을 포함한 모든 채권이 거래되는 장외시장으로 구분되는데 채권거래는 대부분 장외에서 이루어지고 있다.

채권 종류별 거래현황과 발행잔액을 <표 5-7>에서 보면 국채의 거래 비중이

〈표 5-7〉 채권 종류별 거래현황

(단위 : 조원)

	채권종류	2012년	2013년	2014년	2015년	2016년
거래량	국채	33,101	36,112	29,034	29,313	25,206
	지방채	144	149	147	170	121
	특수채	3,660	3,335	3,018	2,883	2,651
	통안증권	14,697	13,867	12,083	12,579	11,301
	은행채	3,934	3,762	3,671	4,113	4,352
	기타금융채	1,186	1,576	2,094	1,767	1,739
	회사채	1,871	1,713	1,561	1,176	1,148
	ABS	318	364	346	308	433
	계	**58,912**	**60,878**	**51,955**	**52,309**	**46,950**
발행잔액	국채	4,675	5,012	5,431	5,536	6,047
	지방채	174	177	186	207	214
	특수채	2,930	3,432	3,540	3,484	3,459
	통안증권	1,743	1,638	1,765	1,835	1,772
	은행채	1,619	1,638	1,672	1,866	2,097
	기타금융채	645	709	776	893	989
	회사채	1,938	2,180	2,235	2,201	2,195
	ABS	295	348	395	416	444
	계	**14,018**	**15,133**	**16,000**	**16,438**	**17,218**

자료 : 금융투자협회 채권정보센터(www.kofiabond.or.kr)

가장 높으며, 다음으로 통안채, 금융채(은행채+기타금융채) 순으로 이들 3 종류의 채권거래가 채권거래 총액의 대부분을 차지하고 있음을 알 수 있다.

1. 거래소 채권시장(장내거래)

1) 국채전문유통시장

거래소 채권시장에는 일반채권시장과 국채딜러간 경쟁매매시장이 있다. 일반채권시장은 불특정 다수의 일반투자자가 참여할 수 있는 경쟁매매시장(auction market)으로서, 시장에서의 매매거래는 당일결제거래이며 반드시 증권거래소에 상장된 채권에 한한다. 매매수량단위는 10,000원이다. 일반채권시장에는 주로 주식관련사채(CB, BW 등)와 소액첨가소화국채가 거래되고 있다.

한편 1999년 3월에 국채딜러간 경쟁매매시장(inter-dealer market : IDM)인 국채전문 유통시장이 증권거래소에 개설되어 국고채가 거래되고 있다. 국채딜러간 경쟁매매시장이란 국채자기매매업을 허가받은 기관투자자인 국채딜러만 참가할 수 있는 시장으로 국채딜러들의 매도·매수 주문이 집중되어 거래되는 경쟁매매시장이다. 우리나라의 채권거래는 상대매매에 의한 장외거래가 대부분이기 때문에 중개를 담당한 금융투자회사들이 주관적 판단에 의해 지표금리를 결정해 왔지만, 딜러간의 경쟁매매형태인 IDM의 발전은 공정한 채권가격의 형성, 채권유통시장의 효율성에 크게 기여하고 있다. 국채딜러간 경쟁매매시장에서는 국채딜러가 브로커(증권회사)를 통하지 않고도 거래소를 통해 직접 주문을 할 수 있다.

2) 환매조건부채권(REPO)시장

채권을 매수(매도)함과 동시에 특정시점(환매일)에 환매도(환매수)하기로 사전에 약속하는 매매계약을 환매조건부채권(REPO)이라고 한다. 거래소는 REPO 거래의 국제적 표준인 GMRA(Global Master Repurchase Agreement)를 기초로 하여 장내 경쟁매매에 적합하도록 REPO거래의 매매제도 및 결제제도를 구축하여 운영하고 있다. 거래대상채권의 신용도가 높고 유동성이 풍부함으로 거래안정성이 매우 높으며, 주요 시장참가자는 국채전문유통시장과 동일하다. 거래대상채권은 미상환액면총액이 2,000억원 이상인 채권 중 국고채권, 외국환평형기금채권, 통화안정증권, 예금보험공사채권 및 발행인(또는 보증기관)의 신용등급이 AA 이상인 회사채 및 기타 특수채이다.

3) 일반채권시장

거래소에 상장된 모든 종목의 채권을 거래할 수 있는 시장으로 시장참여자에 제한이 없으며, 매매수량단위가 액면가 1천원으로 소규모 채권투자도 가능한 채권시장이다. 일반채권시장은 주식처럼 개별경쟁매매방식으로 매매가 이루어지며 가격 · 시간우선의 원칙에 따라 매매가 이루어진다. 주로 회사채, 주식관련 사채, 국민주택채권 등이 빈번하게 거래되고 있다.

4) 소액채권시장

소액채권시장은 첨가소화채권의 환금성을 높이기 위하여 개설된 특수 목적의 시장이다. 주택구입, 부동산 등기, 자동차 등록 등 각종 인/허가 시에 의무적으로 국공채를 매입한 채권매입자는 소액채권시장을 통해 대상 채권을 거래할 수 있다. 거래대상채권은 제1종 국민주택채권, 서울도시철도채권, 지역개발채권, 지방도시철도채권 등이 있으며, 소액채권 매입의무자들 대부분 매입 즉시 매도를 하기 때문에 거래일을 기준으로 당월 및 전월에 발행된 채권에 한하여 거래할 수 있으며, 발행일이 경과한 채권은 일반채권시장에서 거래할 수 있다.

2. 채권장외시장

채권장외시장이란 거래소가 개설한 시장 외에서 대고객 상대매매를 통하여 이루어지는 채권거래를 말한다. 장외로 매매를 하는 채권은 상장채권이든 비상장채권이든 관계없다. 채권의 장외시장은 채권거래 전문가인 금융투자회사(증권회사)가 자기계산으로 재고를 보유하고 자신의 호가에 따라 거래에 응하는 딜러시장이 주종을 이루고 있다. 딜러는 항상 매도·매수호가를 제시하고, 제시한 가격에 따라 대고객 상대거래를 이행하는 시장조성자(market maker)로서의 역할을 한다. 채권의 유통시장은 주식시장과는 달리 장외시장의 거래규모가 압도적으로 크다. 미국, 일본 등 선진국에 있어서도 채권거래는 대부분 장외시장에서 이루어지고 있다. 채권은 개별종목을 지정해서 거래하는 것이 아니고 채권의 등급, 표면이자율, 잔존기간 등의 조건을 고려하여 매매하기 때문에 발행된 다양한 채권을 전부 상장시켜 거래소에서 매매하는 것이 기술적으로 어렵다. 채권과 같이 다품종 소량으로 공급되는 금융상품의 경우에는 항상 매수·매도 호가를 내어놓고 기다리는 시장조성자가 존재하여 탐색비용 및 대기시간을 줄이는 것이 거래소 집중거래보다 효율적이다. 우리나라에서는 현재 금융투자회사만이 채권의 자기매매업(dealer)을 허가받고 있지만, 자금 및 채권잔고를 충분히 보유하지 못해서 전문투자자의 대량 매도·매수주문에 즉시 응하지 못하고 중개기능만 수행하고 있다. 우리나라 채권의 거래소시장과 장외시장을 비교하여 요약하면 <표 5-8>과 같다.

〈표 5-8〉 장내시장과 장외시장의 비교

구분	장내시장	장외시장
대상채권	상장채권	상장채권, 비상장채권
거래장소	한국거래소	금융투자회사 영업창구
거래방법	경쟁매매	상대매매
거래시간	09 : 00~15 : 30	제한은 없으나 금융투자회사 영업시간 내에 하는 것이 일반적임
위탁 수수료	금융투자회사 자율결정	없음
시장 수수료	1만원 당 2.3원~2.5원	없음
호가단위	수익률 기준	제한 없음
매매수량단위	액면 1만원 기준, 정배수	제한 없음
결제방법	당일 및 보통결제	당일결제

3. 채권유통시장의 현황

채권의 유통시장 거래추이를 <표 5-9>에서 보면 채권거래의 대부분은 장외시장에서 거래되고 있지만, 국고채 거래증가로 거래소 거래의 비중은 지속적으로 증가하고 있으며, 2007년기준으로 2016년에는 약 10배 가까이 성장하였다.

우리나라 채권시장은 딜러인 금융투자회사 중심의 장외시장이 대부분으로 회사채, 금융채 등이 거래의 주종을 이루어 왔다. 그러나 국채의 대량발행과 함께 정부의 국채전문딜러(primary dealer : PD)의 도입으로 종전의 딜러중심의 대고객 상대매매 중심시장에서 전산스크린에 의한 딜러간 경쟁매매시장의 개설을 계기로 양 시장이 공존하게 되었다. 채권시장의 대표적인 유통수익률(시장수익률)도 국채딜러간 시장이 개설되기 전에는 3년만기 회사채 수익률이었지만, 국채딜러간 시장의 매매가 활성화되면서 국고채의 채권수익률이 대표적인 시장금리로 정착되어가고 있다.

〈표 5-9〉 한국거래소 채권시장별 거래현황

(단위 : 백만원)

기간	전체	국채전문유통시장	소액채권시장	일반채권시장
2007	1,428,435	1,283,824	100,834	21,433
2008	1,508,092	1,311,620	147,729	22,595
2009	2,016,578	1,747,009	227,982	21,485
2010	2,331,498	1,734,720	434,218	139,796
2011	3,325,914	3,137,856	117,889	42,163
2012	5,549,859	5,367,957	116,315	43,178
2013	5,352,182	5,198,122	94,453	38,393
2014	5,693,441	5,475,222	99,874	36,304
2015	7,226,744	6,949,224	141,894	27,942
2016	13,191,073	12,877,624	172,502	23,698

자료 : 한국거래소 통계시스템

<표 5-10>은 2016년말 기준으로 발행기관의 분류에 따른 채권종류별 상장현황에 관한 자료이다. 지방채를 발행하는 지방정부가 19개이며 한국은행에서 발행하는 통화안정증권을 포함하여 특수채는 49개 기관에서 발행하고 있다. 회사채를 발행하여 거래소에 상장한 회사는 589개이며, 총 7,286개 종목의 채권이 상장되어 거래되고 있다.

〈표 5-10〉 한국거래소 채권시장별 상장현황

(단위 : 백만원, 달러)

채권구분		기관수	종목수	상장잔액	비율
국채		1	177	580,798,530	36.37
지방채		19	1,346	21,029,016	1.32
특수채	통화안정증권	1	49	168,390,000	10.54
	금융특수채	4	1,166	149,689,070	9.37
	비금융특수채	26	2,491	303,776,493	19.02
	지방공사채(A타입)	18	180	11,462,485	0.72
	소계	49	3,886	633,318,048	39.66
회사채	일반사채	535	3,571	209,569,833	13.12
	금융회사채	43	3,663	149,026,000	9.33
	지방공사채(B타입)	10	52	3,039,003	0.19
	소계	588	7,286	361,634,837	22.65
외국채권		1	2	120,000	0.01
합계		651	12,697	1,596,900,431	100.00

자료: 한국거래소 통계시스템, 2016년말 기준

부록: 주권 상장법인 주요특례

① 공모를 통한 유상증자 용이(자본시장법 제165조의6)

상장법인은 정관이 정하는 바에 따라 이사회의 결의로써 주주의 신주인수권을 배제하고 불특정 다수인(당해 기업의 주주를 포함한다)을 상대로 하여 신주를 모집할 수 있다.

② 의결권 없는 주식의 발행한도 특례(자본시장법 제165조의15)

비상장법인은 의결권 없는 주식을 발행주식총수의 25%까지 발행할 수 있다. 그러나 상장법인이 외국에서 주식을 발행하거나 외국에서 발행한 해외전환사채, 해외신주인수권부사채, 기타 주식과 관련된 증권 또는 증서의 권리행사로 발행하는 의결권 없는 주식은 발행한도의 계산에 산입되지 않는다.

③ 주식배당의 특례(자본시장법 제165조의13)

비상장법인은 주식배당을 배당가능이익액의 1/2를 초과하지 못하나, 상장법인은 배당가능 이익총액에 상당하는 금액까지 주식배당을 할 수 있다.

④ 주주총회 소집절차의 간소화(상법 제542조의4)

비상장법인의 주주총회의 소집통지는 각 주주에게 서면으로 하게 되어 있으나, 상장법인의 주주총회 소집통지는 의결권 있는 발행주식총수의 1% 이하를 소유하는 주주에 대하여 정관이 정하는 바에 따라 주주총회일 2주전에 2개 이상의 일간 신문에 각각 2회 이상 공고함으로써 이를 갈음할 수 있다.

⑤ 주식양도소득에 대한 비과세(소득세법 제94조, 동법시행령 제157조 제4항)

상장주식은 대주주 등을 제외하고 주식양도에 따른 양도소득세를 부과하지 않고 있기 때문에 상장을 위해 모집하거나 유가증권시장을 통하여 양도하는 경우에는 양도소득세가 면제된다. 그러나 비상장주식은 양도차익의 20%(중소기업의 경우 10%, 중소기업 이외의 법인의 주식을 소유한 대주주로서 1년 미만 보유시 30%)를 세금으로 납부하여야 한다.

⑥ 상속 및 증여재산의 시가평가(상속및증여세법 제63조 및 동법시행령 제53조)

비상장법인이 발행한 주식을 상속 또는 증여할 경우 상속세 및 증여세법에서 정한 산식으로 평가하나, 상장법인이 발행한 주식을 상속 또는 증여할 경우 평가기준일 전·후 각각 2개월간 최종시세의 평균액으로 평가한다.

⑦ 증권거래세 탄력세율 적용(증권거래세법 제8조 및 동법시행령 제5조)

비상장법인의 발행주식을 양도하는 경우 0.5%의 증권거래세율이 적용되지만, 유가증권시장을 통해 양도되는 상장법인의 주식은 0.15%(0.15%의 농특세 추가부담)의 세율이 적용된다.

⑧ 소수주주권 행사완화 등(상법 제542조의6, 제542조의7)

상장법인의 경우 상법상 소수주주권 및 집중투표제 행사요건(1%) 등이 완화되어 적용된다.

연습문제

1. 다음 용어를 설명하라.

1) 코스닥시장
2) 프리보드시장
3) 벤처기업의 지정요건
4) 동시호가
5) 관리종목
6) 채권의 장외시장
7) 소매채권시장

2. 다음의 물음에 답하라.

1) 다음 설명 중 올바른 것은?
① 프리보드시장은 한국거래소에 상장된 주식이 거래되는 시장이다.
② 상장이란 한국거래소에서 거래 자격을 부여하는 것이다.
③ 한국거래소는 모든 증권을 대상으로 매매가 이루어지는 시장이다.
④ 한국거래소에서 일반 투자자도 참가하여 매매할 수 있다.

2) 유통시장의 기능이 아닌 것은?
① 증권의 적정가격 결정　　② 유동성 확대
③ 투자촉진　　④ 소득분산

3) 한국거래소 업무에 대한 설명 중 잘못된 것은?
① 주식발행　　② 기업내용공시
③ 매매결제　　④ 주식가격 감시

4) 한국거래소 매매대상이 아닌 것은?
① 주식　　② 채권
③ 어음　　④ 주가지수선물

5) 장외시장에 대한 설명 중 잘못된 것은?
① 비상장 주식거래
② 점두시장
③ 매도, 매수자간 개별합의로 위험도가 낮다.
④ 증권회사를 통한 상대매매

6) 상장의 종류가 아닌 것은?
① 신규상장 ② 신주상장
③ 변경상장 ④ 전환상장

7) 외국주식을 자국에 유통시키기 위해 수탁기관 발행 예탁증서로 유통시키는 것은?
① DR ② REITs
③ CP ④ RP

8) 한국거래소의 매매수량단위가 잘못된 것은?
① 증권 10주 ② 수익증권 10주
③ 채권 액면 10만원 ④ 신주인수권 1주

9) 주식 매매원칙의 순서가 바르게 된 것은?
① 가격-시간-수량 ② 시간-가격-수량
③ 수량-가격-시간 ④ 시간-수량-가격

10) 다음 설명 중 잘못된 것은?
① 채권의 거래는 당일결제거래이다.
② IR은 주가 감시단을 말한다.
③ 배당락은 배당받을 권리가 사라지는 것을 말한다.
④ 대용증권은 위탁증거금으로 사용할 수 있다.

11) 갑이 거래소시장에서 1,000,000원으로 을증권사를 통해 A주식 100주를 10,000원에 매수한 후 11,000원에 매도하였다. 실제 갑의 수령금액은?
(을증권사 위탁수수료는 0.1%, 증권거래세는 0.3%)
① 1,096,000원 ② 1,095,600원
③ 1,000,000원 ④ 1,100,000원

12) 기준가격이 9,900원이다. 상, 하한가를 올바르게 짝지은 것은?
① 11,350-8,320 ② 10,350-8,420
③ 11,380-8,420 ④ 10,350-8,320

13) 코스닥시장에서의 매매에 관한 다음의 설명 중 옳은 것은?
① 매매의 체결은 가격우선의 원칙→시간우선의 원칙 순으로 이루어진다.
② 코스닥시장에서의 가격제한폭은 ±12%이다.

③ 코스닥상장주권의 주문수량 단위는 증권거래소와 마찬가지로 10주이다.
④ 매매에 대한 결제는 매매체결일을 포함하여 4일째 되는 날 이루어지는 것이 원칙이다.

14) 채권시장에 대한 설명 중 잘못된 것은?
① 거래소에서 거래되는 채권은 가격 제한폭이 ±15%이다.
② 거래소 채권매매 수량은 액면 100,000원이다.
③ 장외채권은 증권회사 영업점에서 거래된다.
④ 소액채권 매매는 액면 1,000원이다.

15) 장외시장 채권에 대한 설명 중 잘못된 것은?
① 매매시간은 증권회사 영업시간 ② 상대매매
③ 호가단위는 100,000원 ④ 매매수량 단위는 제한없다.

16) 거래소 채권에 대한 설명 중 잘못된 것은?
① 경쟁매매 ② 당일결재
③ 거래시간 09:00에서 15 : 00 ④ 대상은 1,000만원 이상채권

해답 **2.** 1) ② 2) ④ 3) ① 4) ③ 5) ③ 6) ④ 7) ① 8) ④ 9) ①
10) ② 11) ② 12) ③ 13) ① 14) ① 15) ③ 16) ④

제6 장

증권관련제도

06 part

증권관련제도

제 1 절 공정거래 질서를 위한 제도

1. 기업내용공시제도

1) 기업내용공시제도의 의의

기업내용공시제도(corporate disclosure system)란 증권시장(유가증권시장 또는 코스닥시장)에서 유가증권의 발행 또는 유통에 관련하여 그 발행인(상장기업)으로 하여금 자사 유가증권 투자판단에 필요한 기업내용, 즉 경영실적, 재무상태, 신제품의 개발, 증자 등 주가에 상당한 영향을 줄 수 있는 기업의 중요한 정보를 주주, 종업원, 일반투자자 등 기업의 이해관계자에게 제공하게 함으로써 그들이 스스로의 자유로운 판단과 책임하에 합리적인 투자결정을 할 수 있도록 하는 제도를 말한다.

효율적인 증권시장은 다수의 시장참가자들에 의해 가격을 경쟁적으로 결정하고 시장의 모든 정보를 충분히 즉시 주가에 반영하는 시장을 의미한다. 이러한 효율적인 증권시장은 기업내용공시제도가 그 기능을 충분히 발휘할 때에만 가능하며, 투자자 보호도 꾀할 수 있다. 다시 말해 기업공시제도는 투자자를 보호하고 한편으로는 공정한 주가형성에 기여하는 등 공정한 거래질서의 확보에 필수적인 요인이 된다고 할 수 있다. 기업내용공시제도는 공정한 주가형성과 투자자보호라는 목적을 달성하기 위해서는 4가지 요건을 필요로 한다.

(1) 정보의 정확성 및 완전성, (2) 공시의 신속성 및 적시성, (3) 공시내용 이해 및 접근의 용이성, (4) 정보내용전달의 공정성 등이다.

거래소 거래에 있어서 증권을 발행한 기업공시내용을 전달하는 매체로는 금융감독원의 전자공시시스템(http://dart.fss.or.kr: DART), 코스콤의 정보문의 단말기, 한국거래소 홈페이지 등이다. 채권의 장외거래에 대해서는 금융투자협회의 채권정보센터(www.ksdabond.or.kr)를 통해 공시하고 있다.

2) 기업내용공시의 종류

자본시장법상의 기업내용공시는 발행시장에 있어서의 공시와 유통시장에 있어서의 공시로 나눌 수 있다. 또한 공시내용과 공시시기 등에 따라 정기공시, 수시공시 등으로 세분화된다.

(1) 발행시장에서의 기업내용공시

발행시장에서의 공시는 유가증권을 모집・매출하는 경우에 공시하는 유가증권신고서, 투자설명서가 주된 내용을 이루고 있다. 유가증권신고서란 유가증권을 모집・매출하고자 하는 증권발행인이 유가증권의 발행에 관한 사항 및 발행회사에 관한 제반사항을 기재하여 금융감독위원회에 제출하는 신고서를 말한다. 유가증권의 발행은 정기적으로 이루어지지 않기 때문에 유가증권신고서는 발행시마다 회사에 관한 일회성 공시의 형태이다.

투자설명서는 유가증권신고서의 효력이 발생되어 모집 또는 매출을 함에 있어서 당해 증권에 대한 청약을 권유할 때 일반투자자에게 제공하는 회사전체에 대한 정보를 담고 있다.

(2) 유통시장에서의 기업내용공시

유통시장에 있어서의 공시는 발행시장과는 달리 증권을 매수하는 자 뿐만 아니라 증권을 매도하는 자도 보호하기 위한 것으로 주로 발행회사의 영업실적, 재무내용 등을 정기적으로 또는 수시로 공시하는 것이다. 유통시장의 공시에는 정기적으로 공시되는 형태인 사업보고서, 반기보고서, 분기보고서가 있고, 수시공시란 회사의 경영에 중대한 영향을 미치는 정보가 발생할 때 투자자에게 제공하는 것을 말한다.

사업보고서(annual report)란 유가증권시장 상장법인, 코스닥시장 상장법인이 매 사업년도 종료 후 90일 이내에 금융감독위원회와 한국거래소에 제출하는 보고서이다. 사업보고서에는 회사의 개황, 주요주주에 관한 사항, 공인회계사의 감사의견 등이 기재되어야 하며, 또한 사업보고서를 제출한 회사의 계열회사가 있는 경우에 당해 회사의 사업보고서 중에 계열회사와의 연결재무제표 및 그에 대한 공인회계사의 감사의견이 포함되어야 한다.

반기보고서(semi-annual report)는 사업년도 개시일로부터 6개월간, 분기보고서(quarterly report)는 3개월간의 사업내용을 기재한 것으로 각 기간 종료 후 45일 이내에 금융감독위원회와 한국거래소에 제출해야 하며 기본적인 내용은 사업보고서와 같다. 미국에서는 반기보고서를 폐지하고 분기보고서(quarterly report)를 제출토록 하여 최근 정보를 신속하게 공시하고 있다. 1999년 4월 1일부터 정기보고서에 미국과 같이 매출액, 경상이익 등에 관한 예측정보를 포함하도록 하고 이에 대한 면책규정(safe harbor rule)을 명문화함으로써 성실한 예측을 유도하고 있다. 예측정보는 정확할 수 없지만, 과거의 자료보다는 정보가치가 크기 때문이다. 상장법인 등의 비정기공시, 사업보고서, 반기보고서 혹은 분기보고서의 내용 중 허위·부실기재가 있거나 또는 중요한 정보의 누락이 있는 경우 이에 대하여 손해배상의 책임이 부과된다.

3) 공정공시

상장기업의 미공개정보의 특정인에 대한 선택적 제공에 따른 정보불균형의 문제가 확대됨에 따라 이를 금지하기 위하여 공정공시(fair disclosure) 제도가 도입되었다. 기업이 공시되지 않은 중요정보를 특정인에게 선택적으로 제공하는 경우 모든 시장참가자들이 알 수 있도록 그 특정인에게 제공하기 전에 거래소에 신고하여 이를 공시해야 하는데 이것을 공정공시라고 한다. 공정공시대상정보는 장래사업계획, 경영계획, 매출액과 손익, 잠정실적 등 경영실적에 대한 전망 또는 예측 등을 말한다.

〈표 6-1〉 우리나라의 공시의 분류

<table>
<tr><th colspan="2">구 분</th><th>공시내용</th><th>제출처</th></tr>
<tr><td colspan="2">발행시장 공시</td><td>증권신고서, 투자설명서, 발행실적보고서</td><td rowspan="4">금융감독위원회
한국거래소</td></tr>
<tr><td rowspan="5">유통시장 공시</td><td>정기공시</td><td>사업보고서, 반기보고서, 분기보고서</td></tr>
<tr><td>지분공시</td><td>주식 등의 대량보유상황 보고</td></tr>
<tr><td>특수공시</td><td>공개매수신고서, 시장조성·안정조작신고서</td></tr>
<tr><td>수시공시</td><td>• 주요 경영사항*(당일, 익일공시)
• 자회사, 종속회사에 대한 공시
• 자율공시(기업 스스로 공시)
• 조회공시(거래소 요청에 의하여 기업이 공시)</td><td rowspan="2">한국거래소</td></tr>
<tr><td>공정공시</td><td>미공시 중요정보를 특정인에게 선별 제공하고자 하는 경우 사전에 증권시장을 통해 공시하는 제도</td></tr>
</table>

* 주요 경영사항에는 영업 및 생산 활동 사항(영업정지, 신규판매계약, 거래처 중단 등), 재무구조 변경에 관한 사항(증권발행, 시설투자, 타법인투자, 채권/채무 변동, 횡령, 벌금, 파생상품손실 등), 기업경영활동 부문(국내외 소송 등)이 있으며, 상장기업은 해당 사실이 재무지표 금액기준 5%(혹은 공시사항별로 10%)를 변동시킬 것으로 예상될 때 공시해야 함.

4) 전자공시시스템

전자공시제도는 금융감독원이 개설한 전자공시시스템(DART : data analysis retrieval and transfer system)을 통하여 기업 등 공시의무자가 공시서류를 서면으로 제출하지 않고, 전자문서로 제출하여 투자자가 인터넷을 통하여 열람할 수 있는 제도이다. 한국거래소는 상장기업의 수시공시정보 조회시스템 (KIND : korea investor's network for disclosure)을 운용하여 공시정보를 제공한다.

2. 불공정 거래행위의 제한

1) 내부자거래의 제한

내부자거래(insider trading)란 상장법인의 내부자인 회사의 임원, 직원, 주요주주가 회사의 경영 또는 배당 등에 관한 중요한 내부정보, 즉 미공개정보를 이용하여 그 정보를 모르는 주주를 상대로 주식매매를 하고 그 시세차익에서 오는 이익을 얻는 거래를 말한다. 내부자거래는 정보를 모르는 일반투자자의 희생에 의한 부당한 이익을 취하는 거래로서 증권시장에 대한 투자자의 신뢰를 저하시키는 것이므로 각국에서 강력하게 규제하고 있다.

우리나라의 자본시장법은 상장법인의 내부자가 당해법인이 발행한 증권의 매매 또는 기타 거래와 관련하여 내부정보를 이용하거나 다른 사람으로 하여금 이를 이용하지 못하도록 규정하고 있다. 내부자거래에 대한 규제는 투자위험의 부담과 투자자의 기회균등이라는 증권시장의 기본원칙을 지키기 위해 도입된다. 한국거래소의 내부자거래에 관한 가이드라인에 의하면, 자기주식취득에 관한 공시 전에 미공개정보를 이용하여 임직원이 개인적으로 매매하는 것은 내부자거래의 규제대상이 된다. 또한 임직원 이외의 주요주주 등 내부자, 직무와 관련하여 내부 정보에 접근할 수 있는 준내부자(내부자와 준내부자)로부터 관련 정보를 받은 정보수령자도 규제대상에 포함된다. 내부자거래규제의 위반자에 대해서는 형사적 처벌을 가해질 수 있도록 했고, 또한 내부자거래로 인해 피해를 입은 자에게는 손해배상청구를 인정하고 있다.

형사처벌이나 민사소송에만 의존하는 내부자거래규제는 감시, 처벌, 소송제기, 재판 등 많은 비용이 발생하기 때문에 내부자거래를 사전에 예방하는 체제의 구축이 필요하다. 그 구체적인 방안이 첫째 수시공시제도의 확립이다. 내부자거래는 회사의 중요정보의 발생시점으로부터 그 정보 공개까지의 사이에 발생하는 것이기 때문에 중요한 정보의 적절한 방법에 의한 적시공시(timely disclosure)는 내부자거래의 예방이 된다.

내부자거래를 사전에 방지할 수 있는 두 번째 방안이 정보관리를 철저히 하는 것이다. 내부정보에 접근할 수 있는 부서와 정보를 이용하여 자금을 운용하거나, 주식투자를 하는 부서간에 소위 정보의 장벽(Chinese Wall)을 형성하여 물리적으로 차단시켜야 한다. 즉, 증권업무에 종사하는 기관은 주권을 매매하거나 고객과 상담을 하는 부서 및 그 직원을, 그 기관이 취득한 비공개정보로부터 차단시킴으로써 내부정보의 남용을 예방하는 일정한 장치를 마련하여 실시하고 있는데 이를 중국의 만리장성에 비유하여 Chinese Wall정책이라고 한다.

2) 5% 룰

5% 룰(rule)은 본인과 특별관계자의 소유분을 합하여 주권상장법인 또는 코스닥 상장법인의 주식을 5% 이상 보유하게 된 자는 그 날부터 5일 이내에 그 보유상황을 금융감독위원회와 한국거래소에 보고하고, 이후 보유주식이 1% 이상 변동하는 경우에는 변동일로부터 5일 이내에 금융감독위원회와 한국거래소에 보고하도록 규정되어 있는 제도이다. 5% 룰은 시장의 투명성을 제고하고 적대적인 인수합병(M&A)을 방어하기 위해 도입된 것이다.

3) 기업설명회

기업설명회(IR : investor relation)란 일반투자자 및 전문투자자에게 기업내용의 이해를 촉진시키고 기업이미지를 향상시켜 적정한 주가형성, 안정주주의 확보, 적대적인 M&A의 방지 등을 목적으로 상장법인의 경영내용, 사업계획 및 미래전망 등에 대해 행하는 마켓팅활동을 말한다. 상장기업의 IR활동은 기업의 전략적 경영의 하나로 발전되어가고 있다.

4) 투자권유규제

자본시장법은 일반투자자에게 파생결합증권의 투자를 권유하는데 있어서 금융투자업자에게 투자자의 특성에 적합하게 투자를 권유하도록 하는 적합성의 원칙을 준수하고, 상품의 내용과 위험 등을 투자자가 이해하도록 설명하여야 할 의무를 부과하고 있다. 자본시장법은 일반투자자에게 투자권유전에 투자자의 정보, 즉 투자목적, 재산상황 및 투자경험 등을 확인하도록 하고 있다.

이것을 표준투자권유준칙(know-your-customer-rule)이라고 한다. 이 준칙에서는 투자자에게 투자권유하고자 하는 금융투자상품 및 포트폴리오의 투자위험도를 초저위험, 저위험, 중위험, 고위험, 초고위험의 5단계로 각각 분류하여 상품이 투자자에게 적합한지를 확인하도록 하고 있다.

제 2 절 경영권 관련제도

1. M&A와 공개매수

M&A는 Mergers and Acquisitions의 약자로서 기업의 합병·매수를 의미한다. 기업이 자신의 존속과 성장을 위하여 끊임없이 기업내부의 경영합리화를 꾀하지만, 그 한계에 부딪힐 때 자연히 외부의 경영자원을 활용하게 되는데, 이러한 외부의 경영자원을 활용한 성장전략의 한 방법이 M&A라고 할 수 있다.

기업합병(merger)은 두 개 이상의 기업이 결합하여 법률적으로 하나의 기업이 되는 것을 의미한다. 기업의 합병은 법률적으로는 신설합병과 흡수합병의 두 가지가 있다. 신설합병(consolidation)이란 2개 이상의 기존 기업이 모두 해산하고 새로운 회사가 설립되는 것을 말한다. 흡수합병은 기존의 기업 가운데 하나는 존속하고 하나의 기업은 흡수되는 것을 말한다.

기업매수(acquisition)는 대상기업의 자산이나 주식을 취득하여 경영권을 획득하는 것을 말한다. 자산 취득에 의한 기업매수는 영업양도에 의한다. 영업양도는 신용, 고객, 종업원 및 경영상 노하우 등 그 사업을 하는 데 필요한 자산을 넘겨주는 것을 말한다. 주식취득에 의한 매수 방법은 한 기업이 다른 기업 주식의 전부 또는 일부를 주주들로부터 인수하는 것으로 M&A의 방법 가운데 가장 일반적인 것이다.

주식을 인수하는 방법에는 대주주로부터 주식을 사는 방법, 시장에서 주식을 사는 방법, 주식공개매수 등 세 가지가 있는데, M&A시장에서 공격적이고 관심의 대상이 되는 것이 주식공개매수이다. M&A는 대상기업의 주식가격이 큰 영향을 미치기 때문이다.

주식공개매수(take over bid 또는 tender offer)는 경영권 획득이나 유지·강화를 목적으로 불특정 다수인에 대하여 장외시장(증권회사 창구)에서 M&A 대상 주식의 매입가격·기간·수량 등 매수조건을 제시하여 공개적으로 매수하는 행위를 말한다. 자본시장법에서의 주식공개매수는 불특정 다수인에 대하여 주식 등의 매수의 청약을 하거나, 매도의 청약을 권유하고 유가증권시장 및 코스닥시장 밖의 장외시장에서 당해 주식을 매수하는 것을 말한다. 장외시장에서 6개월 이내에 10명 이상으로부터 주식을 매입하여 시가총액의 5% 이상인 경우 공개매수를 의무화하고 있다. 공개매수기간은 최단 20일 이상 최장 60일 이내이며, 이 기간 중에 공개매수방식으로 매입하지 않으면 안된다. 그리고 주식 등의 현금매수 뿐만 아니라 다른 유가증권과의 교환도 인정하고 있고, 공개매수주체에 제한을 두고 있지 않으므로 대주주에 의한 공개매수도 인정된다. M&A는 M&A 대상이 되는 기업의 경영진과 협상에 의하여 이루어지는 우호적 M&A와 M&A 대상기업의 경영진의 의사와는 관계없이 주식을 매입하는 적대적 M&A로 나누어진다. 적대적 M&A일 경우 주식공개매수가 일반적이다. 합병·매수(M&A)에 관한 정보는 당해 주식의 가격에 중대한 영향을 미치므로 투자자를 위해 반드시 공시되어야 한다. 1997년 말의 외환위기 이후 자본시장이 더욱 개방되고 적대적 M&A가 허용됨으로써 국내 기업들을 대상으로 한 외국인의 적대적 M&A에 대한 경영권방어가 큰 이슈로 되고 있다.

M&A는 합병으로 인한 시너지효과를 기대할 수 있기 때문에 어느 기업에 대한 M&A를 한다는 정보나 공시가 있으면 M&A 대상기업의 주가가 상승하는 경향이 있다.

2. 위임장권유 제한제도

위임장권유(solicitation of proxies)란 회사의 전문경영자가 주주총회에서 다수의 의결권을 확보할 목적으로 위임장용지를 송부하여 의결권행사의 위임을 주주들에게 권유하는 행위를 가리킨다. 투표권을 위임하는 형태가 백지위임장(proxy)이기 때문에 백지위임장 투쟁이라고도 한다. 위임장권유는 대체로 경영자가 경영권을 방어하기 위한 수단으로 이용하거나 주식이 고도로 분산된 회사에서 특별결의를 요하는 의안 또는 임원선임에 관한 의안 등의 결의에 필요한 정족수를 확보하기 위하여 하는 것이 보통이다. 그러나 위임장권유가 회사경영자의 전용물로 남용될 우려가 있기 때문에 이를 제한하고 있다.

우리나라에서는 상장회사의 경영자가 의결권행사의 위임을 주주들에게 권유하는 경우 금융감독위원회에 의결권 대리행사에 관한 참고서류를 제출하도록 규제하고 있다. 위임장권유의 제한은 의결권대리행사의 기능을 제한하는데 있기보다는 일반투자자가 올바른 위임을 할 수 있도록 필요한 공시를 해야 하는데 있다.

3. 자기주식매입제도

자사주매입(stock repurchase)이란 상장회사가 회사의 자금으로 자기회사의 주식을 증권시장(또는 코스닥시장)에서 매입하는 것이다. 자사주매입은 자본충실의 원칙과 주주평등의 원칙에 위배되며, 주가조작 등 불공정 거래의 소지가 있다는 등의 이유로 상법상 원칙적으로 금지되어 왔다. 그러나 1998년 M&A 활성화조치 이후 상장기업으로 하여금 자기주식을 취득할 수 있게 함으로써 경영자의 우호적 지분율을 높여 국내기업의 경영권을 국내외기업의 적대적 M&A로부터 보호하고 또한 주가도 안정적으로 관리하기 위하여 자사주의 공개매수가 허용되고 있다. 자기주식매입제도는 무분별한 기업합병 · 매수에 대한 방어수단이 되고 과도한 주가하락에 대한 대응책이 되며, 스톡옵션이나 종업원지주제의 수단으로 활용된다. 우리나라에서는 자사주펀드제도도 실시되고 있다. 자사주펀드제도란 상장기업이 자사주펀드를 만들어 자산운용회사가 동 자금으로 당해 회사의 주식을 매입하여 관리해주는 것이다. 증권선물거래법상 당해 법인의 명의와 계산으로, 자사주를 이익배당한도 내에서 100%까지 살 수 있다. 자사주의 매입 및 처분은 당해 주식의 가격에 미치는 영향이 크므로 이사회의 결의를 거쳐야 한다.

제3절 기타 특수한 제도

1. 종업원지주제

종업원지주제(employee stock ownership)란 회사와 특별한 연고관계에 있는 자기회사의 종업원에게 신주를 배정하는 제도이다. 즉 회사의 방침으로서 주식취득을 위한 대출주선 등 특별한 편의를 주어 종업원이 자사주를 취득, 보유하는 것을 추진하는 제도이다. 종업원지주제는 다음과 같은 경제적 효과를 기대할 수 있다. 첫째, 종업원으로 하여금 주주로서 의결권과 수익분배에 참가시킴으로써 경영의 민주화를 꾀할 수 있다. 둘째, 종업원이 주주가 됨으로써 애사심을 갖게 되고 나아가 노사간의 협조를 꾀할 수 있다. 셋째, 종업원지주제에 대해 여러 가지 세제상의 지원이 있기 때문에 종업원의 저축증진을 꾀할 수 있다. 이와 같이 많은 장점을 가진 종업원지주제는 미국, 일본 등 자본시장이 발달한 국가에서는 널리 보급되어 주식소유의 대중화, 경영의 민주화에 크게 기여하고 있다. 우리나라에서는 1968년 자본시장육성에 관한 법률에 의하여 종업원에게 신주배정의 우선권을 부여하도록 법적인 근거가 마련되었고, 1988년 우리사주조합제도가 도입되었다.

우리사주조합이란 당해 법인의 종업원이 당해 법인의 주식을 관리함으로써 종업원의 복리증진과 경제적 지위향상을 도모하기 위하여 조직적으로 관리・운영하는 단체를 말한다. 우리사주조합제도의 주요내용은 공개 유상증자시 공모 또는 증자금액의 20%까지 종업원에게 우선 배정되고 있고, 퇴직 또는 예탁 후 1년경과 후에만 자금을 인출할 수 있고 조합주식의 의결권을 조합원이 직접 행사하거나 또는 위임할 수 있다.

2. 주식매수선택권

주식매수선택권(stock option)이란 보통 스톡옵션(stock option)이라고 불리는 것으로 1999년 개정 상법에서 일반회사에 대하여 주식매수선택권을 줄 수 있도록 하였다. 주식매수쉰택권이란 회사의 정관이 정한 바에 따라 주주총회의 특별결의로 회사의 설립, 경영과 기술혁신 등에 기여하거나 기여할 수 있는 회사의 임·직원에게 특별한 보상을 위해 미리 정한 가액(행사가격)으로 신주를 인수하거나 자기의 주식을 매수할 수 있는 권리(주식매수선택권)를 말하는데 주가가 상승하면 그 차익을 볼 수 있게 하는 보상제도이다.

주식매수선택권은 회사의 임직원이 일정 조건이 만족되면 사전에 정해진 가격으로 자기회사의 주식을 매입할 수 있는 권리를 말하며, 자기회사 임직원의 동기부여를 위한 일종의 보상제도이다. 예를 들어 효력발생기간 3년, 행사기간 2년, 행사가격 10,000원인 스톡옵션 10,000주를 받은 기업의 경영자는 받은 시점으로부터 3년이 경과한 후부터 2년의 기간 중에 자신이 유리하다고 판단하는 시점에 옵션을 행사하여 그 차액을 자기의 수입으로 할 수 있다. 자기회사 주가가 20,000원인 시점에 옵션을 행사했다면 주당 10,000원씩 차액이 발생해 총 1억원이 자신의 수입이 되는 것이다. 그런데 주가가 10,000원 이하에서 머물게 되면 스톡옵션의 가치는 0이 되며, 경영자는 아무런 보상을 못받게 되는 것이다. 주식매수선택권 부여결의 내용은 금융감독위원회, 한국거래소에 신고해야 한다.

미국과 같이 소유와 경영이 거의 완전하게 분리된 기업에서는 기업의 주인인 주주들의 이익과는 반대로 경영자가 자신의 사적이익을 추구하는 이른바 대리인문제로 인한 비용, 즉 대리인 비용(agency cost)이 큰 문제가 되고 있다. 이와 같은 대리인비용을 감소시키기 위해서는 경영자의 보상을 주가와 연계시킴으로써 주주와 경영자의 이해를 일치시키는 인센티브 메카니즘이 필요하며, 스톡옵션은 경영자에 대한 인센티브 메카니즘의 대표적인 제도이다. 미국에서는 많은 기업이 종업원에 대해 자사주의 스톡옵션을 성과보수로 주고 있다. 스톡옵션에는 주가지수연동, 이익 증대 등 경영성과연동 등 여러 종류가 있다.

그러나 주가의 상승, 이익의 증대 등과 경영자의 기여도가 반드시 일치하지 않고, 스톡옵션을 받은 경영자와 임직원들이 단기성과에 집중한다든지, 보상금액이 과대하다는 등 스톡옵션의 문제점 등이 많이 지적되고 있다.

제4절 자본시장지표

자본시장에는 매우 많은 종목의 주식과 채권이 거래되고 있다. 이 거래의 결과 성립하는 가격은 종목마다 상이하며, 가격의 등락폭, 등락률도 다양하다. 따라서 주가와 채권가격의 수준이 전체로서 어느 정도에 달해 있는가, 혹은 어느 기간 중에 얼마만큼 등락했는가를 알고자 할 때 시장전체의 동향을 나타내는 지표가 필요하게 된다. 주식시장지표에는 시장전체의 평균적 주가수준, 주가지수 등이 있고 채권시장지표로는 채권수익률, 채권지수 등이 있다.

이와 같은 자본시장지표는 경제적으로 어떠한 역할을 할까.

첫째, 경제전체의 활동과 자본시장의 관계를 나타내어 경기동향의 파악에 도움이 된다. 즉, 주가지수, 채권수익률 등 증권시장지표는 경기의 선행지표 혹은 바로미터로서의 역할을 한다.

둘째, 자본시장지표는 투자자의 투자판단에 있어서 매우 중요하다. 개별주식의 진실한 투자가치를 알고자 할 경우에 주가수익률, 배당수익률 등의 지표는 반드시 고려되어야 한다. 특히 주가지수, 주가평균 등의 동향은 증권시장 전체의 추이를 나타내는 것이므로 투자자가 매매타이밍과 투자대상을 선정하는 데 기준이 된다.

1. 주가평균

주가평균은 시장전체의 주가수준 및 주가동향을 파악하기 위하여 이용되는 대표값인데, 계산방법에 따라 다음의 세 가지로 분류된다.

1) 단순주가평균

주가평균은 시장전체의 주가수준 및 주가동향을 파악하기 위하여 선택된 채용종목의 매일의 종가를 단순히 합계하여, 채용종목수로 나눈 것이다. 채용종

목수를 n, 각 종목의 주가를 P_1, P_2, ⋯, P_n으로 하는 평균값 A는

$$A = \frac{1}{n}(P_1 + P_2 + \cdots + P_N) \qquad (6\text{-}1)$$

$$A = \frac{1}{n}\sum_{i=1}^{n} P_i$$

이 된다.

단순평균은 평균적인 주가수준을 대표하고 있다는 의미에서 매우 단순하게 주식시세의 수준을 나타낸다. 한국증권거래소에서는 1983년부터 전상장종목을 대상으로 한 단순주가평균을 산출 · 발표하고 있다.

2) 수정주가평균

단순주가평균은 실제의 주가수준을 나타내지만, 그 연속성에 문제가 있다. 즉, 채용종목 중에서 증자신주의 할당에 의한 권리락 및 무상증자나 주식분할이 있다든지, 혹은 채용종목의 추가, 삭제 및 대체 등이 이루어질 경우, 시장요인이나 기업의 경영에는 아무런 변화가 없음에도 불구하고 주가가 등락하여 변동전의 주가와 비교할 수 없게 된다. 여기서 이 불연속을 수정하여 주가에 연속성을 갖게끔 연구한 것이 수정주가평균인데, 미국의 다우 · 존스사의 주가평균법에서 고안된 것이기 때문에 다우식 수정주가평균(adjusted stock price average)이라고도 한다. 이 수정주가지수는 주가의 장기적인 추세와 변동을 관찰하는데 편리한 지표이다.

먼저 무상증자 또는 주식분할의 경우에 대해 그 수정방법을 설명해 보자. 무상증자 및 주식분할에 있어서는 발행주식수는 증가하지만 현금불입은 전혀 없다. 따라서 무상증자나 주식분할 그 자체만으로는 회사의 가치가 변하지 않기 때문에, 구주 1주에 대해서 신주 R주가 할당되면, 권리락 전의 1주의 주가가 권리락 후의 $(1+R)$주의 가치와 동일하도록 수정되어야 한다.

주식 i를 1주마다 R주씩 무상증자할 경우 권리락 전일의 주가를 P_{i0}, 권리락 후의 주가를 P_{i1}이라고 할 때,

$$P_{i0} = (1+R)P_{i1} \qquad (6\text{-}2)$$

의 관계가 성립한다.

따라서 권리락 후의 주가 P_{i1}을 수정하는 데에는 $(1+R)$를 곱하면 된다. 즉, 이 경우 $(1+R)$이 수정배율이며, $(1+R)P_{i1}$이 수정주가로 된다. 만약 다른 주식에 증자가 없다면, 수정주가평균은

$$\begin{aligned} A &= \frac{1}{n}[(1+R)P_{i1} + P_{i2} + \cdots + P_{iN}] \\ &= \frac{1}{n}\left[\sum_{i=1}^{n} P_{in} + RP_{i1}\right] \end{aligned} \qquad (6\text{-}3)$$

으로 된다.

그런데 위의 식은 개별종목에 대하여 주가를 수정한 후, 그 수정주가를 평균해서 주가평균을 산출한 것이다. 이것은 계산이 복잡하기 때문에 수정주가평균은 실무적으로 항상제수의 수정에 의하여 조정한다.

$$\text{수정주가평균} = \frac{\text{상장종목의 종가합계}}{\text{항상제수}}$$

항상제수는 유상증자, 무상증자 등에 의한 권리락, 상장종목의 추가 또는 삭제 등의 요인에 따른 주가의 단층이 생기기 전의 주가평균과 생긴 후의 주가평균을 같게 하기 위한 것으로, 최초(기준시점)에는 채용종목수와 같다.

수정주가평균은 시장외부요인에 의하여 주가에 단층이 발생한 경우 이것을 항상제수에 의하여 수정하기 때문에 주가의 평균적 성장을 쉽게 파악할 수 있게 해 준다. 이 방법에 의하여 산출되는 대표적인 주가평균이 다우·존스 수정주가평균, 니케이평균주가 등이다.

3) 가중주가평균

단순주가평균, 수정주가평균은 채용종목의 1주당 가격을 그대로 사용하기 때

문에 가격변동이 큰 종목의 동향이 평균치에 큰 영향을 주어 시장의 실세를 정확히 반영하지 못할 경우가 있다. 발행주식수를 가중치로 하여 산출한 주가평균인 가중주가평균이 보다 정확하게 자본시장의 실태를 나타낸다고 할 수 있다. 주가를 $P_1+P_2+\cdots+P_N$이라고 하고, 그 발생주식수를 $W_1+W_2+\cdots+W_n$이라고 하면, 주가평균 A는

$$A=\frac{W_1P_1+W_2P_{i2}+\cdots+W_nP_{in}}{W_1+W_2+\cdots+W_n}=\frac{\sum_{i=1}^{n}W_iP_i}{\sum_{i=1}^{n}W_i}$$

$$=\frac{\text{각 종목의 시가총액합계}}{\text{각 종목의 발행주식수합}} \quad (6\text{-}4)$$

이다. 가중주가평균은 발행주식수(상장주식수)를 가중치로 하고 있기 때문에 발행주식수가 많은 대형주의 주가의 영향을 크게 받게 되는 결점이 있다. 시가총액식에 의한 주가지수는 가중주가평균에 의해 산출된 것이다.

우리나라 한국거래소에서는 1984년부터 전상장종목을 대상으로 가중주가평균을 산출·발표하고 있다.

2. 주가지수

주가의 평균적 수준을 알기 위한 지표에는 주가평균 외에 주가지수가 있다. 주가지수는 어느 기준시점의 주가를 100으로 하여 산출된 비교시점의 주가수준을 비율로 나타낸 것이며, 각 시점의 주가수준이 기준시점의 수준에 비해서 어느 정도에 있는가를 쉽게 알 수 있다. 주가지수의 산출방법에는 여러 가지가 있지만, 대표적으로 사용하여 온 것은 다우·존스식 수정주가평균에 의한 지수와 시가총액식에 의한 주가지수가 있다.

1) 다우·존스식 수정주가평균지수

다우·존스식 수정주가평균지수는 기준시점의 수정주가평균에 대한 비교시

점의 수정주가평균의 비율로써 산출한다. 수정주가평균은 앞에서 설명한 다우·존스식의 항상제수에 대한 채용종목의 종가합계의 비율로써 산출한 것이다.

$$\text{다우·존스식 수정주가평균지수} = \frac{\text{비교시점의 수정주가평균}}{\text{기준시점의 수정주가평균}} \times 100$$

이러한 지수는 미국의 다우·존스 통신사가 공업주 30종목을 대상으로 하여 다우·존스 산업평균주가지수(Dow Jones Industrial Average : DJIA)를 발표함에 따라 보급된 것이다. 다우·존스공업주가평균은 채용종목수가 겨우 30종목이고, 게다가 초우량주 중에서 선택하였기 때문에, 반드시 시장전체의 동향을 나타내지는 않는다는 비판이 있지만, 그 역사가 길고(1884년부터), 채용종목에 대한 인기가 높아서, 대표적인 주가평균지수로서 세계적으로 널리 알려져 있다. 다우·존스사에서는 1938년 이후 수정주가를 사용한 65종(공업주 30종, 철도주 20종, 공공주 15종)도 발표하고 있다. 우리나라에서도 1983년 1월 4일 이전까지는 1975년 1월 4일을 기준으로 한 다우·존스식에 의한 한국종합주가지수를 발표해 왔다.

1983년 2월 21일부터 한국경제신문사에서 우량주 80종목을 채용종목으로 하여 다우·존스식 주가지수인 한경다우지수를 산출·발표하고 있다. 그런데 다우·존스식 수정주가지수의 장·단점을 살펴보면 다음과 같다.

먼저 장점으로는 첫째, 시황을 선도할 수 있는 대표적인 소수의 우량주를 채용대상으로 하므로 시황을 민감하게 반영한다. 둘째, 가중치 없이 채용종목의 가격만을 평균하므로 순수한 주가동향을 파악하기 쉽다.

다음으로 다우·존스 주가지수의 단점은 첫째, 상장주식수나 거래량 등에 가중치를 부여하지 않고, 주가를 단순히 평균하기 때문에 고가의 종목 혹은 주가변동이 심한 소수종목의 영향을 크게 받는다. 둘째, 이 지수는 권리락 후에 발생하는 주가단층을 수정함으로써 지수의 연속성을 유지하고 있지만, 권리락 발생의 회수가 증가할수록 항상제수는 점차 감소되므로 수정주가평균과 실제의 단순주가평균과의 차이가 점차 커지게 된다. 따라서 투자자가 실제 느끼고 있는 주가의 수준 및 주가변동폭과는 점차 차이가 나는 주가지수로 된다는 것이다.

2) 시가총액식 주가지수

시가총액식 주가지수는 상장주식수를 가중치로 하여 산출한 지수이다. 기준시점에 있어서 i주식의 주가를 $P_{i0,}$ 상장주식수를 S_{i0}이라 하고, 비교시점에 있어서 i주식의 주가를 P_{it}, 상장주식수를 S_{it}라 하면 시가총액식에 의한 주가지수 I_t는 식 (6-5)와 같다.

$$I_t = 100 \times \frac{\sum P_{it}\ S_{it}\ (\text{비교시점 시가총액})}{\sum P_{i0}\ S_{i0}\ (\text{기준시점 시가총액})} \qquad (6\text{-}5)$$

시가총액식 주가지수의 장점을 살펴보면, 첫째, 증권시장에 상장된 전 종목을 산출대상종목으로 하여 산출함으로써 증권시장의 전체적인 주가동향이 잘 나타난다.

둘째, 신규상장, 상장폐지, 유상증자 등 상장주식에 변경이 있는 경우에는 기준시가총액을 수정함으로써 주가의 연속성이 유지되고, 따라서 시간의 흐름에 따라 계속 변화하고 있는 자본시장의 구조변화를 잘 나타내 준다.

셋째, 상장주식 전체의 평균가격의 추이를 나타내므로, 시장포트폴리오관리를 하는 기관투자자에게는 자산운용의 지표로서 유용하다.

시가총액식 주가지수의 단점은 주가지수산출에 있어서 그 계산처리의 작업량이 방대하여 전산으로 처리할 수밖에 없다는 것이다.

<표 6-2>는 주요국의 주가지수 현황을 나타낸 것이다.

〈표 6-2〉 주요국의 주가지수 현황

구분	명 칭	국 가	기준시점지수	발표기관
시가총액식	S&P 500지수	미 국	1941～1943년=10	스탠다드 푸어스
	NYSE 종합지수	미 국	1965.12.31=50	뉴욕증권거래소
	코메르츠 은행지수	독 일	1953.12.31=100	코메르츠은행
	동증주가지수	일 본	1968.1.4=100	동경증권거래소
	파이낸셜타임즈산업주가지수	영 국	1953.12.31=100	FT 신문사
	토론토 주가지수	캐나다	1964.11.4=100	토론토증권거래소
	항셍 은행지수	홍 콩	1964.7.31=100	항셍은행
	한국종합주가지수	한 국	1980.1.4=100	한국거래소

구분	명 칭	국 가	기준시점지수	발표기관
다	다우존스산업평균 30종	미 국	1982.10.1=100	다우 · 존스사
우	니케이다우평균	일 본	1949.5.16=50￥	일본경제연구소
식	한경 다우주가지수	한 국	1980.1.4=100	한국경제연구소

이 시가총액식에 의한 주가지수는 세계 각국에서 사용하고 있다. 뉴욕증권거래소 상장종목 500종을 대상으로 한 유명한 S&P500 주가지수(Standard and Poor's Stock Price Index)를 비롯하여, 1966년부터 전체 상장종목에 대해서 발표하고 있는 뉴욕증권거래소 보통주지수(NYSE Common Stock Index), 영국의 파이낸셜 타임즈가 발표하고 있는 공업보통주지수(F.T. Industrial Ordinary Stock Indices) 등도 이 방식에 의거한 주가지수이다. 일본의 동경증권거래소가 발표하는 동경주가지수(TOPIX)도 1968년 1월 4일에 종래의 다우 · 존스식에서 시가총액식으로 바꾸었다. 한국증권거래소에서 발표하고 있는 한국종합주가지수(KOSPI)도 1983년 1월부터 1980년 1월 4일을 100으로 한 시가총액식 주가지수로 전환하였다.

3. 채권지수

채권지수란 일정시점에서 채권투자로 발생할 수 있는 총수익을 계산하여 지수화한 값을 의미한다. 개별채권의 자본손익, 액면이자율 수익 및 투자기간 중 발생되는 액면이자의 재투자수익을 고려하여 채권투자의 총수익을 계산하고, 이것을 지수산정에 포함되는 채권들을 대상으로 가중평균 혹은 단순평균하여 지수화한다.

한국거래소(KRX)는 한국채권시장의 동향을 한 눈에 파악할 수 있는 지수를 개발하여 발표하고 있다.

새 채권지수는 KRX채권지수와 국고채프라임지수 등 2가지로, 2006년 3월 1일 100포인트를 기준으로 산출됐다. KRX채권지수는 한국거래소에 상장돼 있는 모든 채권종목을 대상으로 1일 1회(휴일지수 포함) 산출한다. 이 지수는 채권가격평가 3개사의 평균가격을 이용해 지수의 공정성과 신뢰성을 높였다. 국고채 프라임지수는 한국거래소 국채전문 유통시장에서 거래되는 국고채를 대상으로 실시간 산출하는 채권지수이다. 3, 5, 10년물 중 거래량이 많은 최근월물(지표물)과 직전월물 등 대표적인 6종목을 대상으로 산출한다. 이들 지수는 자본손익, 이자수익, 재투자수익 등 채권가격에 영향을 미치는 각 정보에 대해 지수화된 수치를 제공함으로써 채권시장의 실적분석 및 동향파악의 기준지표로 활용되고 있다.

연습문제

1. 다음 용어를 설명하라.

1) M&A

2) 종업원지주제

3) 스톡옵션

4) 위임장권유

5) 자사주매입의 경제적 효과

2. 다음의 물음에 답하라.

1) 경영권 관련제도와 관련하여 잘못 설명한 것은?
① M&A는 공개매수를 의미한다.
② 합병에는 신설합병과 흡수합병이 있다.
③ 기업매수는 합병대상 기업의 주식을 취득하여 경영권을 인수하는 것이다.
④ M&A는 우호적 M&A와 적대적 M&A로 나눈다.

2) 종업원 지주제에 대한 설명 중 잘못된 것은?
① 종업원에게 신주를 배정하는 제도
② 수익분배는 참가시키나, 의결권은 배제한다.
③ 종업원의 자산 축적에 기여한다.
④ 노사화합을 이룰 수 있다.

3) 다음 설명 중 잘못된 것은?
① 주식매수 선택권을 스톡옵션이라 한다.
② 임직원에 대한 동기부여를 위한 보상제도의 일종이다.
③ 대리인 비용을 증가시킨다.
④ 사전에 정한 조건으로 자기회사 주식을 매입할 수 있는 권리이다.

해답 2. 1) ① 2) ② 3) ③

제7 장

증권의 기본적 분석

07
part

증권의 기본적 분석

제 1 절 기본적 분석의 의미와 한계

증권의 가격분석은 증권분석가(analyst)에 의해 시작된다. 애널리스트가 증권의 가치를 분석하여 가치를 매김으로써 증권가격의 기준이 된다. 애널리스트의 핵심업무는 경제 · 산업 · 기업에 대한 분석보고서를 작성하는 일이다. 증권분석은 일반적으로 기본적 분석과 기술적 분석으로 나누어진다.

기본적 분석(fundamental analysis)은 시장에서 형성되는 주식의 가격이 그 주식을 발행한 기업의 내재가치에 의해 결정된다고 본다. 따라서 기본적 분석은 경제, 산업 및 기업의 기본적 요인(fundamental factor)에 기초한 기업의 진정한 가치인 내재가치(intrinsic value)를 평가하여 현재의 시장주가와 비교 · 분석하는 것이다. 주식의 시장가격은 내재가치를 중심으로 변동하기 때문에 장기적으로는 시장가격이 내재가치와 일치하게 된다고 생각한다. 즉, 기본적 분석은 일시적으로 과소평가되거나 과대평가된 증권을 식별해 내려는 적극적 투자관리의 분석기법이다.

다만, 기본적 분석은 다음과 같은 한계를 지닌다.

첫째, 이론이 복잡하여 이해하기 쉽지 않고, 내재가치를 분석하는데 시간과 노력이 많이 든다.

둘째, 기본적 분석에서 사용되는 자료가 과거의 정보일 뿐만 아니라 회계정보에 대한 신뢰성도 문제가 되는 경우가 적지 않다.

셋째, 기본적 분석에서 많이 이용하는 기업의 재무제표에는 투자자의 심리적 요인과 계량화할 수 없는 여러 요인을 나타내기 어려운 한계가 있다.

제2절 기본적 분석의 대상

기본적 분석은 기업의 내재가치를 찾아내기 위해 거시적 측면의 국민경제 동향에 대한 분석(경제분석), 해당기업이 속한 산업에 대해 분석(산업분석), 기업과 경영활동 자체에 대한 분석(기업분석)을 하게 된다. 분석과정에서 경제분석 → 산업분석 → 기업분석의 순서로 분석하는 것을 Top Down 방식이라 하며, 반대로 기업분석 → 산업분석 → 경제분석의 순서로 분석하는 것을 Bottom Up 방식이라 한다.

1. 경제분석

증권분석에서 말하는 경제분석(economy analysis)은 주로 거시경제지표에 관한 분석으로 국내총생산(gross domestic product : GDP)[1] 및 그 중요한 구성요소인 개인소비, 설비투자, 재정지출 및 수출 등을 예측하는 것이며, 기업의 수익성, 불확실성을 예측하는 출발점이 된다. 미국의 증권분석가 킹(B. F. King)에 의하면 개별 주가 변동성의 50%는 시장전체의 동향(체계적 위험)에 의해 설명된다고 하기 때문에, 투자자가 주가동향의 큰 흐름을 파악하고 주식매매의

1) 국민총생산(GNP)이 국민이라는 사람에 착안한 통계인데 대해 국내총생산(GDP)은 나라라는 지역에 한정해서 경제활동을 파악한다. 외국인이나 외국기업이 한국에서 생산했을 경우 한국의 GDP에는 계산되지만 GNP에는 포함되지 않는다. 반대로 한국기업이 외국에서 생산활동을 하면 한국의 GNP에는 포함되지만, GDP에는 포함되지 않는다. 기업의 해외생산이 증대해 세계은행(IBRD)과 경제협력개발기구(OECD)의 통계조사는 GDP를 채용하고 있다.

시기를 포착하기 위해서는 현재와 미래의 선진국 경제 및 국민경제활동의 동향을 알아야 한다. 경제분석을 하는데 사용되는 자료는 기획재정부, 한국은행, 한국개발연구원(KDI), 민간경제연구소 등이 정기적으로 제공하는 각종 경제지표에 의존하는 경우가 많다. 이들 경제지표의 의미를 해석하고 상호 연관성을 파악하는 것이 미래의 경제활동을 예측하는 기본이 된다. 본 절에서는 경기변동, 소비자조사, 기업경기실사지수, 통화량, 이자율, 물가, 환율, 원자재가격 등 주요 경제변수가 주가변동에 어떠한 영향을 미치는가를 설명한다.

1) 경기변동

경기란 국민소득, 산업생산, 고용, 수출・입 등 경제적 요인의 변화에 따라 발생하는 국민경제의 전체적인 변동을 말한다. 한 나라의 경제는 일정한 주기를 가지고 경기변동(순환)을 반복한다. 경기변동은 크게 2국면으로 나누면 확장기와 수축기로 구분되며, 4국면으로 나누면 회복기, 활황기, 후퇴기, 침체기로 나누어 세분된다. 증권시장은 이와 같은 실물경제의 변동에 민감한 반응을 나타내며, 개별기업의 내재가치를 반영하고 있는 주식의 가격도 그 나라의 경기변동과 함께 민감하게 움직인다. 투자활동이 경제의 모든 영역에 파급되어 기업활동이 왕성하고 기업의 매출이익이 늘어나는 호경기에는 기업의 내재가치도 증가하여 주식시장은 활황을 지속하게 된다. 이와는 반대로 투자저하, 생산위축, 기업의 수지악화 등의 현상이 나타나는 불경기에는 주식시장도 침체국면으로 빠져들게 된다.

경기종합지수란 현재 경기상태를 판단하거나 앞으로 경기변동이 어떻게 될지에 대해 예측하기 위한 대표적인 지표이다. 이 지수는 각종 경제지표들의 전월 내지는 전년 같은 기간대비 증감률을 종합해 작성된다.

경기종합지수에는 경기동향을 예측하는 데 사용되는 선행지수, 현재의 경기상황을 파악할 수 있는 동행지수, 경기동향을 사후 확인하는 데 이용하는 후행지수가 있다.

경기선행지수란 경기동향에 관한 각종 경제통계 중 경기의 움직임에 선행하여 움직이는 지수이다. 즉, 경기가 상승 혹은 하강할 때, 그 전에 미리 선행하여 움직이는 지수를 경기선행지수라고 한다. 경기선행지수는 실물경제의 동향보다 보통 6~7개월 정도 선행하며, 지수가 전월보다 올라가면 경기상승, 내려가면 경기하강을 의미한다. 우리나라의 경기선행지수는 10가지 구성지표의 움직임을 종합해 작성하는데, 구인구직비율, 재고순환지표(제조업), 소비자기대지수, 기계수주액, 자본재수입액, 건설수주액, 종합주가지수, 금융기관유동성(Lf), 장단기금리차, 순상품교역조건이다.

경기동행지수는 현재의 경기상태를 나타내는 것으로 앞으로의 전망에 대해서는 시사하지 않고 있다. 동행지수는 산업생산, 비용가취업, 제조업가동률, 도소매판매액, 수출입액 등을 종합하여 만든 지수로 현재의 경기상황과 판단에 이용된다.

경기후행지수는 실제 경기변동에 후행하여 변동하는 지표인데, 생산자제품재고, 회사채 유통수익률(금리), 도시가계소비지출 등 경기순환에 후행하여 변동하는 개별지표를 종합하여 만든 것으로, 경기의 사후 확인에 이용된다. 주식시장을 예측하는데 큰 도움이 못 된다.

주가는 일반적으로 경기변동보다 1~3개월 정도 선행해서 변동하기 때문에 경기선행지수와 주식시장과의 상관관계가 가장 높다. 즉, 선행지수가 2개월 연속해서 상승하거나 하락하면 주식시장의 추세변동을 판단할 수 있는 유용한 지표이다.

우리나라에서는 통계청이 81년 3월부터 경기종합지수(선행지수)를 매월 조사, 발표하고 있다. 미국의 경우 대표적인 경기예측기관인 컨퍼런스 보드가 매월 경기선행지수를 발표하고 있는데, 이는 기준연도인 지난 1996년을 100으로 삼아 향후 3~6개월 뒤의 경제동향을 예측할 수 있도록 해주는 지표역할을 한다. 신규주문, 실업수당청구권수, M2, 건축허가, S&P주가지수 등 10개지표로 구성되어 있다. 컨퍼런스 보드가 발표하는 경기선행지수에도 S&P 주가지수가 포함되어 있다는 것을 유의해야 한다.

2) 소비자 조사

각국의 경제성장은 수요의 측면에서 년간 소비, 투자 그리고 수출(수입)로 구성된다. 각국의 GDP 중 민간소비가 차지하는 비중은 2000년 이후 미국은 약 70%, 일본은 50%, 한국은 50-55%이다. 민간소비가 앞으로의 경제성장의 중요한 판단기준이 될 수 있다. 일반적으로 경기가 좋을 것이라고 예상될 때 주가가 상승하고 가계도 임금 및 소득증가를 예상하여 소비를 증가시키기 때문에 주가와 민간소비가 정(+)의 관계에 있다고 볼 수 있다. 시장경제의 주체로서 소비자의 경기에 대한 판단이나 전망이 국민경제활동에 큰 영향을 미치고 있기 때문에 소비자의 구매의도나 구매태도 및 전망 등을 설문조사하여 지수화하는 소비자실태조사(consumer surveys)가 실시되고 있다. 소비자실태조사에 의한 소비자태도지수(consumer sentiment index : CSI)는 특히 경기수축국면 및 경기저점을 예측하는 데 유용한 지표로 활용되고 있다.

한국은행은 2005년부터 민간의 가계수입전망, 소비지출전망 및 경기인식 등에 대한 소비자태도를 종합적으로 파악할 수 있는 소비자심리지수를 발표하고 있다. 소비자심리지수가 100보다 크면 평균적인 경기상황보다 낫고, 100보다 작으면 평균적인 경기상황보다 좋지않다는 것을 나타낸다. 미국의 경우 미시간대학을 비롯한 여러 기관이 발표하는 소비자신뢰지수가 앞으로의 미국경제를 전망하는데 중요한 지표가 된다.

3) 기업경기실사지수

기업경기실사지수(BSI; business survey index)는 기업의 활동 및 경기동향 등에 대한 기업가의 판단, 전망 및 이에 대비한 계획을 설문지를 통하여 조사・분석함으로써 전반적인 경기동향을 파악하고자 하는 단기경기예측수단이다. 기업가는 기업활동을 위해서 전반적인 국내외 경기동향과 업계동향 등을 면밀히 분석・예측하고 이를 토대로 경영방침을 수립하게 된다. 따라서 개개 기업가들의 경기동향에 대한 예상이나 앞으로의 계획은 전체경기에 중요한 영향을 미친다. 기업경기실사지수는 경기종합지수 및 계량경제모델에 의한 경기분석과 예측을 보완하는 수단으로 선진국에서 널리 활용되고 있다.

동지수는 조사결과의 전체 응답업체 중에서 긍정적인 응답(증가 또는 호전)업체 비중과 부정적인 응답(감소 또는 악화)업체 비중의 차를 기초로 하여 다음의 공식에 의해 계산된다.

$$\text{기업경기실사지수} = 100 + \frac{\text{긍정적 응답업체수} - \text{부정적 응답업체수}}{\text{전체응답업체수}} \times 100$$

기업경기실사지수는 0~200의 값을 가지며 동지수가 100 이상인 경우 경기를 긍정적으로 보는 업체수가 부정적으로 보는 업체수에 비해 많다는 것을 의미하므로 확장국면을, 100 이하의 경우는 수축국면을 의미한다.

4) 통화량

통화량지표에는 M_1, M_2, M_3 세 가지가 있다. 협의의 통화(M_1)는 지급결제수단으로서의 기능을 중시한 지표로써 현금에 예금취급기관의 결제성예금을 포함한 것이다. 광의의 통화(M_2)는 M_1에 예금취급기관의 MMF, 정기예금, 정기적금, CD, RP, 수익증권 등이 포함되는데 일반적으로 총통화라고도 하여 가장 많이 활동되고 있다. 이와 같이 M_1은 시중의 단기유동성을 파악하는 지표이며, M_2는 예금취급기관의 모든 금융상품을 중심으로 시중유동성을 파악할 수 있는 지표이다. M_3는 M_2에 예금은행 및 비은행 금융기관 등의 기타예수금, 유가증권 청약증거금, 고객예탁금, 장단기 금융채, 환매조건부채권(RP)매도 등이 포함된 총유동성 지표이다.

현행 통화지표	새 통화지표
통화(M_1) =현금통화+은행의 요구불예금	좁은 의미의 통화(신M_1) =현금통화+요구불예금+수시입출식 저축성예금 =M_1+비통화금융기관 요구불예수금+금융기관 수시입출식 저축성예금(은행저축예금 및 MMDA, 투신사 MMF)
총통화(M_2) =M_1+은행의 저축성 예금 및 거주자 외화예금	넓은 의미의 통화(신M_2) =신M_1+기간물 정기예·적금 및 부금+시장형 상품+실적배당형 상품+금융채+기타(투신증권저축, 종금사 발행어음) *단 장기(만기 2년 이상)제외 =M_2+비통화금융기관 단기저축성예·적금 및 부금+금전신탁(장기 제외)+CD+RP+표지어음+금융채(장기제외)−예금은행 장기저축성예·적금

통화량의 변동은 주식가격에 큰 영향을 미치게 된다. 우선 통화량이 늘어나 자금이 기업부문으로 흡수되면 기업은 이 자금을 활용하여 각종 설비투자를

확대시켜 기업의 수익성을 높일 수가 있게 되고, 이에 따라 그 기업의 주식가격이 상승하게 된다. 또한 늘어난 통화량이 민간부문으로 흡수된다면 일반투자자들은 주식매입을 원활히 할 수 있으므로 주식가격이 상승된다. 그러나 통화량이 증가한다고 해서 언제나 주식가격이 상승된다고 볼 수는 없다. 통화량의 증가로 지속적인 인플레이션이 발행되면 명목금리가 상승하게 되는 피셔효과(Fisher effect)에 의해, 장기적으로 이자율을 상승시켜 주가하락을 가져올 수 있다.

5) 이자율

전통적인 주식가격의 평가이론에 의하면 주식의 가격은 이자율과는 음의 상관관계에 있다. 기업의 이익이 일정하다면, 이자율이 상승하면 주가가 하락하고, 이자율이 하락하면 주가는 상승한다. 이자율의 추세는 주가와 직접적인 상관관계를 가지고 있다. 이자율이 변하면 주식, 채권, 예금의 상대적 수익률로 달라진다.

금리가 하락하면 채권시장 및 시중은행의 자금이 주식시장으로 이동하므로 주가가 상승하고, 반대인 경우에는 주가가 하락한다고 할 수 있다. 금리의 절대적 수준보다는 금리의 변동추세가 주식시장의 추세에 영향을 미친다.

미국, 영국 등 이자율의 결정이 자유화되어 있는 국가에서는 주가가 금리정책에 민감하게 반응하고 있다. 미국연방준비제도이사회(Federal Reserve Board : FRB)가 달러 금리를 인상·인하함으로써 미국의 경기동향, 증권시장, 나아가 세계의 증권시장에 영향을 미치고 있다.

6) 물 가

완만한 물가상승은 실물경기의 호전을 가져오면서 기업수지의 개선과 기업자산의 명목가치를 증대시켜 주므로 주가를 상승시키게 된다. 그러나 급격한 물가상승은 금융저축을 위축시키고 부동산, 귀금속 등의 실물자산을 선호케 하여 주가를 하락시키는 요인으로 작용한다.

경기가 침체상태인데 물가가 상승하는 이른바 스태그플레이션(stagflation)

에서는 비용인상형 인플레이션(cost push inflation)이 발생하여 기업수지에 마이너스의 영향을 미친다. 또한 물가상승으로 인한 소비자의 실질소득 감소는 구매력을 감소시키고, 이는 다시 기업수지를 악화시킬 수 있으므로 주가를 하락시키게 된다.

일반적으로 경기상승기의 완만한 물가상승은 단기적으로 기업의 경영성과를 양호하게 하여 주가를 상승시킬 수 있으나, 지속적이고, 크게 물가가 오르면 장기적으로는 기업의 자금조달비용 상승과 소비자의 실질소득감소에 따른 구매력감퇴로 인해 기업성과는 악화되고 주가도 하락된다.

7) 환 율

환율(exchange rate)이란 한 나라의 화폐가 다른 나라의 화폐로 교환되는 비율이다. 예를 들어 원화 대 미국 달러의 비율이 1,000원 : 1달러라면 외환시장에서 우리나라 원화 1,000원과 미화 1달러가 교환된다는 뜻이다. 이와 같은 환율은 외환시장에서 외화의 수요와 공급에 의해 결정된다. 환율의 변동은 수출・입, 경제성장, 경상수지 등 경제전반에 미치는 영향을 통해, 주가에 영향을 준다.

국가경제의 해외의존도가 높은 우리나라와 같은 경제에서는 수출이 국내경기에 큰 영향을 미치고 기업의 이익에도 직접적인 영향을 미친다. 일반적으로 환율이 인하되면(원화가 평가절상되면) 수출이 줄어들어 기업의 수익성이 낮아짐으로써 주가는 하락하게 되고, 반대로 환율이 인상되면(원화가 평가절하되면) 수출이 늘어나 기업의 수익성이 높아짐으로써 주가는 상승하게 된다.

그런데 환율인하, 즉 원화의 평가절상은 경상수지의 흑자폭이 크고 경제가 안정될 때 나타나는 것이 일반적이다. 경상수지의 흑자폭의 증가로 인해 해외부문으로부터의 자금유입이 증가되면서, 주식의 매입을 증가시키므로, 적절한 환율인하는 주가를 상승시킨다. 그러나 급격한 환율인하, 즉 원화의 급격한 평가절상은 수출비중이 높은 기업의 수출경쟁력을 떨어뜨려 기업의 매출과 수익을 악화시켜 주가를 하락시키는 요인이 된다.

환율인상, 즉 평가절하는 수출이 부진하여 경상수지의 적자폭이 커지거나,

경제성장이 둔화될 때 나타나는 것이 일반적이다. 이 경우 경상수지적자는 통화환수요인으로 작용해서 시중자금을 흡수하고, 경기침체를 가속화시킬 수 있기 때문에 주가를 하락시킨다. 그러나 적절한 환율인상은 수출비중이 높은 기업의 수출경쟁력을 증대시켜 주가를 상승시킬 수 있는 요인이 된다.

2008년의 글로벌 금융위기에서 나타난 것과 같이 환율이 급상승하면, 우리나라 금융시장이 불안정해져 주식시장의 변동성을 초래할 수 있다. 적정한 외화보유액이 환율의 안정에 기여할 수 있다.

8) 원자재가격

원자재가격과 주가는 음의 상관관계에 있다. 부존자원이 많은 국가에 있어서는 원자재가격과 주가는 장기적으로 보아 같은 방향으로 움직이고 있으나, 우리나라와 같이 국내에 부존자원이 빈약하여 대부분을 수입해야 하는 나라에서는 상황이 다르다. 원유(oil), 가스, 곡물과 같은 국제원자재 가격이 상승하면 원자재의 수입액이 증가하여 국제수지는 악화되고 물가가 상승되는 요인으로도 작용하므로 경제여건이 악화된다.

2. 산업분석

산업분석(industry analysis)은 주식을 매입하게 되면 어떤 산업이 투자대상으로 유망한가를 살펴보는 것이다. 증권가격의 변동은 모든 증권에 공통으로 작용하는 경제요인과 더불어 산업의 영향도 받는다. 킹(B. F. King)은 산업의 영향이 평균적으로 주가변동의 약 13%에 이른다고 한다. 이것은 주가변동을 추정하기 위해서는 각 산업이 가진 특유한 영향력을 조사하지 않으면 안된다는 것을 말해주고 있다.

1) 산업의 분류

우리나라 산업의 구조를 파악하기 위하여 제공되고 있는 <표 7-1>의 한국

표준산업분류는 실제 산업활동의 종류에 의거해서 분류한 것이다.

산업분류의 또 하나의 방법은 경기의 순환적 구조에 의한 것이다. 이것은 산업이 경기의 상승국면 및 하강국면에 어떻게 반응하는가에 의하여 분류하는데, 일반적으로 성장산업, 순환적 산업, 방어적 산업으로 분류된다.

〈표 7-1〉 한국표준산업대분류

분 류	산 업
1	농업, 수산업, 임업 및 어업
2	광업
3	제조업
4	전기 · 가스 및 수도사업
5	건설업
6	도 · 소매 및 음식 · 숙박업
7	운수 · 창고 및 통신업
8	금융 · 보험 · 부동산 및 사업서비스업
9	사회 및 개인 서비스
0	분류 불능사업

성장산업(growth industries)은 경기변동이 순환과는 관계없이 매출액과 이익의 높은 성장이 기대되는 산업이다. 기술혁신과 관련된 이른바 첨단산업이 성장산업에 해당한다. 우리나라의 경우 1970년대에는 철강, 석유화학, 일반기계, 전자공업 등이, 1980년대에는 자동차, 전자부품, 컴퓨터, 반도체, 2000년대에는 정보기술(IT), 바이오기술(BT), 환경기술(ET), 나노기술, 신재생에너지산업(녹색성장산업) 등이 성장산업으로 기대되고 있다.

순환적 산업(cyclical industries)은 호경기에 매출이나 이익의 성장률이 매우 높고, 불경기에는 매출과 이익이 격감하는 산업을 말한다. 예를 들어 냉장고, 에어컨 등 내구소비재산업이 순환적 산업에 해당한다.

방어적 산업(defensive industries)은 경기후퇴기에도 그다지 영향을 받지 않는 산업을 말한다. 사람의 생존에 필요한 식품가공업, 약품 그리고 대부분의 서비스업 등은 방어적 산업에 속한다. 방어적 산업의 주식은 투자수익률이 비교적 안정적이라는 점에서 소득이익(income gain)을 목적으로 하는 투자자에 적합하다고 하겠다. 증권회사의 경제연구소 혹은 조사부는 경제동향을 분석하면서 동시에 우리나라 산업구조에서의 순환적 산업, 방어적 산업, 성장산업을 분석하여 발표하고 있다.

2) 산업 수명주기 분석

산업은 수명주기(life cycle)라는 발전단계를 거치게 된다. 이 수명주기를 살펴봄으로써 산업분석의 검토에 필요한 주요 대상을 잘 이해할 수 있다. 산업의 수명주기는 [그림 7-1]과 같이 개척기, 성장기, 안정기로 나눈다.

[그림 7-1] 산업 수명주기

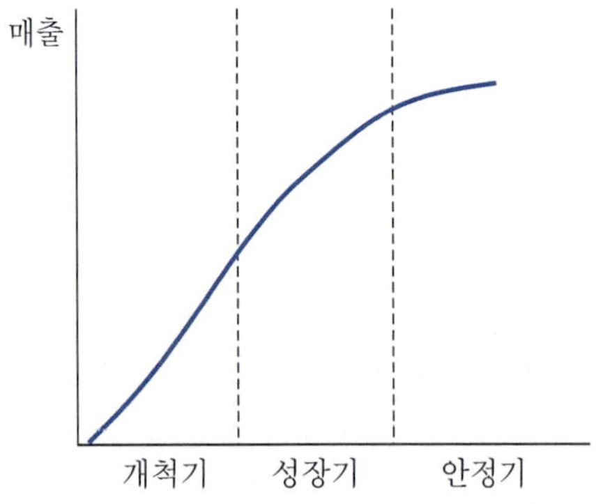

개척기는 그 산업의 제품에 대한 수요가 급속히 성장하는 시기이다. 개척기에는 매출액이나 이익을 증대시킬 좋은 기회가 있기 때문에 많은 기업이 그 산업에 참가한다. 많은 기업이 시장점유율(market share)을 높이기 위하여 가격, 비가격 경쟁을 치열하게 한 결과 도산기업도 많이 발생하며, 그 산업에 있어서 기업의 상대적 위치도 변동하기 쉽다. 따라서 개척기에 우수한 실적을 계속 확보하고 있는 기업을 선정하기는 매우 어렵다. 이와 같이 개척기에 있는 산업은 평균적으로 이익의 높은 성장이 기대되나 위험도 크므로 좋은 투자대상이 될 수 없다.

성장기는 개척기의 치열한 경쟁에서 생존한 기업들이 지속적으로 성장해 가는 시기이다. 성장기의 산업은 시장점유율, 자본구조 등에서 유리한 위치에 서게 되며, 보다 양질의 저렴한 가격의 제품을 제공하게 된다. 성장기의 산업은 성장성과 안정성을 모두 갖추고 있기 때문에 투자대상으로 매우 바람직하다.

안정기는 산업의 성장이 어느 시점에서 정체하기 시작하는 단계로서, 보통 그 산업의 매출액증가율이 경쟁적 사업 또는 경제전체의 실적보다 낮은 시기이다. 이 시기를 잠재적 쇠퇴기(latent obsolescence)라고도 하며, 사회관습의 변화, 높은 노동비용, 기술혁신 및 수요의 정체에 의해 발생한다. 안정기에 접어든 산업의 주가는 하락이 예상되므로 효율적인 투자대상이 되지 못한다.

이와 같이 수명주기이론은 어느 산업이, 어느 시점에서, 수명주기의 어느 단계에 있는가를 신중하게 분석하여 투자대상을 선정하도록 요구하는 산업분석 기법이다. 일반적인 산업에서 수명주기이론은 유용한 분석방법으로 사용되고 있다. 그러나 정보기술(IT)산업과 같은 첨단기술의 경우 수명주기가 너무 빨라서 종래의 수명주기이론을 적용하기 어렵다는 주장도 있다.

3) 산업구조분석

산업구조분석이란 해당산업의 경쟁강도를 결정짓는 구조적 경쟁요인(forces)을 분석하는 것이다. 기업의 수익성은 어떤 산업에 속하느냐에 따라 큰 차이가 날 수 있다. 포터(M. E. Porter) 교수에 의하면 1992~2006년 미국의 산업별 투자자본이익률을 보면 음료산업과 소프트웨어산업의 수익성은 항공산업의 6배에 달한다. 포터 교수에 의하면 산업의 수익성과 매력도는 5개의 구조적 경쟁요인, 즉 진입장벽, 기존업체간의 경쟁강도, 제품의 대체가능성, 구매자의 교섭력, 공급자의 교섭력 등에 의해 결정된다.

(1) 진입장벽

진입장벽이란 신규진입을 막는 장애요인으로 특정산업에 새로 진출하려는 기업들의 진입을 어렵게 만드는 장벽이다. 기존기업은 신규진입자들이 생기면 가격, 비용, 투자 측면에서 압박을 받게 된다. 따라서 신규진입을 막기 위한 방어활동을 하게 된다. 미국 최대 커피체인 스타벅스가 매장과 메뉴에 지속적으로 투자를 하는 것도 커피 소매점의 진입장벽이 낮기 때문이다. 진입장벽을 구성하는 요인은 규모의 경제, 제품의 차별화, 소요자본, 유통채널의 선점, 정부의 규제 등이다.

(2) 기존업체간의 경쟁강도

특정산업내의 기존업체간에는 가격, 신제품, 고객서비스 등을 통하여 시장에서 유리한 위치를 차지하기 위한 경쟁을 벌인다. 라이벌 기업간의 경쟁강도는 시간이 경과함에 따라 증가하는 경향이 있다. 이에 따라 산업의 수익성은 떨어지고 상대적으로 약한 경쟁자들은 퇴출된다. 그러나 이와 같은 경쟁을 극복하는 사례도 있다. 미국의 카지노 산업은 업체들의 지속적인 틈새시장발굴과 해외사업확장으로 경쟁심화에 따른 수익성약화를 극복했다.

(3) 제품의 대체가능성

특정산업의 기업들은 대체품을 생산하는 기업들과 경쟁하고 있다. 대체품이 우수할수록 특정산업에서의 제품의 가격상한선이 낮게 되어 수익성은 떨어진다. 대체재의 경우 신규 대체재 등장이나 가격에 대비한 기술향상정도에 따라 경쟁의 정도가 변한다. 예를 들어 플래시 메모리는 성능이 점차 향상되면서 저용량 하드디스크를 대체하고 있다. 현대와 같이 기술혁신이 빠른 시대에 있어서는 어느 산업의 영속성 내지 대체관계는 산업분석에 있어서 매우 중요하다. 특히 21세기 디지털시대에는 IT산업의 수명주기가 빨라 특정산업의 경쟁력을 결정하는 요소도 급변하고 있다.

(4) 구매자의 교섭력

특정산업의 제품은 구매하는 측의 교섭력이 강할수록 그 산업에 속한 기업들의 경쟁이 심하기 때문에 해당 산업의 수익성은 감소한다. 구매자의 교섭력은 제품이 규격화되어 제품차별화의 정도가 작은 경우, 다른 대체재료의 교체비용이 적은 경우, 구매집중도가 높은 경우 강하다고 할 수 있다. 지배적 위치에 있는 공급자들은 수익성을 높이기 위해 더 높은 가격을 책정하거나 각종 비용을 구매기업에 전가한다. 이 경우 구매기업에 속한 산업의 경쟁강도는 수익성이 악화된다. 구매자의 교섭력이 강해도 수익성은 악화되지 않을 수 없다.

(5) 공급자의 교섭력

교섭력이 강한 공급자는 공급가격의 인상, 제품품질의 하락 등의 위험을 증가시키며 이로 인하여 산업의 수익성은 감소한다. 공급자의 제품에 대한 대체재가

없거나, 공급자의 제품이 차별화되어 있어서 교체비용이 막대하게 소요되는 경우, 공급자가 과점상태에 있는 경우 공급자의 교섭력은 강력하다고 하겠다.

성공적인 기업은 산업구조의 변화에 대처할 수 있을 뿐 아니라 산업구조를 재편성해 해당기업에 유리한 방향으로 이끌 수 있는 능력을 갖추고 있다. 새로운 산업구조 창출은 산업내 기업들간의 이익재분배나 산업이익규모의 확대를 통해 실현할 수 있다.

3. 기업분석

기업분석(company analysis)은 경제분석과 산업분석의 다음 단계로서 증권을 발행한 기업의 내재가치를 구성하는 요인을 분석하는 것인데, 보통 질적 분석과 양적 분석으로 구분한다.

1) 질적 분석

기업을 종합적으로 분석하기 위해서는 기업의 양적 요인, 즉 재무제표상의 회계정보뿐만 아니라 기업의 질적 요인도 포괄적으로 분석해야 한다.

기업에 대한 질적 분석이란 기업 고유의 경영전략, 기업의 성장성, 경영자의 능력, 기업이미지, 업계에서의 지위, 노사관계, 기업문화, 연구개발(R&D)능력 등 비계량적 요인을 분석하는 것이다. 기업에 대한 질적 분석은 객관화할 수 있는 방법과 기준이 없지만, 양적 분석에 못지 않게 중요하다.

기업의 성장성에 대한 분석은 산업분석과 마찬가지로 개별기업이나 제품이 거치게 되는 도입기, 성장기, 쇠퇴기의 과정 중 어느 단계에 있는가를 판단하는 것을 말한다. 특히 불확실성과 위험이 증대되고 있는 현대경영에서 경영자의 역할은 더욱 중요시되고 있으며, 따라서 경영자 및 경영진의 분석은 매우 중요하다고 하겠다. 즉, 경영진의 구성과 경력, 능력, 인격, 신용, 그리고 최고경영진의 팀워크 등이 분석되어야 한다. 그러나 질적 분석의 한계는 정보의 수집도 쉽지 않고, 정보에 대한 객관적인 평가가 매우 어렵다는 점이다.

2) 양적 분석

기업에 대한 양적 분석은 기업이 공시한 재무제표를 중심으로 한 분석방법을 말한다. 즉, 양적 분석은 주로 재무제표를 통해 수익성, 안정성, 성장성 등을 분석하는 것이다. 상장기업의 재무제표는 기업분석에 있어서 기초적인 자료로, 공인회계사의 감사를 받아야 한다. 우리나라 기업회계기준상의 재무제표에는 대차대조표, 손익계산서, 이익잉여금처분계산서(또는 결손금처리계산서), 현금흐름표 등이 있다. 재무제표는 기업의 소유자와 채권자에 대하여 그 기업의 과거와 현재의 재무(finance)에 관한 성과정보를 제공한다.

기업에 대한 양적 분석은 보고된 회계정보에 의거한 재무비율분석(financial ratio analysis)이 중심이며, 여기서는 수익성, 안전성, 활동성, 성장성, 시장가치에 관한 지표들을 중심으로 설명하기로 한다.

(1) 수익성

① 총자본이익률

총자본이익률(return on investment : ROI)은 기업에 투자된 총자본(자산)으로부터 세후 어느 정도의 당기순이익을 얻었는가를 나타내는 지표로서 수익성 분석의 대표적 비율이다.

$$\text{총자본이익률} = \frac{\text{당기순이익}}{\text{총자본}} \times 100 \ (\%)$$

이 비율은 투자수익률(return on investment : ROI)이라고도 하며, 총자본과 총자산은 금액이 같으므로 총자본 대신에 총자산을 사용하여 총자산이익률이라고도 한다.

총자본이익률은 다음과 같이 분해할 수 있다.

$$\text{총자본이익률} = \frac{\text{당기순이익}}{\text{매출액}} \times \frac{\text{매출액}}{\text{총자본}}$$

$$\text{총자본이익률} = \text{매출액순이익률} \times \text{총자본회전율}$$

일반적으로 총자본이익률이 작년에 비해 높아졌다면, 매출액순이익률의 증가에 의한 것인지, 아니면 총자본회전의 증가에 의한 것인지를 분석해 볼 수 있다.

② 자기자본이익률

자기자본이익률(return on equity : ROE)은 기업에 투자된 자기자본에 의하여 얻어지는 세후 이익이 얼마인가를 측정하는 것으로, 당기순이익을 자기자본으로 나눈 것이다.

$$\text{자기자본이익률} = \frac{\text{당기순이익}}{\text{자기자본}} \times 100\ (\%)$$

자기자본이익률은 주주들의 투자자본인 자기자본에 대해 어느 정도의 이익을 올렸는가를 나타내는 지표로서, 타인자본을 제외한 순수한 자기자본의 효율적 운영을 알아보고자 한 것이다. 자기자본이익률은 여러 요인으로 분해해서 기업의 성과를 분석할 수 있다.

$$\begin{aligned}\text{자기자본이익률} &= \frac{\text{당기순이익}}{\text{매출액}} \times \frac{\text{매출액}}{\text{자기자본}} \\ &= \frac{\text{당기순이익}}{\text{매출액}} \times \frac{\text{매출액}}{\text{총자산}} \times \frac{\text{총자산}}{\text{자기자본}} \\ &= \text{매출액순이익률} \times \text{총자산회전율} \div \text{자기자본비율}\end{aligned}$$

(2) 안정성

① 부채비율

부채비율(debt of equity ratio)은 기업이 타인자본에 의존하고 있는 정도를 나타내는 비율로서, 특히 장기부채의 상환능력을 판단하는 지표이다.

$$\text{부채비율} = \frac{\text{타인자본}}{\text{자기자본}}$$

부채비율은 주주나 채권자의 입장에서 재무위험을 나타내는 지표이기 때문에, 일반적으로 100% 이하를 표준비율로 보고 있다. 그러나 이론적으로 높은 부채비율이 언제나 나쁜 것만은 아니다. 타인자본 사용에 따른 재무비용이 지렛대(lever) 역할을 하여 기업의 순이익(순손실)을 증대시키는 재무레버리지효과(financial leverage effect)가 있기 때문이다.

② 부채 · 자기자본비율

부채 · 자기자본비율은 기업이 자기자본의 형태로 조달한 자본에 비하여 총고정부채가 얼마나 되는가를 나타낸 것이다.

$$\text{부채·자기자본비율} = \frac{\text{총고정부채}}{\text{자기자본}} \times 100\,(\%)$$

이 비율은 주주들이 출자한 자본에 대하여 부채의 레버리지 효과를 나타낸 것이기도 하다. 레버리지효과(financial leverage effect)란 지렛대에 의해 작은 힘으로 큰 돌을 들어올리듯, 적은 돈으로 큰 이익을 창출하거나 그 반대의 효과를 말한다. 즉, 기업이 차입자금에 대하여 지불하는 이자비용 보다 훨씬 더 많은 수익을 올릴 수 있다면 이익의 확대효과가 있으며, 이와 반대로 불경기에 차입금 조달에 따른 이자가 추가이익을 웃돌게 되면 손실의 확대효과가 발생한다. 다시 말해 레버리지효과란 은행차입금, 회사채 발행 등 타인자본 조달(총고정부채)이 주식(자기자본)의 순이익에 미치는 작용을 말한다.

일반적으로 부채 · 자기자본비율이 100% 이상이면 높은 것으로 되며 레버리지비율이 높으면 이익의 변동성을 크게 하며, 그 결과 위험은 커지며, 주주들의 기대수익률도 더욱 높아지게 된다.

③ 이자보상비율

이자보상비율(interest coverage ratio)은 기업의 영업이익이 타인자본의 사용으로 인해 발생하는 이자의 몇 %가 되는가를 나타내는 비율이다.

$$\text{이자보상비율} = \frac{\text{영업이익}}{\text{이자비용}} \times 100\,(\%)$$

이자보상비율이 100% 이하라면 영업이익으로 이자도 갚지 못하는 상황이므로, 기업도산의 위험이 높아진다는 점에서 투자자가 유의해야 한다.

④ 유동비율

유동비율(current ratio)은 유동자산을 유동부채로 나눈 비율로서 상환기간이 1년 미만인 기업의 단기채무에 대한 지급능력, 즉 유동성을 나타내는 비율이다.

$$유동비율 = \frac{유동자산}{유동부채}$$

유동성이란 보유자산을 단기간내에 현금화할 수 있는 가능성을 말하는데, 유동성이 부족하면 단기채무에 대한 지급불능으로 기업이 도산할 위험이 높아지기 때문에 유동비율은 기업분석에서 가장 중요시된다.

(3) 활동성

① 총자산회전율

기업이 매출을 하는데 보유하고 있는 모든 자산을 몇 번이나 활용하였는가를 파악하기 위해 측정하는 비율이다.

$$총자산회전율 = \frac{매출액}{총자산}(회)$$

이 비율은 높을수록 좋은 영업활동을 하였다고 판단할 수 있다.

② 매출채권회전율

기업이 영업활동을 통해 매출채권이 1년 동안 몇 번 회수되었는가를 측정한 비율로서 이 비율이 높을수록 매출채권이 신속하게 회수되는 것을 의미한다. 매출채권회전율은 다음에 의해서 측정된다.

$$매출채권회전율 = \frac{순매출액(또는 총매출액)}{평균매출채권}$$

매출채권회전율과 함께 평균회수기간을 이용하기도 하는데, 이는 매출채권을 회수하는데 소요되는 평균기간을 의미하며 다음과 같이 계산한다.

$$매출채권회수기간 = \frac{365}{매출채권회전율}$$

③ 재고자산회전율

재고자산이 매출채권이나 현금으로 전환되는 속도를 측정하는 비율로써 기업의 영업활동에 사용되는 재고자산의 과부족을 판단하는 비율이다. 재고자산회전율이 높은 경우 자본이익률이 높아지고 매입채무가 감소하는 등 기업의 경영활동이 양호한 것으로 판단할 수 있으나, 재고부족으로 인해 고객상실의 가능성도 발생할 수 있다. 반면 재고량이 많아 재고자산회전율이 너무 낮은 경우 과다한 재고자산의 보유로 인해 기업의 영업활동이 부진하다는 점을 판단할 수 있다.

$$\text{재고자산회전율} = \frac{\text{매출원가(또는 매출액)}}{\text{평균재고자산}}$$

(4) 성장성

① 매출액증가율

전년도에 비해 당해 연도의 매출액이 얼마나 증가했는지를 나타내는 비율로서 매출액의 성장 정도를 통해 기업의 양적인 성장을 판단할 수 있는 대표적인 지표이다. 매출액증가율은 다음과 같이 계산한다.

$$\text{매출액증가율} = \left(\frac{\text{당기매출액}}{\text{전기매출액}} - 1\right) \times 100(\%)$$

매출액증가율은 기업의 외형적 성장을 나타내는 주요지표이다.

② 순이익증가율

당기말의 순이익이 전기말의 순이익에 비해 얼마나 증가하였는지를 나타내는 비율로서 매출액증가율과 함께 기업의 성장을 보여주는 핵심적인 지표이다.

$$\text{순이익증가율} = \left(\frac{\text{당기말순이익}}{\text{전기말순이익}} - 1\right) \times 100(\%)$$

③ 총자본증가율

전기말의 총자본에 비해 당기말의 총자본이 얼마나 증가하였는지를 보여주는 비율로서 기업의 전체적인 성장규모를 측정하는 지표가 된다.

$$총자본증가율 = \left(\frac{당기말총자본}{전기말총자본} - 1\right) \times 100(\%)$$

(5) 시장가치

① 주당순이익

주당순이익(earning per share : EPS)은 주식을 평가할 때 가장 기본이 되는 지표로서, 발행주식 1주당 순이익이 얼마인가를 나타내는 수치이다.

$$주당순이익 = \frac{당기\ 순이익}{발행주식수}$$

자본금 규모가 다른 기업과의 수익성을 비교할 때 이익의 절대적 규모만으로는 비교를 할 수 없기 때문에 주당순이익을 사용한다. 주당순이익이 크면 클수록 주식가격이 높은 것이 보통이다.

② 주가수익비율

주가수익비율(price earning ratio : PER)은 주가수익률이라고도 하는데 주가를 주당순이익(EPS)으로 나눈 것이다.

$$주가수익비율 = \frac{주\ 가}{주당순이익}\ (배)$$

이 비율은 주가가 주당순이익의 몇 배인가를 의미한다. 주가수익비율이 높다면 주당순이익은 평균수준인데 주가가 높아서인 경우와 주가는 평균수준인데 주당순이익이 너무 낮은 경우 두 가지로 생각할 수 있다. 첫 번째인 경우라면 이 기업의 주가가 시장에서 높게 평가되고 있기 때문에 장래에 성장가능성이 있다는 것으로 볼 수 있다. 그러나 두 번째인 경우는 현재 기업의 수익성이 좋지 못하기 때문에 나타난 것이다. 따라서 이 비율을 통해서 기업이 시장에서 평가되고 있는 위치와 기업의 성장성 및 수익성을 파악할 수 있는 것이다. 일반적으로 주당순이익에 비해 주가가 낮은 저PER주식이 투자대상으로 된다.

그런데 주식가격은 시간에 따라 변화기 때문에 PER는 항상 일정하지 않다.

③ 배당성향, 배당률 및 배당수익률

배당성향(dividend payout ratio)은 당기순이익 중 현금배당으로 지급되는 비율로, 이 비율은 배당금 지불능력 또는 기업의 배당정책을 나타내는 지표이다.

$$\text{배당성향} = \frac{\text{현금배당}}{\text{당기순이익}} \times 100(\%)$$

배당성향이 높다는 것은 배당금 지불능력이 크고, 배당정책상 현금배당의 비중을 높인 결과라고 볼 수 있다.

배당률(dividend payout)은 배당금을 주식의 액면가격으로 나눈 것이다. 현재 우리나라 상장기업에서 대부분 액면가격을 기준으로 배당률을 결정하고 있다.

$$\text{배당률} = \frac{\text{1주당 배당금}}{\text{액면가격}} (\%)$$

배당수익률(dividend yield)은 배당금을 당해 주식의 시장가격으로 나눈 것으로 투자자의 입장에서는 더 의미가 있는 지표이다.

$$\text{배당수익률} = \frac{\text{1주당 배당금}}{\text{시장가격}} (\%)$$

예를 들어 액면금액 5,000원인 주식의 배당률이 10%라면 1주당 500원의 배당금을 받게 되는 것이고, 시장가격 20,000원인 주식의 1주당 배당금이 500원이라면 배당수익률은 2.5%이다.

④ 토빈의 q비율

토빈의 q비율(Tobin's q ratio)은 주식시장에서 평가된 기업가치, 즉 주가를 기업자산의 현재가치로 나눈 값이다.

$$q = \frac{\text{기업의 시장가치(주가)}}{\text{기업자산의 현재가치(추정대체비용)}}$$

기업자산의 현재가치, 즉 대체비용이란 기업이 현재 보유하고 있는 모든 자산을 실제로 대체한다고 할 때 소요되는 대체원가(replacement cost)를 추정한 것이다. 만약 주가가 자산의 현재가치보다 높다면 주식을 팔아 그 자금으로 새로 기업을 창업하는 것이 더 많은 이익을 얻을 수 있다. q비율이 1 이상인 기업의 주가는 자산의 현재가치보다 높게 평가되고 있고, 따라서 기업이 상대적으로 저렴한 자금조달로 신규투자할 수 있음을 뜻한다. 반대로 1 이하인 기업의 주가는 기업자산의 현재가치보다 과소평가되고 있다. q비율이 1 이하인 기업은 자산을 효율적으로 이용하지 못하고 있기 때문에 M&A의 대상이 될 수 있다.

⑤ 주가순자산비율

주가순자산비율(price book-value ratio : PBR)은 주가를 1주당 순자산으로 나누게 된다.

$$\text{주가순자산비율} = \frac{\text{주 가}}{\text{주당순자산}} = \frac{\text{주당시장가치}}{\text{주당장부가치}} \ (\text{배})$$

이 비율은 시장가치 대 장부가치비율(Book-to-Market Ratio)이라고도 하는데, 주가는 시장에서 가치가 결정되고 주당순자산은 대차대조표에 나와 있는 자산을 발행주식수로 나누어서 계산한 것이어서 분모는 장부가치를, 분자는 시장가치를 사용하기 때문이다. 이 비율은 1주당 순자산이 주가(기업가치)를 몇 배 창출했느냐를 나타내기 때문에 이 비율이 높다는 것 역시 높은 성장가능성이 있다는 것을 의미한다. 반면에 나머지 다른 조건들이 동일한 경우 시장가치 대 장부가치비율이 낮은 기업은 주식시장에서 저평가되어 있다고도 볼 수 있다.

재무비율분석에는 그 한계가 있다. 기본적인 한계는 비율이 높다든가 낮다든가 판단할 절대적 기준이 없다는 것이다. 또한 재무비율은 회계처리된 수치에 의해 산출된 것이기 때문에 다소 주관적인 것이다. 더욱이 비교할 다른 회사를 찾는다는 것이 쉽지 않다. 결국 재무비율분석은 의사결정의 하나의 판단자료를 제공해 주는데 불과한 것이다.

제3절 주식의 가치평가

1. 내재가치와 기본모형

주식의 내재가치(intrinsic value)란 본질가치 또는 고유가치라고도 하며 투자자가 생각하는 실질가치(real value)이다. 증권시장에서 수요와 공급에 의해 결정되는 주식의 시장가격(현실가격)과는 관계없이, 주식내재가치란 기본분석에 의거한 평가방법에 의하여 추정되는 주식의 가치를 말한다. 주식의 시장가격은 내재가치를 중심으로 변동하기 때문에 장기적으로는 시장가격이 내재가치와 일치하게 될 것이다.

주식의 내재가치를 산출하는 방법은 주식보유자가 받게되는 미래의 현금흐름(cash flow)을 적절한 할인율(기대수익률, 자본비용)로 할인하는 것이다. 즉, 주식가치의 기본평가모형은 주식을 보유함으로써 받게되는 배당, 매도가격과 같은 현금흐름을 적절한 기대수익률로 할인하여 현재가치를 추정하는 것으로, 다음과 같이 나타낼 수 있다.

$$P_0 = \sum_{t=1}^{T} \frac{CF_t}{(1+k)^t} \tag{7-1}$$

단, P_0 : 주식의 내재가치 (주가)
CF_t : t 기의 현금흐름
k : 기대수익률, 자본비용
T : 당해 주식의 예상 보유기간

예를 들어 1년 후에 1,000원의 배당을 주며, 매매가격이 10,000원으로 예상되는 주식이 있다. 기대수익률이 10%라면 이 주식의 가치는 다음과 같이 산출된다.

$$P_0 = \frac{1,000}{(1+0.1)} + \frac{10,000}{(1+0.1)} = 10,000(\text{원})$$

만약 투자자가 이 주식을 3년 후 매각한다면 이 주식의 가치는 다음과 같다.

$$P_0 = \frac{1,000}{1.1} + \frac{1,000}{(1.1)^2} + \frac{11,000}{(1.1)^3} = 10,000(\text{원})$$

따라서 주식의 가치평가를 위해서는 투자로 발생되는 현금흐름과 기대수익률을 구해야 한다. 주식평가에 이용될 수 있는 기대수익률은 투자자가 요구하는 최소의 요구수익률인데 보통 이자율이 많이 이용되지만, 이론적으로는 자본자산가격결정모형(CAPM)에 의해 다음과 같은 개념에 의해 산출될 수 있다.

> 개별자산의 기대수익률은 무위험이자율에 개별자산 위험프리미엄을 합한 것이며, 여기서 개별자산의 위험프리미엄은 주식시장 전체의 위험프리미엄에 개별자산의 시장민감도(β)를 곱하여 반영한 것과 같다.

미래의 현금흐름을 어떻게 정의하느냐에 대해서는 명확하지 않다. 주식평가모형은 미래의 현금흐름을 배당으로 파악하느냐 이익으로 파악하느냐에 따라 배당평가모형과 이익평가모형으로 구분할 수 있다. 여기서는 미래의 배당금과 미래의 주식가격을 예측할 수 있고 시장이자율을 기대수익률로 사용한다고 가정하여 주식평가모형을 살펴보자.

2. 배당평가모형

배당평가모형에서는 그 주식을 보유하고 있는 투자자에게 배당이 유일한 현금흐름이며, 계속기업(going concern)의 가정하에 무한대까지 주식을 보유할 경우 주식의 가치는 지금부터 영구적으로 받게될 현금배당의 현재가치이다. 즉, 주식의 내재가치는 영구적인 미래현금배당을 기대수익률로 할인한 현재가치이며, 이를 배당평가모형이라고 한다. 주식의 배당평가모형은 다음과 같이 나타낼 수 있다.

$$P_0 = \frac{D_1}{(1+k)} + \frac{D_2}{(1+k)^2} + \frac{D_3}{(1+k)^3} + \cdots\cdots + \frac{D_\infty}{(1+k)^\infty} \qquad (7\text{-}2)$$

$$P_0 = \sum_{t=1}^{\infty} \frac{D_t}{(1+k)^t} \tag{7-3}$$

단. D_t : t기의 배당
k : 기대수익률(요구수익률)

위의 식이 의미하고 있는 것은 주식투자자가 단기간 주식을 보유한다고 해도 주식매각시점의 매매차익은 그 이후의 배당을 할인한 가격과 같기 때문에, 주식을 팔았을 때 받게되는 주식매매차익을 고려하지 않고 미래의 배당만을 고려하여 주식을 평가해도 타당하다는 것이다. 즉, 배당평가모형은 미래의 현금배당 뿐만 아니라 주식의 매매차익도 모두 고려하고 있다.

그런데 미래의 배당흐름을 정확히 예측한다는 것은 매우 어렵다는 것이 이 모형의 한계다. 다음과 같은 가정하에 배당평가모형을 확장시키고 있다.

1) 제로성장배당모형

기업이 성장하지 않고 현상유지만 한다고 예상되는 경우 매기의 배당금은 현재의 배당금과 동일할 것이다. 이러한 경우 주식의 가격은 다음과 같으며, 이것을 제로성장배당모형이라고 한다.

$$P_0 = \frac{D}{(1+k)^1} + \frac{D}{(1+k)^2} + \cdots + \frac{D}{(1+k)^\infty}$$

$$P_0 = \frac{D}{k} \tag{7-4}$$

이 모형에서 배당이 영구히 일정하다는 가정은 현실성이 없지만, 주식의 가치를 평가하는 데 일정한 틀을 제공한다.

2) 항상성장배당모형

기업의 배당이 매년 일정한 비율(g)로 영구히 성장하고, 기대수익률이 일정하다면 그 주식의 가격은 다음과 같이 나타낼 수 있다.

$$P_0 = \frac{D_0}{(1+k)} + \frac{D_0(1+g)}{(1+k)^2} + \frac{D_0(1+g)^2}{(1+k)^3} + \cdots\cdots + \frac{D_0(1+g)^{\infty-1}}{(1+k)^{\infty}}$$

이를 간단히 하면 다음과 같다.

$$P_0 = \frac{D_1}{k-g} = \frac{D_0(1+g)}{k-g} \qquad (7\text{-}5)$$

식 (7-5)를 항상성장배당모형(constant growth model)이라고 하며, 주식의 가치평가에 많이 사용되고 있다.

예를 들어 현재 배당을 1,000원씩 주는 기업의 배당이 앞으로 영구히 5%의 비율로 성장한다고 하자. 이 주식에 대한 기대수익률이 10%라면, 이 주식의 가치는 다음과 같다.

$$P_0 = \frac{1,000(1+0.05)}{0.10-0.05} = 21,000(\text{원})$$

이와 같은 항상성장배당모형에서 다음과 같은 사실을 알 수 있다.

첫째, 다음 기간의 배당이 클수록 주가는 상승한다.

둘째, 기대수익률이 클수록 주가는 하락한다.

셋째, 배당성장률이 클수록 주가는 상승한다.

3. 이익평가모형

이익평가모형은 배당이 궁극적으로 기업의 주당 이익(earning per share : EPS)에서 발생한다는 사실에 기초하여, 미래의 주당 이익으로 주식의 내재적 가치를 평가하는 것이다. 즉, 이 모형에서는 주식의 가격은 다음과 같이 미래의 주당 이익을 투자자의 기대수익률로 할인한 현재가치로 산출된다.

$$P_0 = \frac{EPS_1}{(1+k)} + \frac{EPS_2}{(1+k)^2} + \frac{EPS_3}{(1+k)^3} + \cdots\cdots + \frac{EPS_{\infty}}{(1+k)^{\infty}} \qquad (7\text{-}6)$$

$$P_0 = \sum_{t=1}^{\infty} \frac{EPS_t}{(1+k)^t} \tag{7-7}$$

단. EPS_t : t기의 주당 이익
k : 투자자의 기대수익률

여기서 사용되는 투자자의 기대수익률(k)은 배당평가모형에서 사용되었던 기대수익률(k)과 다르다. 왜냐하면 미래의 배당흐름과 이익흐름의 변동성(위험)이 상이하기 때문이다.

식 (7-7)에서 매기의 주당 이익이 일정하다면 이익평가모형을 다음과 같이 간단히 나타낼 수 있다.

$$P_0 = \frac{EPS_1}{k} \tag{7-8}$$

예를 들어 A기업의 주당 이익이 4,000원으로 성장없이 일정하고, A주식에 대한 투자자의 기대수익률이 10%라면 A주식의 내재적 가치는 다음과 같다.

$$P_0 = \frac{4,000}{0.1} = 40,000(\text{원})$$

주식의 가치를 평가하는 데 배당평가모형과 이익평가모형 중 어느 것이 더 타당한가를 둘러싸고 많은 논쟁이 있다. 그러나 배당평가모형은 주식가치의 평가에 있어서 배당을 중시하고, 이익평가모형에서는 이익을 중시하지만, 이익 중 배당되지 않은 사내유보는 언젠가는 주주에게 배당되어 주식가치 상승의 원인이 되기 때문에 결국 두 모형의 차이는 없다고 생각한다.

4. PER 평가모형

배당평가모형과 이익평가모형은 이론적으로 주식의 내재가치를 평가하는 데 있어서 의미가 있지만 실용성이 매우 적다. 실무계에서는 주식투자지표로 널리 사용되고 있는 주가수익비율(PER)을 이용한 주식가치평가방법이 많이 사용되고 있는데, 이것이 PER 평가모형이다.

주가수익비율(price earning ratio : PER)이란 현재의 주가를 주당 이익으로 나눈 것으로 다음과 같다.

$$PER = \frac{P_0}{EPS_1} \quad (7\text{-}9)$$

P_0: 주가
EPS_1: 주당이익

주가수익비율은 현재의 주가가 주당이익의 몇 배인가를 나타내는 지표이다. 기업의 주당 이익에 비교해서 주가가 과소평가되어 있으면 주가수익비율이 낮게 되며, 주당 이익에 비교해서 주가가 과대평가되어 있으면 주가수익비율이 높아진다.

식 (7-9)를 이용하면 이론적인 주식가격 P_0는 다음과 같다.

$$P_0 = \text{정상적 } PER \times \text{주당순이익}(EPS_1) \quad (7\text{-}10)$$

주가수익비율 평가모형에서는 먼저 1년 혹은 그 이후에의 주당순이익(earning per share : EPS)을 측정하고, 그 다음 그 주식의 정상적인 주가수익비율을 측정한 후, 주당 이익과 정상적인 주가수익비율을 곱하여 미래의 주가를 평가한다. 따라서 이 모형을 이용하여 주식의 내재적 가치를 평가할 때 가장 핵심적인 것은 정상적인 주가수익비율(PER)을 추정하는 문제이다. 정상적인 주가수익비율을 구하기 위해, 동일한 위험을 가진 주식들의 PER, 동종산업의 평균 PER, 과거 수년간의 평균 PER 등이 사용된다.

예를 들어, S전자의 과거 5년간 평균 PER가 8이고, 금년도 예상되는 주당순이익이 5,000원이라면 이 회사의 주가는 40,000원(8 × 5,000원)으로 예측할 수 있다.

PER모형 이용상의 문제점은 다음과 같다.

첫째, 주당순이익은 회계처리방법에 따라 큰 영향을 받는다. 자산평가의 경우 역사적 원가기준이냐 시가기준이냐에 따라 많은 차이가 난다.

둘째, 주당순이익은 미래의 기대이익을 사용해야 하는데 보통 전기에 실현된 주당순이익을 이용하고 있기 때문에 주식가치 평가에 있어서 한계가 있다.

셋째, 주당순이익은 경기변동에 따라 크게 변동하므로 PER의 변동성도 매우 크다는 점이다.

연습문제

1. 다음 용어를 설명하라.

1) 기본적 분석
2) 경기선행지수
3) 기업실사지수
4) 레버리지 효과
5) 토빈의 Q비율
6) 채권지수
7) 주식가치의 기본모형
8) PER
9) PBR

2. 다음 괄호 속에 들어갈 적절한 말을 쓰라.

1) 경기변동의 순환국면을 2국면으로 나누면 (　　)기와 (　　)기가 있고, 4국면으로 나누면 (　　)기, (　　)기, (　　)기, (　　)기로 세분된다.
2) 미국의 대표적인 다우존스공업평균지수의 구성종목수는 (　)개이다.

3. 다음의 물음에 답하라.

1) 다음은 통화량과 주가의 관계에 대한 설명이다. 옳지 않은 것은?
① 통화량의 증가는 기업의 자금확보를 상이하게 하고, 이는 기업의 수익성을 향상시켜 주가를 상승하게 한다.
② 통화량의 증가는 민간부분의 저축 및 투자를 확대시켜 주식 및 채권에 대한 수요를 증가시키고 이에 따라 주가는 상승한다.
③ 피셔효과에 의하면, 통화량의 증가는 통화공급확대를 가져오고 이는 금리하락으로 연결되어 주가는 상승하게 된다.
④ 통화량의 증가는 단기적으로 주가에 긍정적인 영향을 주지만, 장기적으로는 금

리를 상승시켜 주가에 부정적인 영향을 미친다.

2) 정률성장배당모형의 가정이 아닌 것은?
① 성장에 필요한 자금을 내부자금만으로 조달한다.
② 내부자금만으로 성장할 경우의 성장률도 변함이 없다.
③ 이익흐름이 영속적이고 투자자금의 재투자수익률은 항상 일정하다.
④ 기업의 이익과 배당성향은 일정한 비율로 성장한다.

3) 어느 기업의 ROI가 전년도에 비해 크게 향상되었다. 다음 중 ROI가 높아진 이유가 아닌 것은?
① 전년도에 비해 총자본이 크게 증가하였다.
② 전년도에 비해 매출액은 비슷하고 매출액 순이익률이 크게 향상되었다.
③ 전년도에 비해 당기 순이익이 크게 증가하였다.
④ 전년도에 비해 매출액은 비슷하나 총자본 회전율이 증가하였다.

4) 기본적 분석에 대한 설명으로 적절한 것은?
① 주가는 시장에서 수요와 공급으로 결정된다고 본다.
② 과거의 주가 움직임을 파악함으로서 미래주가의 변동추이를 알 수 있다고 가정한다.
③ 기업가치에 영향을 미치는 거시경제변수, 산업변수, 기업 자체 변수에 대해 분석한다.
④ 추세분석, 패턴분석 등의 방법을 사용한다.

5) K기업의 금년말 배당이 1,000원으로 예상되며, 향후 성장률은 5%로 지속될 것으로 예상된다. 이 기업의 기대수익률이 20%일 때 금년초 주식의 이론적 가치는?
① 7.000원　　② 7,012원
③ 8,465원　　④ 7,120원

6) 다음 중 기본적 분석의 한계점과 거리가 먼 것은?
① 분석에 소요되는 시간이 길다.
② 한 기업의 내재가치에 대한 견해가 투자자마다 다를 수 있다.
③ 한 사건이라도 적용되는 회계기준에 따르면 재무제표에 다르게 반영될 수 있다.
④ 기본적 분석은 과거정보만 이용한다.

7) 기업실사지수(BSI) 100이라면 경기전망에 대한 해석 중 가장 적절한 것을 고르시오.
① 향후 경기에 대한 긍정적으로 전망하는 업체의 수가 부정적으로 전망하는 업체의 수보다 많다.
② 향후 경기에 대한 긍정적으로 전망하는 업체의 수가 부정적으로 전망하는 업체의 수보다 적다.

③ 향후 경기에 대한 긍정적으로 전망하는 업체의 수가 부정적으로 전망하는 업체의 수와 같다.

④ 복원 안됨

8) 기업의 내재가치를 분석하는 과정에서 3단계의 top-down방식이 있다. 다음 중 3단계의 top-down방식을 바르게 나열한 것은?

① 과거분석-현재분석-미래분석 ② 기업분석-산업분석-경제분석

③ 거시분석-미시분석-정밀분석 ④ 경제분석-산업분석-기업분석

9) 어느 기업의 총자본 금액은 2,000억원이고 자기자본은 1,000억원, 순이익은 200억원, 배당금액은 80억원이다. 자기자본이익률이 일정할 경우 배당성장률을 구하시오.

① 4% ② 6%

③ 8% ④ 12%

10) 토빈의 q이론에 대한 설명 중 가장 거리가 먼 것은?

① 토빈의 q란 기업의 시장가치를 기업의 실물자본대체비용으로 나눈 비율을 말한다.

② 금리가 인하되면 주가가 상승하고 q가 상승한다.

③ q가 1보다 작으면 M&A의 대상이 될 수 있다.

④ 통화정책의 파급경로 중 신용경로를 설명할 수 있는 이론이다.

해답 **2.** 1) 확장, 수축, 회복, 호황, 후퇴, 불황 2) 30

3. 1) ③ 2) ④ 3) ① 4) ③ 5) ① 6) ④ 7) ③ 8) ④ 9) ④ 10) ④

제8 장

증권의 기술적 분석

08
part

증권의 기술적 분석

제 1 절 기술적 분석의 기초개념

1. 기술적 분석의 의의

기술적 분석(technical analysis)이란 주가와 거래량의 과거정보를 분석하여 개별종목의 주가나 시장의 방향을 예측하는 방법을 말한다. 기술적 분석은 과거의 주가와 거래량을 도표화해서 일정한 패턴이나 추세를 찾아내고 이 패턴이나 추세를 이용하여 주가를 예측하고자 한다. 따라서 기술적 분석은 대상이 되는 개별주식이나 증권시장의 움직임에 분석의 초점을 맞출 뿐 내재가치에 영향을 주는 기본적 요인을 고려하지 않는다.

2. 기술적 분석의 기본전제

이와 같은 기술적 분석은 다음과 같은 기본적인 전제 또는 가정을 가지고 출발한다.

첫째, 주가는 기본적으로 수요와 공급에 의해서만 결정된다. 일반적인 경제원리와 마찬가지로 수요가 공급을 초과하면 주가는 상승하고 반대로 공급이 수요를 초과하면 주가는 하락하게 된다. 그런데 증권시장에서 수요와 공급은 투자자들의 투자행태에 따라서 변화한다. 투자행태는 정치 · 경제 · 사회 또는 심리적 요인의 변화에 의해서 결정된다. 따라서 주가는 투자행태를 결정짓는 외부여건의 변화를 반영하여 움직이게 되는데, 기술적 분석가들은 주가 움직임 자체만을 가지고도 외부여건의 변화를 알 수 있다고 생각한다.

둘째, 주가는 조그마한 변동을 무시한다면 상당한 기간동안 일정한 추세를 유지하는 경향이 있다고 전제한다. 주가 움직임이 추세운동을 한다는 전제는 기술적 분석에 있어서 중요하다. 주가의 움직임에서 한번 형성된 추세는 그것이 변하거나 무너졌다는 확실한 신호가 발견되기까지는 그 추세가 계속되는 것으로 본다. 기술적 분석에서의 추세는 가장 기본적이면서도 중요한 개념이다. 왜냐하면, 대부분의 기술적 분석기법들이 추세가 계속되느냐 또는 전환될 조짐을 보이느냐에 초점이 맞추어져 있다고 해도 지나친 말이 아니기 때문이다.

셋째, 주가의 움직임은 일정한 패턴(pattern)을 만들면서 과거를 반복하는 경향이 있다. 증권시장에서 주가의 움직임은 도표(chart)에 의해 분석될 수 있으며, 도표에 나타나는 주가모형(패턴)은 반복되는 경향이 있다고 주장한다.

넷째, 주가는 평균으로 회귀할려는 성질을 가진다. 평균이란 산술적인 평균과 보편타당하다고 인정하는 심리적 평균을 포함하는 의미이다. 평균에 비해 너무 상승했다고 판단되는 경우, 과열상태로 매도해야 되며, 평균에 비해 너무 하락했다고 판단되는 경우, 침체상태로 매수해야 한다.

3. 기술적 분석의 유용성

기술적 분석의 유용성은 다음과 같다. 첫째, 주가는 계량화할 수 없는 심리적 요인에 의해 영향을 받기 때문에 기본적 분석만으로 주가를 평가하는데 한계가 있다. 기술적 분석은 기본적 분석의 한계를 보완할 수 있다. 둘째, 기술적 분석은 매매시점(timing)을 찾는데 효과적으로 이용할 수 있다. 우리는 투자결정을 할 때 시장분석과 매매시기 선택의 두 가지 단계를 거치게 된다. 이때 시장분석은 기본적 분석이나 기술적 분석의 어느 방법을 선택해서 하더라도 매매시점의 선택은 기술적 분석에 의존할 수밖에 없다. 기본적 분석으로는 매매시점을 포착하기 어렵지만 기술적 분석으로는 주가의 변화를 예측하여 매매시점을 포착할 수 있다고 주장한다. 모든 정보는 주가에 반영되기 때문에 과거의 주가나 거래량의 동향을 분석하면 그 정보가 반영되는 시발점을 찾을 수 있다는 것이다. 이론적으로는 기술적 분석은 지지받지 못하고 있다. 증권시장이 상당히 효율적이라 보고 있기 때문이다.

4. 기술적 분석의 한계점

기술적 분석의 한계점으로는 첫째, 과거의 주가추세나 패턴이 반복된다는 전제에 대한 비판이다. 과거에 있었던 주가추세나 패턴이 미래에도 똑같이 일어난다고 기대하는 것은 현실성이 없다는 것이다. 둘째, 동일한 현상을 놓고도 분석자의 주관에 따라 해석에 차이가 있다. 주가의 패턴이나 거래량을 해석할 때 분석하는 사람에 따라 다른 해석이 가능하며 따라서 객관적으로 일치된 결과를 얻기가 힘들다는 것이다. 셋째, 시장의 변화에 의존하는 분석방법이기 때문에 시장의 변화를 가져오는 기본적인 요인은 고려하지 못한다는 점이다. 즉, 시장의 변화를 설명하는 기본적인 요인을 고려하지 않기 때문에 시장이 변화하는 원인을 분석할 수 없다.

제2절 기술적 분석의 종류

1. 도표분석

기술적 분석가들은 증권시장에서 형성되는 주가변동을 분석하기 위해서 주로 도표(chart)를 많이 사용하기 때문에 차티스트(chartist)라고 한다. 도표에는 미국식 봉도표(bar chart)와 일본식 캔들도표(candle chart)가 있다.

미국식 봉도표는 세로에 주가, 가로에 최고가와 최저가를 이어서 몸(body)을 만들고 종가를 오른쪽에 가로선으로 표시하여 주가를 나타낸 것이다. [그림 8-1]은 종가가 최고가와 최저가의 중간에 있는 형태, 최고가와 종가가 동일한 형태, 최저가와 종가가 동일한 형태를 보여주고 있다. 봉도표에는 시가(opening price)개념이 없었으나 최근에는 막대의 좌측에 시가를 그려넣기도 한다.

일본식 캔들도표(Japanese candlestick)는 하루중 시가, 고가, 저가, 종가의 네 주가를 모두 표시한다. [그림 8-1]과 같이 시가보다 주가가 상승한 경우 붉은 색 또는 백색의 양봉형으로 표시하고, 상승세의 흐름은 [그림 8-1]과 같이 시가보다 종가가 하락한 경우 청색 또는 흑색의 음봉형으로 표시해 하락세의 흐름을 나타낸다.

캔들형의 일본식 도표가 하루 중 시가, 고가, 저가, 고가를 한 눈에 알 수 있어서 오늘날 세계 자본시장에서 많이 사용되고 있다.

캔들도표를 통해 주가의 추세를 예측할 수 있는데 여기에서는 1개의 캔들도표를 이용한 것만 살펴보기로 한다.

[그림 8-1] 일본식 차트

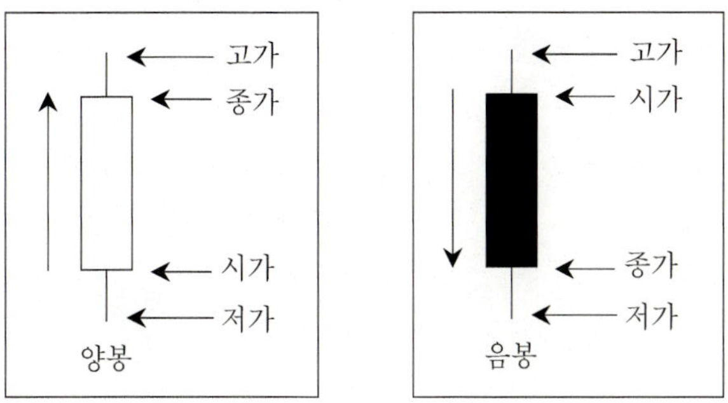

1) 우산형

추세의 천정권이나 바닥권에서 아래로 내린 그림자가 몸체의 두 배 이상 되는 모양의 일봉이 나타난다면 이는 추세전환의 중요한 신호이다. 우산모양의 아래로 긴 그림자가 있는 패턴을 우산형(umbrella)이라 한다. 우산형에는 망치형(hammer)과 교수형(hanging man)이 있다.

시장흐름이 천정권이나 바닥권에서 [그림 8-2] ⓐ와 같이 그림자가 긴 양봉이나 음봉이 나타났다면 일단 추세반전에 대해 관심을 가져야 한다. 만약 그림자가 아래로 긴 일봉이 하락추세에서 나타났다면(망치형), 시장은 더 이상 하락하지 않고 상승추세로 돌아설 가능성이 매우 높다. 이날 당일의 가격흐름이 당일저가를 완전히 극복하면서 시세의 흐름을 바꾸어 놓았으므로 시장에서 매수세가 매우 강하게 형성되고 있음을 의미하기 때문이다.

반대로 [그림 8-2]의 ⓑ처럼 상승추세에서 그림자가 아래로 긴 음봉(교수형)이 나타났다면 과도매수상태로서 향후 하락추세로 반전할 가능성이 매우 높다.

그 이유는 당일의 시세흐름이 매도세가 우위를 보여 하락하다가 다시 상승을 시도하였으나 상승에너지가 미약하여 상승국면에서 충분히 상승을 하지 못하고

[그림 8-2] 우산형

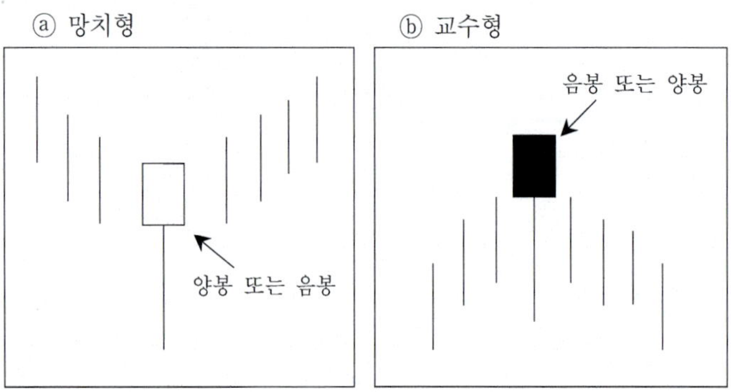

오히려 장중에 약세를 보였기 때문이다. 이러한 상승시도의 실패는 향후 시장 흐름이 매수세보다는 매도세가 강화될 것을 암시한다.

2) 샅바형

샅바형은 망치형이나 교수형과 같이 하나의 개별적인 일봉모양으로 긴 몸체와 짧은 그림자로 구성된다.

[그림 8-3]의 ⓐ처럼 상승샅바형은 하락추세에서 시가가 당일저가로서 당일 중에 지속적인 상승을 시도하여 긴 몸체를 가진 양봉을 말하며, 하락샅바형은 상승추세에서 시가가 당일고가가 되며 당일 중에 계속 하락을 거듭하여 긴 몸체를 가진 음봉을 말한다. 이때 샅바형의 몸체가 길면 길수록 신뢰도는 높아지며 일정기간 샅바형이 나타나지 않다가 발생하게 되면 역시 신뢰도가 높아진다.

[그림 8-3] 샅바형

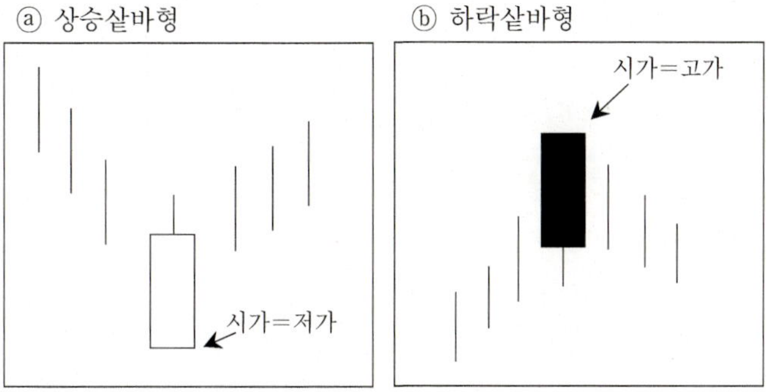

3) 십자형

증권시장에서도 시장의 불투명성으로 장 중에 등락을 거듭하다가 주가가 원위치하여 종가가 시가와 같게 되는 경우가 때때로 발생하는데 이를 십자형이라 한다. 십자형은 추세반전에 대한 중요한 경고메시지이므로 매매에 유의하여 활용하는 것이 좋다. 십자형이 만약 다른 일봉과 함께 어떤 패턴으로서 추세 반전신호를 나타내어 준다면 그 신뢰도는 더욱 높아진다.

[그림 8-4]에서 보여주고 있는 것과 같이 상승추세에서 긴 양선 이후 출현하는 십자형은 추세전환신호로서 높은 신뢰도를 갖지만, 하락추세에서의 십자형은 신뢰도가 약하다. 이는 십자형이 시장의 매수세와 매도세의 균형을 반영하기 때문이다. 즉, 하락추세에서는 심리적으로 불안정한 투자자들 때문에 매도세가 이어져 하락세가 계속되기도 한다. 그리고 몸체 아래와 위로 긴 꼬리를 갖는 장족십자형은 시장이 급등락을 보인 후 종가와 시가가 같게 된 것으로 추세가 불안정한 모습을 나타낸다.

[그림 8-4] 십자형

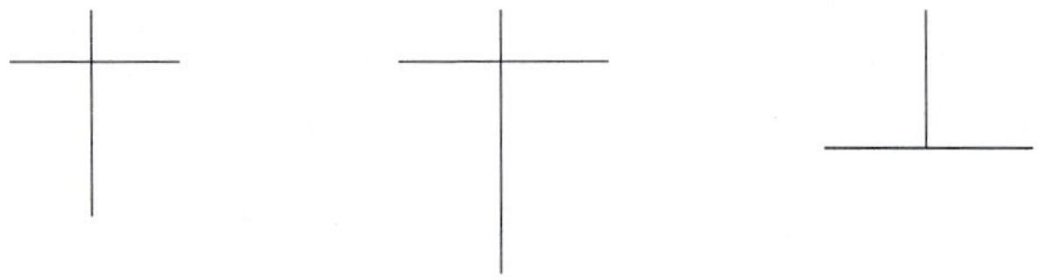

〈십자형〉 〈장족십자형〉 〈비석십자형〉

또 비석십자형은 시가와 종가와 저가가 같게 형성된 것으로 바닥권보다는 천장권에서 신뢰도가 높다. 상승추세에서 나타나는 비석십자형은 하락추세로의 전환을 의미하는데, 이는 저가로 출발하여 상승을 하다가 매수세의 동요로 다시 종가가 저가와 시가수준으로 하락했기 때문이다. 이때 고가가 높으면 강력한 하락전환신호로 본다.

2. 패턴분석

봉도표를 작성해 보면 여러 가지 패턴(pattern)이 나타나는데 투자자는 이들 패턴을 분류하여 각 상황에서 예상되는 수요와 공급을 파악함으로써 주가예측에 이용할 수 있다는 것이다. 패턴이란 유형을 규정할 수 있는 형태를 말한다. 봉도표를 이용한 패턴분석은 적절한 매매시점을 예측하기 위하여 주가변동분포에서 천정권과 바닥권에서 일어나는 전형적인 패턴을 찾아냄으로써 주가추세가 상승국면인지 아니면 하락국면인지의 전환시점을 포착하려는 것이다.

패턴분석은 기술적 분석 중 가장 역사가 깊은 방법이지만, 그 해석이 너무 주관적이다. 기술적 분석가들에 의해 발견된 패턴은 무수히 많지만 그 중 삼봉형만 소개하면 다음과 같다.

1) 삼봉천정형(삼봉형)

삼봉천정형(head and shoulders tops formation)은 주가의 천정(봉우리)이 세 번 나타나는 모양으로 머리-어깨형이라고도 한다. 두 번째 천정이 첫 번째와 세 번째에 비해 높으므로 두 번째를 머리라고 하고, 양쪽을 어깨라고 한다.

[그림 8-5] 삼봉천정형

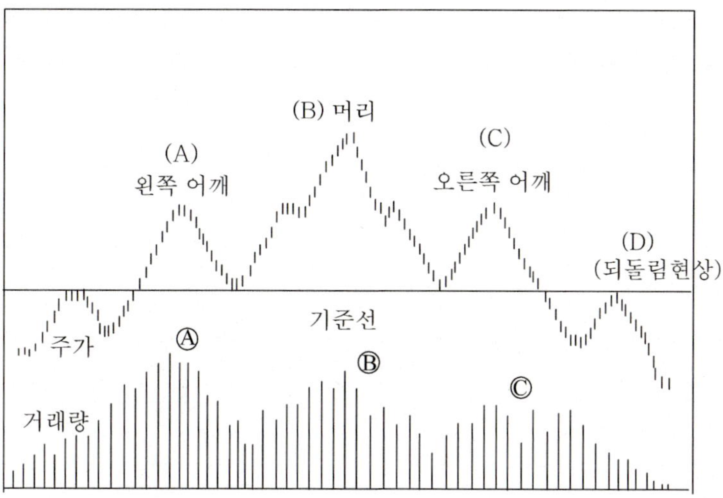

첫 번째(왼쪽) 어깨(A)에서는 빠른 주가상승과 함께 거래량이 증가하지만 왼쪽 어깨의 정점 이후부터는 거래량이 감소하여 주가가 하락하기 시작한다. 그 후 주가가 반전하여 새로운 상승국면인 머리 부분(B)으로 진입하고 거래량도 점진적으로 회복된다. 오른쪽 어깨(C)는 머리에서 하락하던 주가가 세 번째로 회복되면서 형성되는데 거래량은 왼쪽 어깨나 머리보다 적은 수준이다. 오른쪽 어깨를 지나면 본격적인 하락장세에 진입하여 주가가 대폭 하락할 위험이 있으므로 여기가 바로 매도시점이 되는 것이다.

2) 삼봉바닥형

삼봉바닥형(head and shoulder bottoms formation)은 삼봉천정형과 반대의 모형이다. 즉, 주가추세가 바닥에서 상향으로 반전하는 과정에서 형성되며 거래량의 변화양상도 유의해야 한다.

[그림 8-6] 삼봉바닥형

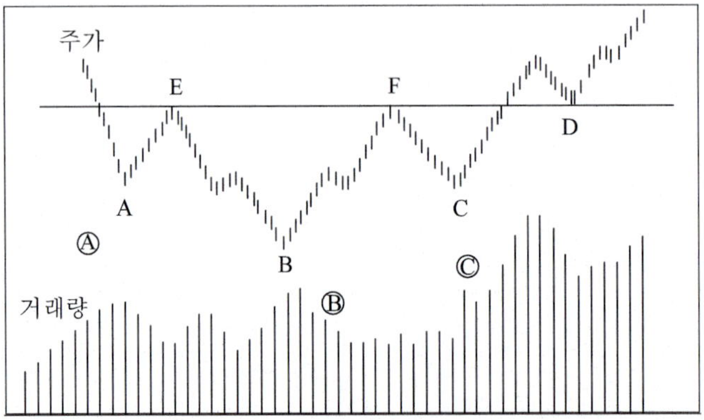

3. 추세분석

추세분석은 일단 한번 형성된 추세는 반전되기 보다는 지속될 가능성이 높다는 전제하에 이루어진다. 기술적 분석가들은 추세선을 파악함으로써 주식을 매입할지 또는 매도할지를 결정하게 된다.

1) 추세선

추세선(trend line)이란 주가 흐름을 반영한 선을 말한다. 추세선에는 지속적으로 상승하려는 상승추세, 반대로 하락하려는 하락추세, 횡보현상이 나타나는 평형추세가 있다.

[그림 8-7]과 같이 두 저점을 연결한 결과 위로 향하는 것은 상승추세선이며, 반대로 고점을 연결한 결과 아래로 향하는 것은 하락추세이며 저항선과 지지선이 가운데 횡보하는 경우 평행추세선이라고 한다. 일반적으로 상승추세일 때는 매수 또는 보유하고, 하락추세일 때는 매도를 한다.

[그림 8-7] 추세선

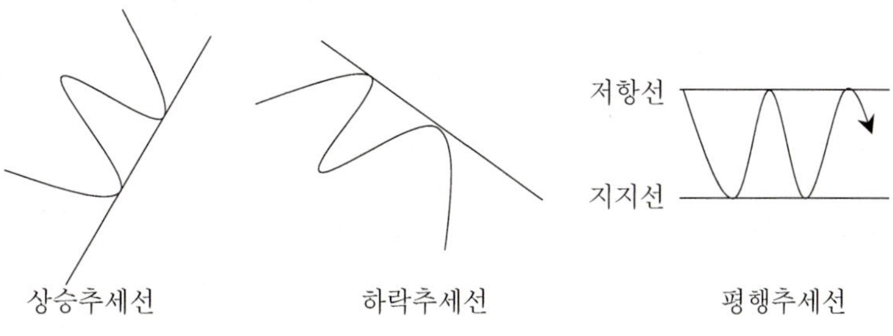

2) 저항선과 지지선

[그림 8-8]은 주가가 하락하다가 지지선을 중심으로 일정한 수요가 발생되어 주가의 하방경직성을 보인 후 저항선을 돌파하는 모양이다.

[그림 8-8] 저항선 돌파

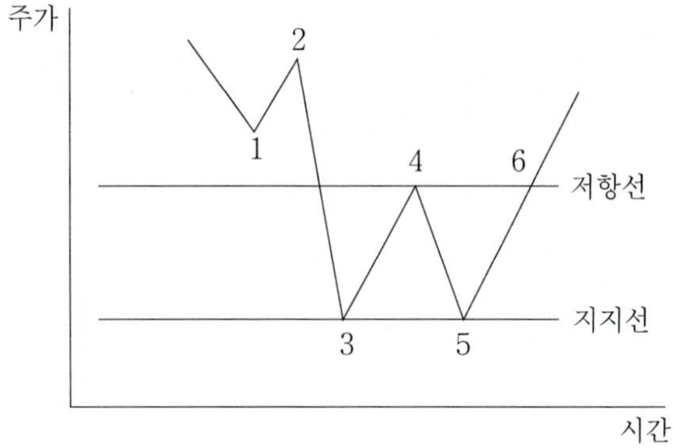

6점 주가수준에서는 4점 수준보다 매도세력이 급격히 약화되거나 매입세력 증가로 저항선 돌파가 나타나게 된다. 따라서 주가가 지지를 보이는 3, 5점을 소극적 매수시점으로 삼고 저항선을 돌파하는 6점을 적극적인 매수시점으로 삼아야 한다. 즉, 저항선을 뚫고 상승할 때 새로운 상승추세가 형성될 것을 예상하려 매수한다.

[그림 8-9]는 주가상승 후 매도 증가로 저항을 보인 후 지지수준을 하향돌파

[그림 8-9] 지지선 돌파

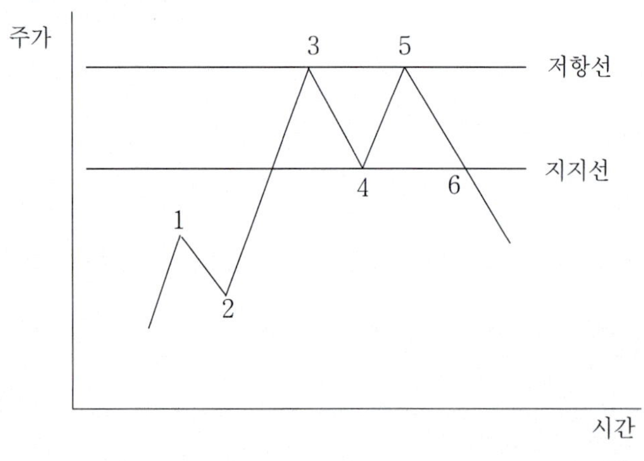

하는 것으로서 매도세의 급격한 증가와 매수세 감소로 인하여 하향돌파되어 지지선이 무너지며 주가가 저항선에서 상방경직성을 보이며 거래가 급감되는 현상이 발생된다. 따라서 주가가 저항을 보이는 3, 5점은 소극적 매도시점이 되며 지지선을 하향돌파하는 6점을 적극적인 매도시점으로 하여야 한다. 즉, 지지선을 뚫고 하락하게 되면 하락추세가 형성된다고 판단한다.

3) 이동평균선과 매매방법

이동평균선이란 단기변동에서 나타나는 불규칙성을 제거하기 위하여 일정기간 내의 변동치를 순차적으로 산술평균한 다음 그 값을 해당기간의 일수로 나누어 줌으로써 추세변동을 파악하는 방법이다. 이동평균선은 단기변동에서 나타나는 불규칙성을 제거하고 장기적인 변동추세를 파악하기 위한 것으로 자의적인 조작이 가능한 비정상적인 변동을 줄여 전체적인 주가흐름을 객관적으로 관찰하고자 하는 것이다.

주가 이동평균(moving average)이란 일정기간 동안의 매일의 종가를 단순평균한 것으로서, 매일매일 가장 최근의 날짜의 주가가 추가되고 첫 번째 날짜의 주가가 제외되는 방식으로 계산한다. 이렇게 해서 구해진 이동평균값을 선으로 연결한 것이 이동평균선이다. <표 8-1>의 2행의 자료를 이용하여 6일이동평균을 계산하면 다음과 같다.

〈표 8-1〉 이동평균값의 산출예

	1	2	3	4	5	6	7	8	9	10
주가지수	1,451	1,453	1,452	1,455	1,457	1,456	1,458	1,459	1,463	1,458
6일이동평균						1,454	1,455	1,456	1,458	1,459

여기서 먼저 제6일 이동평균을 계산하기 위해서는 1일부터 6일까지의 단순평균을 계산하면, 다음과 같이 된다.

$$6\text{일 이동평균값} = \frac{1,451+1,453+1,452+1,455+1,457+1,456}{6} = 1,454$$

7일 이동평균은 6일 이동평균을 계산하는 식에서 1일의 주가지수인 1,451을 제외하고 대신에 7일의 주가지수인 1,458을 추가하여 계산하면 된다.

5일 이동평균선은 단기추세를, 20일과 60일 이동평균선은 중기추세를, 120일과 200일 이동평균선은 장기추세를 나타낸다.

(1) 정배열 · 역배열

주가가 하락세에서 상승세로 전환할 경우 먼저 단기이동평균선이 상승하고, 이어서 중기이동평균선 그리고 장기이동평균선이 상승한다. 또 주가가 상승세에서 하락세로 전환할 경우 먼저 단기이동평균선이 하락하고, 이어서 중기이동평균선 그리고 장기이동평균선이 하락한다.

[그림 8-10]과 같이 위로부터 단기 · 중기 · 장기 이동평균선 순으로 나란히 상승중일 때, 전형적인 정배열 상태라고 한다. 주식을 매수 또는 보유해도 좋다.

[그림 8-10] 정배열

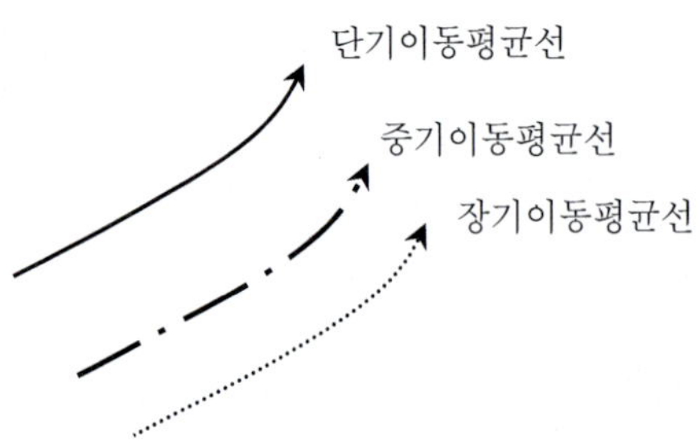

[그림 8-11]과 같이 이동평균선이 위로부터 장기 · 중기 · 단기 순으로 나란히 하락추세에 있을 때, 정배열의 반대 모양으로 전형적인 역배열 상태이다. 주식을 매도하거나 매수를 보류해야 한다.

[그림 8-11] 역배열

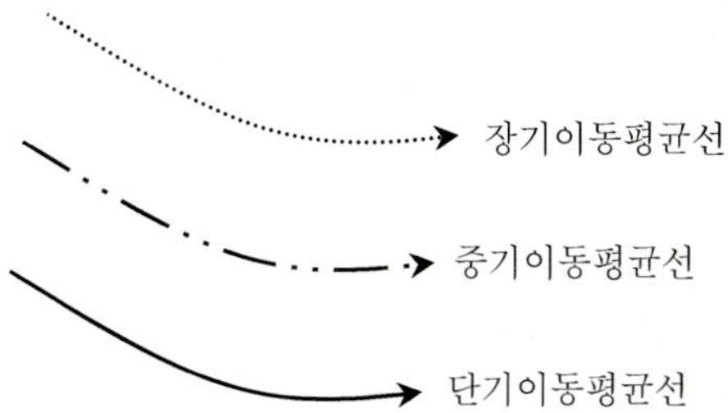

(2) 골든크로스 · 데드크로스

단기이동평균선이 중 · 장기이동평균선을 아래에서 위로 상향돌파할 경우를 골든크로스(golden cross)라 하여 매수신호로 보고, 단기이동평균선이 위로부터 아래로 중 · 장기이동평균선을 하향돌파할 경우를 데드크로스(dead cross)라고 하여 매도신호로 본다. 특히 단기이동평균선이 중기이동평균선을 돌파하는 것 보다 중기이동평균선이 장기이동평균선을 돌파하는 것이 더욱 강력한 매매신호가 된다.

[그림 8-12] 골든크로스와 데드크로스

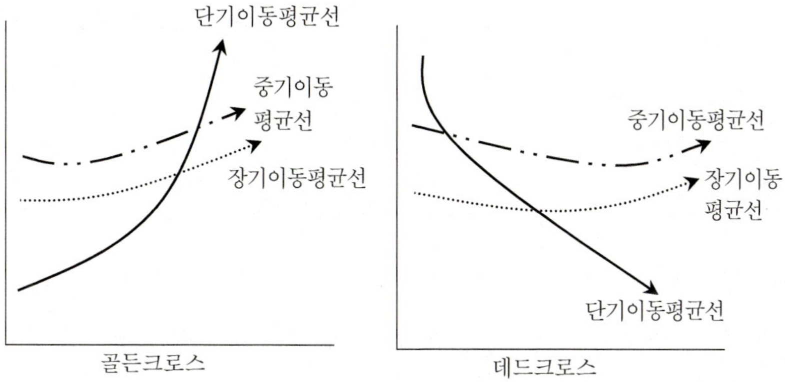

골든크로스나 데드크로스로 매매할 때 실질적인 추세전환에는 시차가 있음을 유의해야 한다. 단기이동평균선이 중・장기이동평균선이 교차해 넘어서도 1~3일 지켜본 후 매매하거나 다른 지표(MAD, MACD 등)를 함께 확인하는 것이 필요하다.

4) 거래량 이동평균선

주가가 상승추세에 있을 때는 매입수요가 상대적으로 증가하므로 거래량이 늘어나는 경향이 있고 하락추세에 있을 때는 매입수요가 줄기 때문에 거래량이 감소한다는 기본적인 원리에 입각하여 주가의 예측과 매입, 매도신호를 찾고자 하는 것이 거래량 이동평균선이다.

거래량 이동평균선도 단기이동평균선이 중・장기이동평균선을 상향돌파하면 골드크로스가 되고, 하향돌파하면 데드크로스가 된다.

4. 지표분석

지표분석이란 시장 또는 주가의 움직임을 특정한 계산방식에 의하여 하나의 숫자로 표현함으로써 투자자에게 정보를 제공하는 기술적 분석방법이다. 기술적 지표에는 주가와 거래량을 이용한 다양한 지표가 있으며 널리 사용되는 지표들을 소개하면 다음과 같다.

1) OBV

OBV(on balance volume)는 그랜빌(J. E. Granville)에 의해 개발된 거래량지표로서 주가상승일의 거래량누계에서 주가하락일의 거래량누계를 차감하여 이를 매일 누적집계하여 도표화한 것이다. OBV지표는 거래량은 주가에 선행한다는 전제하에 주가가 횡보하고 있을 때, 거래량 움직임으로 향후 주가의 향방을 예측하는 기술적 지표의 하나이다.

<표 8-2>의 예에서는 3월 5일부터 OBV가 양으로 전환되고 있으므로 매입 신호로 보아야 한다. 강세시장에서는 주가가 상승하면 거래량이 증가하는 것이 일반적이므로 OBV선도 상승세를 유지하고 OBV선의 고점이 이전의 고점보다 높게 형성되며, U마크(up)로 표시하며, 매입의 신호로 본다. 약세시장에서는 주가하락과 함께 거래량이 감소하는 것이 일반적이므로 OBV선도 하락세를 보이고 OBV선의 저점이 이전의 저점보다 낮게 형성되며 D마크(down)로 표시하며 매도신호로 본다.

OBV선이 상승추세에 있는 것은 매집세력의 집중을 나타내고 장차 주가상승을 예고한다. 반대로 OBV선이 하락추세에 있는 것은 매집세력의 분산을 나타내고 장차 주가하락을 예고한다.

〈표 8-2〉 OBV의 산출예

일자	종합주가지수	전일대비	거래량	상승일누계	하락일누계	OBV
3.1	1,100	하락	3,000		3,000	-3,000
2	1,080	하락	3,200		6,200	-6,200
3	1,082	상승	2,800	2,800	6,200	-3,400
4	1,098	상승	2,500	5,300	6,200	-900
5	1,100	상승	5,000	10,300	6,200	4,100
7	1,090	하락	4,000	10,300	10,200	100

거래량비율(volume ratio : VR)은 누적차수로서 계산하는 OBV의 단점을 보완하기 위하여 개발된 거래량지표이다. VR은 최근 20여일간의 주가상승일의 거래량 합계를 주가하락일의 거래량 합계로 나눈 것이다. 주가의 변동이 없는 날의 거래량은 상승일과 하락일에 반씩 나누어 계산한다.

$$VR = \frac{\text{주가상승일의 거래량합계} + (\text{변동이 없는 날의 거래량합계} \times 0.5)}{\text{주가하락일의 거래량합계} + (\text{변동이 없는 날의 거래량합계} \times 0.5)} \times 100$$

VR지표는 150% 수준을 기준으로 하여 450% 이상을 과열권으로, 70% 이하를 단기 매입시점으로 판단한다. VR지표는 과열권 신호보다는 바닥권을 판단하는데에 보다 신뢰성이 높은 투자지표이다.

[그림 8-13] OBV선

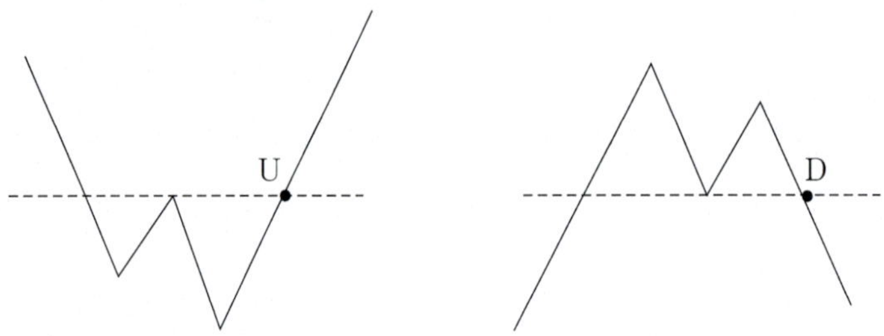

2) ADL 및 ADR

등락선(advance decline line : ADL)은 일정기준일 이후 상승종목수에서 하락종목수를 뺀 것을 매일 누계해서 선으로 연결한 것이다. ADL은 주가가 전체적으로 보아 상승추세에 있는지 아니면 하락추세에 있는지를 판단하는 주가의 선행지표로 사용된다.

<표 8-3>은 등락선의 산출예이다.

ADL과 주가와의 관계는 다음과 같다.

(1) 주가지수가 상승하는데 ADL이 하락하면, 주가는 조만간 하락전환한다.

(2) 주가지수가 하락하는데 ADL이 상승하면, 주가는 조만간 상승전환한다.

〈표 8-3〉 등락선의 산출예

종합주가지수	상승종목수(A)	하락종목수(B)	A-B	등락종목수선(누계)
850	1000	400	600	+600
852	650	800	-150	+450
830	500	1100	-600	-150
820	900	700	200	+50
840	1200	400	800	+850
880	1000	500	500	+1350
882	800	600	200	+1550

(3) 주가지수와 ADL선이 모두 하락할 경우 장세는 급락할 가능성이 있고, 주가지수와 ADL선이 모두 상승할 경우 장세는 급등할 가능성이 있다.

등락비율(advance decline ratio : ADR)은 ADL의 단점을 보완하기 위하여 등락종목의 비율로써 시장을 분석하는 지표이다. 일반적으로 종합지수는 가격의 변동을 나타내고, ADL은 등락종목의 변동을 나타낸다. ADR은 이 두 가지를 종합함으로써 시장이 어느 국면에 위치하고 있는가를 알고자 하는 것이다.

우리나라에서는 1개월 단위로 주가를 산출하기 때문에 등락비율을 20일 이동평균으로 산출하여 많이 사용하고 있는데, 작성방법은 다음과 같다.

$$\text{등락비율}(\%) = \frac{\text{분석대상기간 동안의 상승종목수}}{\text{분석대상기간 동안의 하락종목수}} \times 100(\%)$$

ADR은 대개 100%를 기준으로 해서 70~75%이면 안전지대로 매입시점이고, 120~125%이면 과열양상, 경계지대로 매도시점으로 파악한다.

3) 투자심리선

투자심리선은 투자자들의 투자심리를 일정기간동안 파악하여 과열상태인지 침체상태인가를 판단하여 지표화한 것이다. 최근 10일 동안의 주가상승일수만 누계하여 이를 백분비로 나타내며, 이 비율을 선으로 연결한 것이 투자심리선이다.

$$\text{투자심리선} = \frac{\text{10일 동안 주가상승일}}{10} \times 100(\%)$$

투자심리선의 해석은 다음과 같다. 50%를 중심으로 75% 이상이면 과열상태로 경계지대이며, 25% 이하이면 침체상태로 안전지대에 속하고, 25~75% 사이는 중립지대이다. 따라서 이 선에 따라 투자전략을 세운다면 75% 이상일 때 팔고, 25% 이하일 때 주식을 매입한다.

4) 역시계곡선

주가와 거래량 상관곡선은 주가와 거래량간의 상관관계가 매우 크다는 점과

거래량이 주가에 선행하는 경향이 있다는 것이 두 가지 이론적 관점하에서 작성된 것으로 중기에 있어서의 주가예측에 매우 유용하게 활용되고 있다.

일반적으로 주가의 20일 이동평균치를 세로축에, 거래량의 20일 이동평균치를 가로축에 나타내어 매일 매일의 교점을 연결하여 작성한다. 곡선모양이 시계반대방향으로 움직이는 좌회전곡선이 되는 경우가 많기 때문에 이 지표를 역시계곡선이라고 한다.

역시계곡선은 [그림 8-14]에서 보여주고 있는 것과 같이 8국면으로 구분하여 분석된다.

[그림 8-14] 역시계곡선의 각 국면별 신호

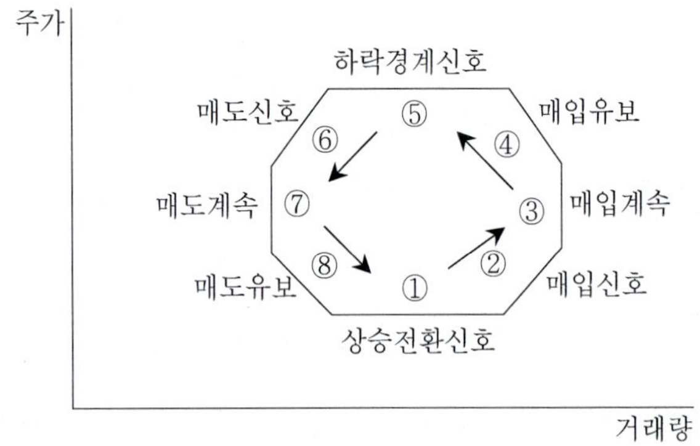

① 상승전환시도 : 거래량이 증가하고 주가가 바닥수준일 때는 하향에서 상승으로의 전환신호이다.

② 매입신호 : 거래량이 더욱 증가하고 주가도 오름세를 나타날 때는 매입신호이다.

③ 매입계속 : 거래량은 더 이상 증가하지 않으나 주가는 계속 올라가고 있을 때는 계속 매입해도 좋다는 신호이다.

④ 매입유보 : 거래량이 감소하기 시작하고 주가만 올라갈 때는 신규매입을 보류해야하는 신호이다.

⑤ 하락경계신호 : 거래량이 더욱 감소하나 주가는 더 이상 오르지 않을 때는 상승에서 하락으로 전환될 것이 예상되는 신호이다.

⑥ 매도신호 : 거래량도 줄어들고 주가도 하락하면 매도신호가 된다.

⑦ 매도계속 : 거래량은 전과 같으나 주가가 계속 하락할 때는 계속 매도해도 좋다는 신호이다.

⑧ 매도유보 : 주가는 계속 하락하나 거래량이 점차 증가하기 시작하면 매도는 일단 보류하고 주가의 추이를 지켜보는 것이 좋다.

5) RSI

상대강도지수(relative strength index : RSI)는 주가의 상승과 하락간의 상대적 강도를 객관적인 수치로 표현해낸 지표이다. 즉, 주가의 변동폭 중에서 상승폭이 어느 정도인지를 분석하여, 현재의 주가가 상승세라면 얼마나 강력한 상승추세인지, 그리고 하락세라면 얼마나 강력한 하락추세인지를 백분율로 나타내는 것이다.

RSI는 다음의 식에 의해 산출된다.

$$RSI = \frac{14\text{일간 상승폭 합계}}{14\text{일간 상승폭 합계} + 14\text{일간 하락폭 합계}}$$

RSI가 75%(70~80%) 수준이면 상한선을 나타내는 경계신호로 강세장의 유지로 이 선을 돌파할 때는 매도전략을 세워야 한다. 반면 25%(20~30%) 수준이면 하한선을 나타내는 경계신호로 약세장이 지속되어 하향돌파할 때는 매수전략을 세워야 한다. 또한 주가지수가 평행하거나 상승추세인데도 RSI가 하향추세이면 가까운 장래에 하락을 예고하는 신호이며, 주가지수가 평행하거나 하향추세인데도 RSI가 상향추세이면 상승을 예고하는 신호이다.

괴리도(divergence)는 시장가격의 움직임과 RSI의 움직임이 서로 일치하지 않고, 그 방향이 서로 상반되게 나타나는 것을 말하는데, 보통 RSI의 값이 30%와 70% 사이에서 결정될 때 나타난다. 그러나 시장의 움직임이 과열되어 RSI의 값이 30% 이하로 하락할 때나 70% 이상으로 상승하여, 괴리도가 나타나면 이는 아주 강력하고 중요한 추세반전의 신호로 판단한다.

6) 이동평균 오실레이터

이동평균 오실레이터(moving averages oscillator : MAO)는 단기이동평균값에서 장기이동평균값을 뺀 것을 의미한다.

오실레이터가 0선 위에 위치하면 현재의 시장가격이 상승추세를 나타내고 반대로 오실레이터가 0선 아래쪽에 위치하면 현재의 시장가격추세가 하락국면임을 쉽게 알 수 있다.

오실레이터의 값이 0이 되는 시점에서 매입신호나 매도신호를 포착하는 방법으로 오실레이터의 값이 (+)에서 0선을 돌파하여 (−)의 값으로 바뀌는 순간이 매도거래의 최적시점이며, 반대로 (−)에서 0선을 돌파하여 (+)로 바뀌는 순간이 매입거래의 최적시점이 된다.

7) MACD

MACD(moving average convergence & divergence: MACD)는 장기 · 단기 두 이동 평균 사이의 관계를 보여 주는 지표인데 많은 차티스트들이 사용하고 있는 중요한 지표이다. 장기지수 이동평균과 단기지수 이동평균의 차이를 MACD라 하며, 이 MACD의 지수 이동평균을 시그널(signal)이라 부르는데, 이 두 곡선의 교차점과 주가와의 괴리도(divergence)를 이용하여 매매시점을 포착한다. MACD를 구하는 공식은 다음과 같다.

$$MACD = \frac{12\text{일 지수이동평균} - 26\text{일 지수이동평균}}{26\text{일 지수이동평균}} \times 100$$

MACD에서 말하는 신호는 네 가지이다.

첫째, MACD가 0선 아래에서 시그널라인을 뚫고 올라갈 때 대세 상승을 알리는 신호로 분석한다.

둘째, MACD가 음(-)에서 0선을 돌파하여 양(+)으로 변할 때 완전한 상승추세로의 전환, 즉 매수시점으로 판단한다.

셋째, MACD가 시그널라인을 깨고 내려갈 때 하락을 알리는 신호로 분석한다.

넷째, MACD가 양(+)에서 0선을 깨고 음(-)으로 변하면 하락추세로의 전환, 즉 매도시점으로 판단한다.

MACD는 단순이동평균을 사용하지 않고 지수식 이동평균을 사용한다. 지수식 이동평균은 단순이동평균에 비해 현재의 가격에 민감하게 반응하는 경향이 있다. 또한 MACD는 이동평균선의 차이를 다시 이동평균하여 시그널라인을 설정한 후 이것을 기준으로 일반적인 매매신호보다 다소 빠른 매매타이밍을 찾아낼 수 있다고 한다.

8) 스토캐스틱 기법

스토캐스틱 기법(stocastics)은 현재의 주가가 설정된 과거의 고점과 저점과 비교해서 어떤 위치에 있는가를 %개념으로 표시하여 100에 근접할 경우 상대적으로 많이 상승했음을, 0에 근접할수록 낮은 상태임을 표시하고 있다. 이와 같이 스토캐스틱 기법의 기본적인 전제는 상승추세에서는 당일종가가 최근기간 중 가격변동폭의 최고가에 근접해 있고, 반대로 하락추세에서는 당일종가가 최근기간 중 가격변동폭의 최저가에 근접해 있다라는 간단한 논리에서 출발한다. 따라서 스토캐스틱은 최근일의 변동폭에 대한 현재의 주가가 어떤 위치에 있는가를 나타낸 것이다.

스토캐스틱 기법은 %K선과 %D선으로 구성되는데 %K선은 시장가격의 최근 변동폭과 당일에 형성되는 종가와의 관계를 구하려는 것이다.

$$\%K = \frac{C - L5}{H5 - L5} \times 100(\%)$$

단, C : 당일 종가
L5 : 과거 5일 동안의 최저가
H5 : 과거 5일 동안의 최고가

예를 들어 5일 스토캐스틱에서 당일 종가가 과거 5일 동안의 최저가로 되었다면 %K의 값은 0이며, 당일 종가가 과거 5일 동안의 가격변동중 최고가가 되었다면 %K의 값은 100이 된다. 따라서 %K는 천정권에서 100, 바닥권에서 0이다.

%D의 값은 %K값의 3일간의 이동평균값이다.

일반적으로 %K값이 70% 이상을 나타내면 하락반전 가능성이 높고 30% 이하의 값을 나타내면 상승가능성이 높다. 특히 %D값이 80% 이상일 경우 과도매입(overbought) 상태가 되어 과열권에 진입하였으므로 추가적인 매수는 위험하며, %D가 20% 이하일 경우 과도매도(oversold) 상태가 되어 침체권에 진입하였으므로 추가적인 매도는 자제하여야 한다.

만약 %D값이 과열권(80% 이상) 또는 침체권(20% 이하)에서 %K선과 %D선이 교차하게 되면 이는 강력한 추세전환 신호로 받아들여야 한다. 과열권이나 침체권에서 %K선과 %D선을 이용한 상향, 하향돌파를 중요한 매매시점으로 판단한다.

따라서 %D가 20% 이하인 지점에서 %K선이 %D선을 상향돌파하면 강력한 매수신호가 되며 %D값이 80% 이상인 지점에서 %K선이 %D선을 하향돌파하면 강력한 매도신호가 된다.

괴리도(divergence)가 가장 유력한 추세반전의 신호로, 특히 %K의 값이 85 이상이거나 15 이하로 나타나고 %K선과 %D선이 서로 교차하는 상태에서 시장가격과 스토캐스틱 지표 간에 괴리도가 나타나면 더욱 확실한 추세반전의 신호이다.

5. 기술적 분석의 시장이론

1) 다우이론

다우이론은 미국의 월스트리트 저널을 창간한 찰스 다우(Charles H. Dow)가 제창한 이론이다. 찰스 다우는 19세기말부터 20세기에 걸쳐 주식시장을 분석한 결과 주식시장은 제멋대로 움직이는 것이 아니라 주식시장 전체의 방향이 다음과 같은 세 가지 종류의 주기적인 추세에 의해 결정된다는 가설을 정립하였다.

추세의 종류	내 용
장기추세	1년에서 10년간에 걸쳐 형성된 장기적인 흐름을 나타내며 주추세라고도 한다.
중기추세 (2차동향)	3주에서 수개월에 걸친 주가추세이며, 장기추세를 예측하고 추세가 전환되는 시점을 포착하는 데 주목적이 있다.
단기변동 (일일변동)	일별 주가 움직임을 말하며, 단기적이고 불규칙적인 주가변동으로 분석가치는 없다.

다우이론은 중, 장기추세를 이용하여 다음과 같이 미래상황을 예측한다.

첫째, 새로운 중기추세의 최고점이 장기추세의 최고점을 상향 돌파하지 못하면 장기추세는 하락국면에 있다.

둘째, 새로운 중기추세의 저점이 그 이전의 저점보다 높으면 장기추세는 상승국면으로 들어가고 있음을 의미한다.

셋째, 장기추세의 진행과정을 시장상황과 관련하여 구분해 보면 강세장은 매집국면, 상승국면, 과열국면으로 나눌 수 있고 약세장은 분산국면, 공포국면, 침체국면으로 구분할 수 있다.

그랜빌(J. E. Granville)은 강세시장과 약세시장에서 일반투자자와 전문투자자는 서로 반대의 생각을 하게 된다고 보았다. 즉 일반투자자는 강세시장의 제1·2국면과 약세시장의 제3국면에서 공포심을 갖고 강세시장의 제3국면과 약세시장의 제1·2국면에서는 확신을 갖는 반면, 전문투자자는 반대의 투자패턴을 보이는 것이 일반적이다.

따라서 강세시장의 제2국면에서는 점진적 매도, 제3국면에서는 매도전략이 유효하고 약세시장의 제2국면에서는 점진적 매수, 제3국면에서는 매수전략이 비교적 바람직하다.

그런데 다우 이론은 주추세와 중기추세를 명확하게 구분하기 어려울 뿐만 아니라 추세전환을 확인할 수 있다고 하더라도 너무 늦게 확인되기 때문에 실제 투자에 도움을 주지 못한다.

시장국면	강세장			약세장		
투 자 자	제1국면	제2국면	제3국면	제1국면	제2국면	제3국면
일반투자자	공포심	공포심	확 신	확 신	확 신	공포심
전 문 가	확 신	확 신	공포심	공포심	공포심	확 신
투자전략	–	점차 매도	매 도	–	점차 매수	매 수

2) 엘리엇 파동이론

엘리엇(Ralph N. Eliot)은 장기간의 주가흐름을 분석한 결과 주가의 변동은 일정한 법칙하에 반복된다는 사실을 발견했다. 즉 엘리엇 파동이론에 의하면 주가는 [그림 8-15]에서 보여주는 것과 같이 피보나치(Fibonachi)수열의 법칙에 따라 5번의 상승파동과 3번의 하락파동으로 구성된다는 것이다.

[그림 8-15] 엘리엇 파동이론의 기본적 패턴

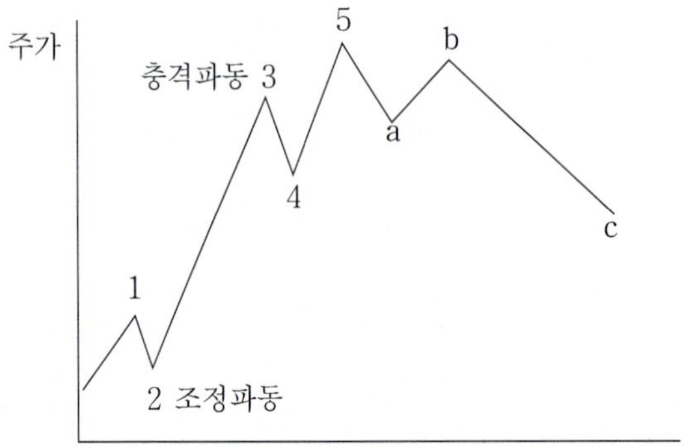

한 번의 주가 움직임에는 모두 8번의 상하파동이 존재한다. 상승국면은 5개의 파동으로 분류할 수 있는데, 1번, 3번, 5번 파동은 상승파동이며, 2번과 4번 파동은 조정파동이다. 1번에서 5번까지 상승국면이 끝나고 하락국면이 시작되면 이 파동들은 다시 3개의 파동으로 나눌 수 있는데, 이 파동들은 각각 a, b, c의 파동으로 이름지어진다. a, c파동은 하락파이며 b파동은 조정파이다.

각 파동의 특징은 다음과 같다.

(1) 1번 파동

일반적으로 1번 파동은 추세의 시작을 나타내는 파동으로 다른 충격파동인 3번 파동, 5번 파동에 비해 파동의 폭이 적으며 그 힘도 그리 강력하지 않다. 그 이유는 다우의 장기추세 중 축적단계처럼 시장의 추세가 방향을 새롭게 전환하여 움직이기 시작한 단계이므로 추세전환에 반신반의하는 매도세력에 의해 에너지가 충분히 발산되지 못한다. 따라서 파동이 다소 미약하여 1번 파동인지 여부를 판단하기 어렵다.

(2) 2번 파동

어느 정도 상승하였던 추세가 다시 꺾이게 되면 매도세의 힘은 점점 커지게 되고 1번 파동이 마감되면서 다시 시장은 하락추세로 들어서게 된다. 따라서 대부분의 투자자들은 1번 파동을 추세하락국면에서 단기반등 정도로 생각하여 실망하게 될지는 모른다. 그러나 대부분의 경우 2번 파동은 1번 파동 폭의 38.2%를 되돌리는데 그치는 조정파동이다. 강력한 3번 파동을 눈앞에 두고 있기 때문에 적극적으로 주식을 매입해야 한다.

(3) 3번 파동

3번 파동은 5개의 파동 중에서 가장 강력하고 가격변동도 활발하게 일어나는 파동으로 5개의 파동 중 가장 긴 것이 일반적이다. 또한 거래량도 최고에 이르게 되며 기술적 분석가를 비롯 많은 시장참여자들은 3번 파동에서부터 대세상승을 확신하며 적극적인 매수로 나선다. 특히 3번 파동이 이전의 고점인 1번 파동의 최고수준을 돌파하면 가히 시장의 분위기는 폭발적으로 되어버린다. 이는 전통적 추세분석에서 저항선 돌파와 같은 의미가 된다.

(4) 4번 파동

4번 파동은 어떤 의미로는 예측하기 용이한 조정파동으로 일반적으로 3번 파동을 38.2% 되돌리는 경우가 많으며 또는 3번 파동을 5개의 작은 파동으로 나누었을 때 그 중에서의 네 번째 파동만큼 되돌아가는 경향이 높다.

(5) 5번 파동

5번 파동은 이제까지 진행되어 온 추세가 막바지에 이르는 국면으로 가격의 움직임도 3번 파동과 비교하여 그리 활발하지 못하여 거래량도 3번 파동에 비하여 적게 형성된다. 또한 일반적으로 1번 파동과 똑같은 길이로 형성되거나 또는 1번에서 3번 파동까지 길이의 61.8%만큼 형성되는 경향이 높다.

(6) a파동

1번 파동에서 시작된 가격움직임과 추세가 5번 파동에 이르러 끝나고 a파동부터는 이제까지의 추세와는 반대방향의 새로운 하락추세가 시작되는 파동이다.

(7) b파동

b파동은 새로이 시작되는 하락추세에 반발하는 매입세력이 시장에 나타나면서 형성되며 보통의 경우 거래는 그리 활발하지 못하다. 이제까지의 상승국면에서 가지고 있던 매입포지션을 정리할 시점이다.

(8) c파동

일시적으로 상승하는 국면이었던 b파동이 끝나면 시장은 a파동보다 더 거대한 하락국면에 들어간다. 이 충격파동은 a-b-c로 이어지는 조정파동 중 가장 강력하여 금융자산을 보유한 투자자에게 막대한 손실을 가져다주며 이때 많은 투자자가 주가가 더 하락할 것을 두려워해 투매를 한다.

엘리엇 파동이론의 핵심은 고점과 저점이 높아지면 상승세에 있고, 고점과 저점이 낮아지면 하락세에 있다는 것이다. 그리고 상승파동이 세 번 나오면 마지막 상승파동이 될 가능성이 크니 주의하라는 것이다. 그런데 엘리엇 파동이론의 가장 큰 한계는 너무나 융통성이 많다는 점이다. 즉 거의 모든 현상이 예외를 가지고 있고 또한 전형적인 파동이 있는 반면에 파동이 변형되는 경우도 많으므로 파동의 해석이 분석가에 따라 달라질 수밖에 없고 똑같은 법칙을 적용하더라도 어떤 하나의 공통된 의견으로 모으는 것이 쉽지 않다.

3) 우라카미 쿠니오의 주식시장 4단계론

우라카미에 의하면 주식시장은 다음 4가지 장세(단계)가 순환하여 진행된다.

첫째, 장세는 금융장세이다. 금융장세를 흔히 유동성 장세라고도 한다. 이 장세는 주식시장이 침체에서 탈출할 때의 국면이다. 금융장세에서는 경기가 바닥까지 하락해서 금리도 최저로 하락하지만, 채권시장(예금시장)에서 주식시장으로 급속도로 유입되는 자금(money)의 힘에 의하여 주가는 대량의 거래량과 함께 강하게 상승하는 국면이다. 이때는 경기가 아직 나쁘다는 언론보도는 있으나 경기가 나아지고 있다는 언론보도는 주류가 아니다.

둘째는 실적장세이다. 주식시장이 바닥에서 상승하는 금융장세가 먼저 진행된 다음에 나타나는 국면이다. 실적장세에서는 기업실적이 크게 개선되고 경제 전반이 호전되어 금리가 상승하게 된다. 주가는 기업실적의 개선, 경제의 호전을 계기로 계속 상승한다. 일반투자자들이 본격적으로 주식투자에 들어오기 시작하는 국면이다.

셋째, 역금융장세이다. 이 장세는 주식시장이 대세의 상승 고점에서 꺾이는 국면이다. 주식시장의 정점(peak)에서 기업실적은 호전되고 있으나, 다음 분기의 실적증가율은 둔화되고, 금리는 급등하면서 물가상승의 우려가 나오기 시작한다. 금리가 정점에 접근하였다고 시장에 인식되면 자금은 금리가 정점에 이르기 전에 미리 주식시장에서 채권시장(예금시장)으로 이동하기 시작하면서 주식시장(주가)이 하락하기 시작한다. 경기는 아직 좋지만 주식시장에서 채권시장으로 유입되는 자금의 힘에 의해 주가는 대량의 거래량과 함께 하락하기 시작한다. 역금융장세에서 일반투자자는 대세의 흐름을 모르고 보유주식을 매도하지 못한다.

넷째 장세는 역실적 장세이다. 주식시장이 정점에 꺾인 다음 본격적으로 하락하는 국면이다. 기업실적이 크게 악화되고 기업의 자금수요 감소 및 정부의 경기부양정책으로 금리가 하락하게 된다. 주식시장의 하락(침체)이 지속된다. 역실적장세의 막바지에는 경제지표와 기업실적이 나쁘다는 언론보도가 연일 발표된다.

이와 같은 우라카미의 4단계론은 몇 개월 정도의 단기파동이 아니라 몇 년 주기의 장기파동이라는 것이다. 우리나라에서는 위와 같은 4단계가 진행되는데 보통 3년 정도의 주기가 필요하다고 보는 견해가 있다.

연습문제

1. 다음 용어를 설명하라.

1) 기술적 분석

2) 이동평균선의 정배열, 역배열

3) 골든크로스와 데드크로스

4) 다우이론

5) 엘리엇 파동이론

6) 우라카미의 주식시장 4단계론

2. 다음의 물음에 답하라.

1) 역시계곡선에 대한 설명으로 틀린 것은?

① 주가는 바닥수준에 머무르고 있지만 거래량이 점차 증가하는 경우는 상승전환 신호이다.

② 거래량은 늘어나지 않지만, 주가는 계속 오르고 있을 때는 매수는 계속해도 된다.

③ 거래량이 줄기 시작하고 주가만 오르는 경우는 매도신호이다.

④ 주가와 거래량의 이동평균치를 산출하여 세로축에는 주가를 가로축에는 거래량을 나타내고 있다.

2) 패턴분석에 관한 설명 중에서 옳지 않은 것은?

① 원형바닥은 하락추세가 상승추세로 전환되는 과정에서 형성된다.

② 삼봉천정형 세 개의 봉우리를 형성하는 동안 거래량이 점점 증가하는 특징이 있다.

③ 확대형 상승추세의 말기적 현상으로 좁은 등락폭으로 움직이던 지수가 점점 그 등락폭이 확대

④ 바닥 v형 하락국면에서 상승국면으로 급속하게 변하면서 평균거래량이 증가하는 반전패턴

3) 다음은 다우이론 중 장기추세의 진행과정에 대한 설명이다. 잘못된 것은?

① 강세시장 초기단계에는 전체 경제 및 시장 여건이 회복되어 장래 전망이 매우

밝다.

② 강세시장의 2국면은 일반 투자자들의 관심이 고조되어 주가가 상승하고 거래량이 증가한다.

③ 강세시장의 3국면은 주식투자 경험이 없는 투자자가 확신을 가지고 적극 매입하는 단계이다.

④ 분산국면에서는 주가가 조금만 하락하면 거래량이 하락한다.

4) 다음 중 거래량을 사용하지 않는 지표는?

① OBV ② 역시계곡선

③ 삼선전환도 ④ 이큐볼륨차트

5) 주가이동평균선의 기본적 성질이다. 틀린 것은?

① 약세장에서는 주가가 이동평균선 아래에서 파동운동을 계속하면서 하락하는 것이 보통이다.

② 주가가 상승하고 있는 이동평균선을 하향돌파할 때는 조만간 반전하여 하락할 가능성이 크다.

③ 이동평균선의 기준기간이 짧으면 짧을수록 이동평균선은 더욱 유연해진다.

④ 주가가 장기이동평균선을 돌파할 때는 주추세의 반전을 기대할 수 있다.

6) 장기와 단기 두 이동평균선이 서로 멀어지게 되면 언젠가는 다시 가까워져 어느 시점에서 서로 교차하게 된다는 성질을 이용하여 두 개의 이동평균선이 멀어지게 되는 가장 큰 시점을 찾고자 하는 원리와 관련된 지표는 무엇인가?

① MACD ② MAO

③ SONAR ④ CCI

7) 기술적 분석에 대한 기본가정 중 거리가 먼 것은?

① 증권의 시장가치는 수요와 공급에 의해 결정된다.

② 시장의 사소한 변동을 고려하지 않는다면 주가는 추세와 관계없이 상당기간 움직인다.

③ 추세와 변화는 수요와 공급의 변동에 의해 결정된다.

④ 수요와 공급의 변동은 그 발생 이후에 상관없이 시장의 움직임을 도표로 추정한다.

8) 캔들차트 분석에서 주가가 장중 등락을 거듭하다가 종가와 시가가 같아지게 되는 경우는?

① 십자형 ② 해머형

③ 장악형 ④ 행인맨형

9) 다음 중 그린빌의 투자전략에서 매수를 취해야 하는 국면은?
① 침체국면(약세 3국면) ② 매집국면(강세 1국면)
③ 상승국면(강세 2국면) ④ 과열국면(강세 3국면)

10) 시장가격이 상승추세를 나타내고 있을 때에는 매일 매일 종가가격이 최근의 시장가격의 최고점에 형성되는 경향이 높고 반대로 하락추세를 나타낼 때는 종가가격이 최근의 시장 가격의 변동점 중 최저점에서 형성되는 경향이 높다는 과거경험에서 비롯된 차트는?
① 볼린저밴드 ② 스토캐스틱 기법
③ 스윙차트 ④ 포코크 지표

11) 다음 중 과열을 나타내는 것은?
① 투자심리선 50% ② ADR 75%
③ 스토캐스틱 85% ④ RSI 30%

12) 다음 중 엘리어트 파동이론에 관한 설명으로 틀린 것은?
① 2번 파동과 4번 파동은 조정파동이다
② a 파동에서는 주식매입에 치중해야 한다.
③ 거래량은 3번 파동에서 최고이다.
④ b 파동은 상승국면에서 가지고 있던 매입포지션을 정리할 마지막 기호이다.

해답 2. 1) ③ 2) ② 3) ① 4) ③ 5) ③ 6) ① 7) ② 8) ① 9) ① 10) ② 11) ③ 12) ②

제9장

포트폴리오 이론과 자본자산가격결정모형

09
part

포트폴리오 이론과 자본자산가격결정모형

제 1 절 증권투자의 수익률과 위험

1. 미래가치와 현재가치

유가증권의 가치분석에 있어서 기본적인 개념의 하나는 미래가치와 현재가치의 개념이다. 미래가치란 현재의 일정금액을 미래의 일정시점에서 평가한 금액이며, 투자기간이 여러 기간일 경우 복리로 계산된다.

예제 1

원금 1,000,000원을 연이자 5%로 1년간 예금했을 때 1년후의 미래가치는 얼마인가?

$$1,000,000(1+0.05)=1,050,000\text{원}$$

현재의 원금을 P_0, 1기간 동안의 이자율을 r_1, 1기간 후의 미래가치를 P_1이라고 하면, P_1은 다음과 같다.

$$P_1 = P_0(1+r_1)$$

이와 같은 방법으로 n 기간의 이자율을 r_n 이라고 하면, n 기간 이후의 미래가치 P_n 은 다음과 같이 나타낼 수 있다.

$$P_n = P_0(1+r_1)(1+r_2)\cdots(1+r_n) \qquad (9\text{–}1)$$

식 (9–1)에서 미래의 매기간 이자율 r_i 가 r 로 일정하다면 미래가치 P_n은 다음과 같이 나타낼 수 있다.

$$P_n = P_0(1+r)^n$$

예제 2

원금 1,000,000원을 연리 5%로 5년간 정기예금했을 때 5년 후의 미래가치는?

$$P_5 = 1,000,000(1+0.05)^5 = 1,276,282\text{원}$$

현재가치는 미래에 발생하게 될 일정금액을 현 시점에서 평가한 금액을 말한다. 보통 현가(present value)라고도 부르며 재무관리에서 중요한 개념이다.

예제 3

5년후 1천만원의 현재가치(PV)는 얼마인가? 할인율(혹은 이자율)은 연 5%이며 5년 동안 일정하다고 가정한다.

$$PV = \frac{P_n}{(1+r)^n}$$

현재가치를 계산하기 위해서는 부록 (표 1)에서 기간 후 1원의 현재가치를 나타내는 현가계수, 즉 $1/(1+r)$값을 이용할 수 있다.

$$PV = 10,000,000 \times 0.7835 = 7,835,000\text{원}$$

2. 투자수익률과 위험

1) 투자수익률

투자수익률(rate of return on investment)은 투자기간 중 발생하는 모든 현금유입, 즉 투자수익을 투자한 시점에서 평가한 투자자산의 가치로 나눈 비율을 말한다. 증권의 투자수익률은 일반적으로 투자기간이 지난 다음에 역사적 사실로서의 수익성, 즉 보유기간 수익률(holding period return)과 같은 개념이다.

$$\text{투자수익률} = \frac{\text{기말의 투자가치} - \text{기초의 투자가치}}{\text{기초의 투자가치}}$$

여기서 기말의 투자가치에는 투자기간중에 발생한 이자수입이나 배당이 포함된다.

예제 4

A씨가 2006년 1월 4일에 삼성전자 주식을 주당 600,000원에 1주를 매입하였다. 2008년말 현금 배당을 주당 10,000원을 받고, 2009년 1월 3일에 주당 650,000원에 팔았다면, 1년간의 투자수익률은 다음 계산에 의해 10%이다.

$$\text{기대수익률} = \frac{650,000 + 10,000 - 600,000}{600,000} = 10\%$$

투자한 시점(기초시점)에서 보면 회수되는 시점(기말시점)의 투자가치는 불확실하기 때문에 수익성 지수로서 기대수익률(expected rate of return)이 이용되어야 한다.

$$\text{기대수익률} = \frac{\text{기말의 투자가치} - \text{기초의 투자가치}}{\text{기초의 투자가치}}$$

여기서 기말의 기대투자가치는 불확실한 상황에서는 확실히 알 수가 없다. 따라서 기대수익률도 확실하게 알 수가 없기 때문에 미래투자수익률의 확률분포를 이용한다. 확률분포(probability distribution)란 미래에 발생 가능한 예상수익률에 확률을 부여하는 것으로 기대수익률은 상황별로 발생 가능한 수익률에 그 상황이 발생할 확률을 곱하여 이들의 합을 구하여 구한다. 즉, 기대수익률은 미래에 평균적으로 예상되는 수익률이라 정의할 수 있다.

$$E(R_j)= \sum_{i=1}^{n} R_i \cdot p_i \tag{9-2}$$

$E(R_j)$: 개별자산 j의 기대수익률
R_i : i 상황에서의 수익률
p_i : i 상황이 발생할 확률
n : 기말의 상태수

수익률의 표현에는 사전수익률(ex ante yield)과 사후수익률(ex post yield)을 구분하는 경우가 많다. 사전수익률은 역사적 자료(historical data)나 모든 기초자료를 이용하여 투자를 하기 이전에 산출한 수익률로서 흔히 평균수익률을 말한다. 그러므로 기대수익률(expected rate of return)은 미래의 투자기간 말에 확률적으로 예상되는 수익률로써 추정된 사전수익률이다.

2) 위 험

위험(risk)이란 투자의 가치가 일정하지 않고 변할 수 있는 가능성, 즉 투자의 기대수익률에 대한 불확실성이다. 다시 말해 위험은 미래의 수익률이 기대수익률에 미달하거나 투자손실로 나타날 수 있는 가능성 내지 그러한 수익률의 변동성(variability)을 의미한다.

위험의 척도로서는 실제수익률이 기대수익률과 어느 정도의 편차를 갖느냐 하는 분산(σ^2)이나 표준편차(σ)가 이용된다. 예를 들어 10%의 확실한 수익률을 주는 만기 2년 국채에 100만원을 투자하면, 매년 10만원씩 2년간 20만원을 받을 수 있으면 기대수익률의 분산이 0이므로 위험이 없다. 그런데 100만원을 A주식에 투자하면 경기상황에 따라 −5%, 15%의 수익률이 기대된다고 한다. A주식의 기대수익률은 5%이지만 수익률의 분산이 0.02이다. 미래의 수익률의 분산정도가 클수록 투자의 위험이 크다. 따라서 증권 투자론에서는 위험을 기대수익률의 분산으로 정의한다.

3. 개별자산의 기대수익률과 위험

1) 개별자산의 기대수익률

개별자산의 기대수익률은 미래의 예상수익률을 경기상황에 따른 발생확률로 곱하여 계산할 수 있다. i 상황에서의 수익률을 R_i, R_i가 발생할 확률을 p_i라 하면 개별자산의 기대수익률인 $E(R)$은 식 (9-3)과 같다.

$$E(R) = \sum_{i=1}^{n} R_i \cdot p_i \tag{9-3}$$

예제 5

<표 9-1>과 같은 확률을 가지는 주식 A와 주식 B가 있다. 이때 주식 A와 주식 B의 기대수익률을 구하라.

〈표 9-1〉 두 주식의 미래수익률 분포

경 기 상 황	수익률(%)		확 률
	주식 A	주식 B	
호황	8	6	0.25
보통	5	6	0.50
불황	4	2	0.25

$$E(R_A) = 8 \times 0.25 + 5 \times 0.50 + 4 \times 0.25 = 5.5\%$$

$$E(R_B) = 6 \times 0.25 + 6 \times 0.50 + 2 \times 0.25 = 5\%$$

기대수익률은 각각의 경기상황이 발생했을 때 주식 A, 주식 B에 대한 투자로 발생한 수익률을 그 상황이 발생할 확률로 가중하여 계산한 평균값이다.

2) 개별자산의 위험

위험은 변동성(volatility)으로 정의되며 보통 표준편차로 측정된다. 표준편차는 분산의 루트(root)를 취한 값을 의미하며 일반적으로 수익률이 평균에서 얼마만큼 퍼져있는가를 나타낸다. 평균을 사전에 투자자가 예측하고 있는 기대수익률이라고 한다면, 이때 분산은 미래에 실현될 실제수익률이 얼마만큼 기대수익률로부터 벗어날 수 있는지를 나타낸다. 어떤 확률분포의 분산(σ^2) 은 각 상황이 발생했을 때 실현되는 수익률과 기대수익률과의 차이를 제곱하여 이와 같은 상황이 발생할 확률로 가중평균한 값으로서 다음과 같이 정의된다.

$$\sigma^2 = [R_1 - E(R)]^2 \cdot p_1 + [R_2 - E(R)]^2 \cdot p_2 + \cdots + [R_i - E(R)]^2 \cdot p_i$$

$$\sigma^2 = \sum_{i=1}^{n} [R_i - E(R)]^2 \cdot p_i$$

$$\sigma = \sqrt{\sum_{i=1}^{n} [R_i - E(R)]^2 \cdot p_i} \qquad (9\text{-}4)$$

앞의 예의 주식 A와 주식 B의 위험을 계산하면 다음과 같다.

$$\sigma^2(R_A) = (8-5.5)^2(0.25) + (5-5.5)^2(0.50) + (4-5.5)^2(0.25) = 2.25$$

$$\sigma(R_A) = 1.5$$

$$\sigma^2(R_B) = (6-5)^2(0.25) + (6-5)^2(0.50) + (2-5)^2(0.25) = 2.99$$

$$\sigma(R_B) = 1.7$$

따라서 주식 B가 주식 A보다 위험이 크다

3) 투자수익률과 위험과의 관계

다른 조건이 동일하다면 투자자들은 위험을 싫어하는데 이를 위험회피라고 한다. 대부분의 투자자들은 위험을 회피하기 때문에 위험이 높은 투자안에 대해서는 상대적으로 높은 기대수익률을 원하는데 이러한 관계를 위험과 수익률의 상반관계(risk-return trade off)라고 부른다. 그리고 투자자들은 기대수익률이 동일하다면 위험이 낮은 투자안을 선택하고, 위험이 동일하다면 기대수익률이 높은 투자안을 선택하게 되는데 이것을 지배원리(dominance principle)라고 한다. 지배원리에 따라 선택된 증권을 효율적 증권이라고 한다. 지배원리를 예를 들어 설명하면 다음과 같다.

다음과 같은 증권이 있다.

증권 / 수익률과 위험	X	Y	Z
기대수익률(%)	10	6	10
표준편차(%)	12.1	3.5	18.0

증권 X와 Z를 비교하면 기대수익률은 같지만 증권 X의 표준편차가 낮으므로 증권 X가 효율적이다. 증권 X, Y중에서 최적증권의 선택은 투자자의 위험선호도에 달려있다. 공격적 투자자는 증권 X를 선택하지만, 보수적 투자자는 증권 Y를 선택할 것이다.

투자자의 의사결정기준으로 기대수익률과 분산이라는 두 변수만을 고려한다는 것은 기대수익률의 확률분포가 정규분포인 것을 가정한 것이다. 투자수익률분포가 정규분포를 따른다면 정규분포 확률변수 Z=1, 2, 3에 대하여 다음과 같은 신뢰구간을 갖는다.

$$\text{평균} \pm 1 \cdot \text{표준편차} = 68.27(\%)$$
$$\text{평균} \pm 2 \cdot \text{표준편차} = 95.54(\%)$$
$$\text{평균} \pm 3 \cdot \text{표준편차} = 99.97(\%)$$

예를 들어, 어떤 주식의 기대수익률과 표준편차가 각각 15%, 20%라면 68.27%의 신뢰수준에서 기대수익률은 -5%~35%(15%±20%)가 될 수 있음을 뜻한다.

4. 포트폴리오 기대수익률과 위험의 측정

투자자들은 한 종류의 자산에만 투자하는 것이 아니고 여러 자산에 투자함으로써 자산의 결합인 포트폴리오를 소유하게 된다. 따라서 포트폴리오(portfolio)는 하나의 자산에만 투자하지 않고 둘 이상의 자산에 분산 투자할 경우의 여러 투자대상의 집합을 말하는 개념이다. 넓은 의미에서의 포트폴리오는 여러 자산이 결합된 자산군을 말하나, 좁은 의미로는 증권시장에서 거래되는 주식, 회사채 등 금융자산의 집합을 의미한다. 투자자들이 포트폴리오를 구성하는 이유는 여러 자산에 분산투자함으로써 단일자산 투자에 따르는 높은 위험을 줄일 수 있기 때문이다.

1) 포트폴리오의 기대수익률

포트폴리오의 기대수익률은 포트폴리오를 구성하고 있는 개별주식의 기대수익률을 각각의 투자비율에 따라 가중평균한 값이다. 주식 i의 투자비율을 w_i, 주식 i의 기대수익률을 $E(R_i)$, 포트폴리오구성 종목수를 n이라 할 때 포트폴리오 p의 기대수익률 $E(R_p)$는 식 (9-5)와 같다.

$$E(R_p) = \sum_{i=1}^{n} w_i E(R_i) \qquad (9\text{-}5)$$

$$단, \sum_{i=1}^{n} w_i = 1$$

따라서 두 개의 주식으로 구성된 포트폴리오의 기대수익률은 식 (9-6)과 같이 계산된다.

$$E(R_p) = w_A \cdot E(R_A) + w_B \cdot E(R_B) \qquad (9\text{-}6)$$

예제 6

<표 9-1>에서 주식 A와 주식 B로 포트폴리오를 구성하려고 한다. 주식 A에 투자금액의 60%를 투자하고 나머지 40%를 주식 B에 투자할 때

이 포트폴리오의 기대수익률은 얼마인가?

$$E(R_p) = w_A \cdot E(R_A) + w_B \cdot E(R_B)$$

$$= (0.6)(0.055) + (0.4)(0.05) = 5.3\%$$

2) 포트폴리오의 위험

두 주식의 포트폴리오내에서의 구성비율을 각각 w_A, w_B 라고 하고, 각 주식의 수익률의 표준편차를 σ_A, σ_B 라고 할 때 포트폴리오의 분산은 다음과 같이 계산할 수 있다.

$$\sigma_p^2 = w_A^2 \sigma_A^2 + w_B^2 \sigma_B^2 + 2 w_A w_B \sigma_{AB} \tag{9-7}$$

식 (9-7)에서 σ_{AB} 를 두 주식의 수익률의 공분산(covariance)이라고 부르고 $Cov(R_A, R_B)$로 표시한다. 공분산은 두 주식의 수익률이 상호 관련되어 있는 정도를 측정해 주는 척도인데, 두 주식의 실현수익률과 기대수익률의 차이인 편차의 곱을 가중평균한 값이다.

두 주식의 수익률의 상관관계를 나타내는 척도로 공분산보다는 상관계수가 자주 이용된다. 상관계수는 표준화되어 구체적으로 나타낼 수 있기 때문이다. 두 주식의 수익률 상관계수를 ρ(rho)라고 하고 다음과 같이 정의한다.

$$\rho_{AB} = \frac{\sigma_{AB}}{\sigma_A \cdot \sigma_B} \tag{9-8}$$

식 (9-8)에서 공분산과 상관계수 사이에 다음과 같은 관계가 성립된다.

$$\sigma_{AB} = \rho_{AB} \cdot \sigma_A \cdot \sigma_B \tag{9-9}$$

따라서 식 (9-7)에서 공분산 대신 상관계수를 이용하여 포트폴리오의 분산(위험)을 계산할 수 있다.

$$\sigma_p^2 = w_A^2 \sigma_A^2 + w_B^2 \sigma_B^2 + 2 w_A w_B \sigma_A \sigma_B \rho_{AB} \tag{9-10}$$

식 (9-10)을 보면 포트폴리오의 위험은 두 주식간의 공분산 또는 상관계수에 의하여 크게 영향을 받음을 알 수 있다. 만약 A, B 두 주식간의 상관계수가 0이라고 하면 포트폴리오의 위험(σ_P^2)은 $2w_A w_B \sigma_{AB}$만큼 감소하게 된다. 포트폴리오의 위험은 개별주식들의 위험의 합계가 아니라 개별 주식수익률간의 상관관계에 따라 위험이 줄어들 수 있다. 이와 같이 상관관계가 없는 주식으로 포트폴리오를 구성함으로써 위험이 감소하는 현상을 포트폴리오 위험분산효과라고 한다.

주식 i, 주식 j의 투자비율을 w_i, w_j, 주식 i와 주식 j의 수익률의 공분산을 σ_{ij}, 주식 i와 주식 j의 수익률의 상관계수를 ρ_{ij}, 주식 i의 수익률의 표준편차를 σ_i, 주식 j의 수익률의 표준편차를 σ_j라 할 때 포트폴리오의 위험 σ_p는 식 (9-11)과 같다.

$$\begin{aligned}\sigma_p^2 &= \sum_{i=1}^{n}\sum_{j=1}^{n} w_i w_j \sigma_{ij} \\ &= \sum_{i=1}^{n}\sum_{j=1}^{n} w_i w_j \sigma_i \sigma_j \rho_{ij} \qquad (9\text{-}11)\end{aligned}$$

예제 7

<표 9-1>에서 주식 A와 주식 B로 포트폴리오를 구성하려고 한다. 두 주식간의 공분산과 상관계수를 구하라. 그리고 주식 A에 투자금액의 60%를 투자하고 나머지 40%를 주식 B에 투자하는 경우 이 포트폴리오의 위험은 얼마인가?

$$\begin{aligned}\sigma_{AB} &= (8-5.5)(6-5)(0.25)+(5-5.5)(6-5)(0.50) \\ &\quad +(4-5.5)(2-5)(0.25)=0.00015\end{aligned}$$

$$\rho_{AB} = \frac{0.00015}{0.015\times 0.0173} = 0.578$$

$$\begin{aligned}\sigma_p &= \sqrt{(0.6)^2(0.015)^2+(0.4)^2(0.0173)^2+2(0.6)(0.4)(0.015)(0.0173)(0.578)} \\ &= 0.014173 \fallingdotseq 1.42\%\end{aligned}$$

3) 포트폴리오의 위험분산효과

투자자들이 여러 증권에 분산투자하여 포트폴리오를 구성함으로써 단일자산에 투자하는 것에 비해 상대적으로 투자위험이 줄어드는 것을 분산효과 또는 포트폴리오효과라고 한다. 포트폴리오의 구성자산 수가 많으면 많을수록 개별자산의 위험이 포트폴리오 위험에 미치는 영향은 감소하고 포트폴리오의 위험은 공분산의 평균에 접근하게 된다.

포트폴리오를 구성하는 n개의 증권에 대한 투자비율이 모두 $\frac{1}{n}$인 포트폴리오의 분산을 계산하면 식 (9-11)과 같다.

$$\sigma_p^2 = \frac{1}{N}(\overline{\sigma}_i^2 - \overline{\sigma}_{ij}) + \overline{\sigma}_{ij} \qquad (9\text{-}12)$$

여기서 포트폴리오를 구성하는 주식들의 수익률분산의 평균을 $\overline{\sigma}_i^2$, 공분산의 평균을 $\overline{\sigma}_{ij}$라고 할 때, 포트폴리오를 구성하는 주식의 수 N이 커질수록 [$1/N(\overline{\sigma}_i^2 - \overline{\sigma}_{ij})$]는 점점 작아져서 0에 가깝게 된다. 따라서 포트폴리오를 구성하는 종목수를 충분히 크게 하면 포트폴리오의 위험 (σ_p^2)은 주식수익률간의 공분산의 평균 ($\overline{\sigma}_{ij}$)에 접근하게 된다.

여기서 포트폴리오의 위험이 두 가지로 분리될 수 있다는 사실을 알 수 있다. 포트폴리오에 포함되는 증권의 수를 늘려감으로써 줄어드는 위험과 포트폴리오의 구성증권수를 아무리 늘려도 줄어들지 않는 위험, 즉 전체 증권의 평균공분산으로 표현되는 부분으로 구성되어 있다는 것을 알 수 있다.

포트폴리오를 구성함으로써 감소하는 위험을 고유위험 또는 비체계적 위험(unsystematic risk)이라고 한다. 이것은 특정기업이나 산업에 국한된 요인, 즉 경영성과, 노동쟁의, 소송사건, 신제품개발, 광고활동 등으로 인하여 발생하는 위험이다. 이러한 위험은 모든 기업에 있어 발생하는 것이 아니므로 여러 회사의 증권에 분산투자하여 포트폴리오를 구성할 때 무시할 수 있을 정도로 작은 수준이 된다.

포트폴리오를 구성하는 자산을 아무리 늘려도 제거되지 않고 남아 있는 위험을 시장위험 또는 체계적 위험(systematic risk)이라고 한다. 이것은 전쟁,

[그림 9-1] 체계적 위험과 비체계적 위험

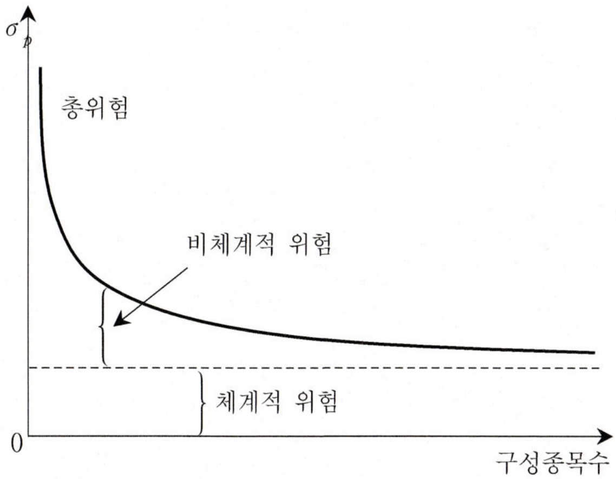

인플레이션, 이자율의 변동, 경기변동 등과 같은 요인으로 인하여 발생하는 위험이다. 이러한 요인들은 거의 모든 증권에 공통적으로 영향을 미치기 때문에 분산투자를 하여도 제거되지 않는다.

요약하면 여러 자산에 분산투자하는 경우 위험관리의 주대상은 체계적 위험(시장위험)이며, 개별자산의 고유위험이 아니다.

[그림 9-1]은 포트폴리오를 구성하는 주식종목수가 늘어남에 따라 주식의 비체계적 위험은 제거되고 체계적 위험만 남게되는 현상을 나타낸 것이다.

앞에서 설명한 포트폴리오의 위험이 구성주식수의 증가에 따라 감소하는 것을 여러 가지 실증분석에서 확인할 수 있다. [그림 9-2]는 솔닉(B. H. Solnik)이 미국・영국 등 11개국에 국제분산투자한 경우와 미국내의 주식만으로 분산투자한 경우를 비교했다. 국제분산투자한 경우의 위험이 미국내만 분산투자한 경우의 위험보다 더욱 감소함을 보여주고 있다. 즉, 미국내만 분산투자한 경우 체계적 위험은 27%인데 국제분산투자할 경우 체계적 위험은 11.7%이다. 그리고 포트폴리오에 구성될 종목 수도 30종목이면 체계적 위험을 상당히 줄일 수 있음을 알 수 있다.

[그림 9-2] 국제분산투자의 위험감소효과

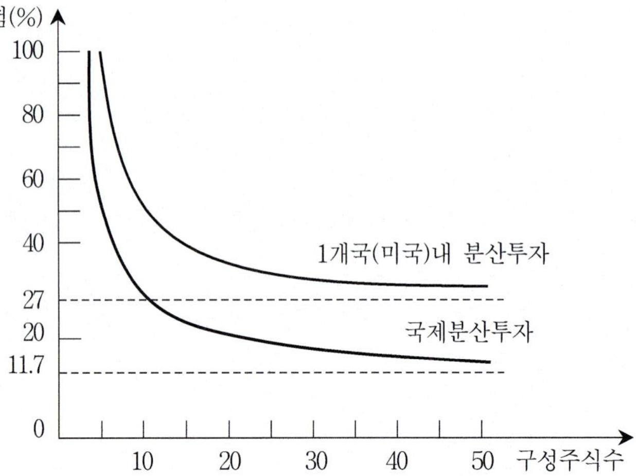

최근 신흥국가(emerging countries)의 높은 성장에 초점을 맞추어 친디아(중국, 인도)펀드, 브릭스(브라질, 러시아, 인도, 중국)펀드 등 글로벌펀드에 대한 투자가 일반화되고 있다. 이들 글로벌펀드에 투자하는 이론적 근거는 기대수익률이 높다는 것 뿐만 아니라 분산투자에 의하여 발생하는 위험감소의 효과에 있다고 하겠다.

제 2 절 자본자산가격결정모형

자본시장론에서는 모든 투자자들이 위험회피형이고, 모든 자본자산의 기대수익률에 대하여 동질적으로 예측한다 등의 여러 가정하에 개별증권 혹은 포트폴리오의 기대수익률과 위험과의 관계를 파악하려고 시도하였다. 그 중에서 샤프(W. H. Sharpe, 1964), 린트너(J. Lintner, 1965), 모신(J. Mossin, 1965) 등에 의해 발전되어 다음과 같이 간단하게 기대수익률과 위험과의 관계를 나타낸

모형이 있는데, 이를 자본자산가격결정모형(capital asset pricing model) 혹은 CAPM이라고 한다. 자본자산가격결정모형은 투자자들이 효율적이고 합리적인 투자를 하고, 자본시장이 균형상태에 있을 때 주식과 같은 자본자산의 균형가격(기대수익률)이 위험을 반영하여 어떻게 결정되는가를 예측하는 모형이다. 여기서 자본자산(capital asset)이란 미래의 수익에 대한 청구권을 가지는 자산, 즉 주식, 회사채 등의 유가증권을 가리킨다. 또한 균형상태라는 것은 이들 자본자산이 거래되는 자본시장에서 수요와 공급이 일치되도록 가격이 형성된 상태를 말한다. CAPM의 기본적인 아이디어는 자본시장이 균형상태인 경우 시장은 위험을 받아들이는 투자자에 보상을 한다는 것이다.

자본자산가격결정모형에는 다음과 같은 가정들을 기초로 한다.

첫째, 모든 투자자들은 기대효용을 극대화하고자 하는 위험회피형이며 위험자산에 투자할 경우 마코위츠(H. Markowitz)의 평균-분산모형에 따라 투자결정을 내릴 때 필요로 하는 투자기준은 기대수익률과 분산 뿐이다.

둘째, 모든 투자자들은 자본자산의 기대수익률, 분산 등에 대하여 동질적인 예측을 한다.

셋째, 무위험자산이 존재하며 투자자들은 무위험이자율로 투자자금을 얼마든지 빌리거나 빌려 줄 수 있다.

넷째, 자본시장은 완전시장이다. 세금과 거래비용 등 거래의 제약요소가 존재하지 않으며 정보의 수집에 비용이 들지 않고 장애요소가 없어 모든 투자자가 동일한 정보를 소유한다.

다섯째, 자본시장은 균형상태이므로 증권의 수요와 공급이 일치하는 수준에서 각 증권의 가격이 형성된다.

이와 같은 가정을 기초로 자본시장이론의 핵심을 구성하는 자본시장선과 증권시장선이 도출되는데 자본시장선은 효율적 포트폴리오의 기대수익률과 위험간의 관계를 결정하는 이론적인 틀과 위험척도를 제공하며, 증권시장선은 모든 개별증권 및 포트폴리오의 기대수익률과 위험의 관계를 결정하는 이론적 틀과 위험척도를 제공해 준다.

1. 자본시장선

자본시장선(capital market line : CML)은 개인투자자들이 투자대상으로서 위험이 있는 자산 뿐만 아니라 국공채나 은행 정기예금과 같은 무위험자산을 포함시켜 효율적 분산투자를 할 경우 균형된 자본시장에서 효율적 포트폴리오의 기대수익률과 위험과의 선형관계를 나타낸 것이다. 이를 그림으로 나타내면 [그림 9-3]과 같다.

[그림 9-3]에서 효율적 포트폴리오 직선 N은 무위험자산에 일부 투자하고 나머지 자금을 위험자산에 투자하는 것을 나타내고 있다. 여기서 M포트폴리오를 시장포트폴리오라고 하는데 위험자산으로서는 유일한 효율적인 투자대상이므로 모든 투자자에게 동일하다. 이와 같이 투자자들이 투자자금을 무위험자산과 완전분산된 시장포트폴리오(M)에 나누어 투자할 때 자본시장이 균형상태에 이르며, 이 경우 효율적 포트폴리오의 기대수익률과 위험 사이에는 일정한 선형관계가 성립하는데 이를 자본시장선이라 한다. 자본시장선은 [그림 9-3]의 직선 N으로 도식되며, 이를 수식으로 나타내면 식 (9-13)과 같다.

[그림 9-3] 자본시장선

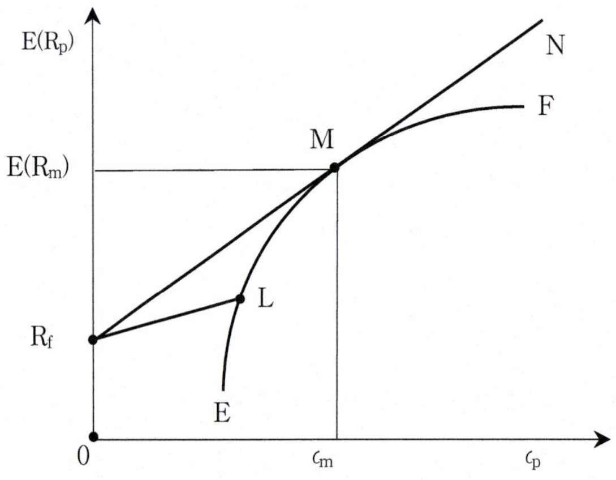

$$E(R_p) = R_f + \frac{E(R_m) - R_f}{\sigma_m} \cdot \sigma_p \tag{9-13}$$

$E(R_p)$: 포트폴리오 P의 기대수익률
R_f : 무위험이자율
$E(R_m)$: 시장포트폴리오의 기대수익률
σ_m : 시장포트폴리오의 표준편차

1) 시장포트폴리오

자본시장선에서 밝히고 있는 기대수익률과 위험과의 관계를 잘 이해하기 위해서는 시장포트폴리오의 개념을 알아야 한다.

첫째, 시장포트폴리오는 투자자에게 이용할 수 있는 모든 자본자산을 모두 포함하였을 때 얻어지는 위험자산의 최적포트폴리오이다. 즉, 시장포트폴리오는 위험 있는 자산포트폴리오 중에서 유일한 가장 효율적인 포트폴리오이다.

둘째, 시장포트폴리오는 모든 위험자산을 포함한 완전 분산된 포트폴리오를 의미하며, 시가총액의 구성비율대로 구성된다. 예를 들어 증권시장에서 거래되는 위험자산으로 주식만을 생각한다면, 시장포트폴리오는 각 주식의 시가총액(=주가×발행주식수)의 비율대로 구성하면 된다. 즉, 균형상태인 시장에서 개별 주식투자비율(w_i)은 시장전체 주식의 총시가가치에서 개별주식의 총시가총액(=개별주가×발행주식수)의 비율이다.

$$w_i = \frac{\text{개별주식 } i\text{의 총시가가치}}{\text{시장전체 주식의 총시가가치}} \tag{9-14}$$

이와 같이 시장포트폴리오는 시장에서 거래되는 모든 위험자산이 수요와 공급이 일치하고 균형 시장가격의 비율대로 구성되는 위험자산의 포트폴리오인데 그 특성은 다음과 같다.

투자자들이 시장에서 거래되는 위험자산의 가격에 대해 똑같이 예상한다면,

첫째, 시장포트폴리오는 위험 있는 자산의 포트폴리오 중 유일한 가장 효율적인 포트폴리오이다. 자본시장선은 시장이 균형인 상태에서 모든 투자자가 시장포트폴리오의 비율과 동일한 비율로 위험자산을 보유하게 된다고 가리킨다.

둘째, 시장포트폴리오는 모든 위험자산을 포함한 완전 분산된 포트폴리오로 투자자 개인의 위험선호도와는 관계없이 항상 일정하며 객관적으로 결정된다. 즉 투자자는 위험자산에 투자할 때는 위험선호도에 관계없이 시장포트폴리오에 투자한다. 만약 무위험자산에도 투자하고 싶다면 자산의 위험선호도에 따라 무위험자산과 시장포트폴리오에 투자자산을 배분한다. 이러한 투자의사결정과정을 토빈의 분리정리(Tobin's separation theorem)라고 한다.

셋째, 시장포트폴리오의 특성을 가장 잘 나타내고 현실적인 대용치(proxy)로서 종합주가지수가 이용되고 있다. 시가총액의 비율로 구성된 종합주가지수는 시장포트폴리오의 가장 훌륭한 대용치이기 때문이다.

2) 증권시장선

자본시장선은 효율적 포트폴리오의 기대수익률과 위험과의 관계를 설명해 준다. 효율적 포트폴리오란 충분히 분산투자되어 있어 비체계적 위험은 전부 제거되고 체계적 위험만이 남은 포트폴리오를 말한다. 그러나 개별자산 그 자체는 비효율적이기 때문에 자본시장선 아래에 위치하게 되어 자본시장선으로는 개별자산의 기대수익률을 설명할 수 없다.

자본시장이 균형을 이루어 자본시장선이 형성될 때 개별자산(또는 포트폴리오)의 위험과 기대수익률과의 관계를 설명하는 것이 증권시장선(security market line : SML)이다.

균형상태에서 개별자산 i의 기대수익률과 체계적 위험 베타는 일정한 함수관계를 갖게 되는데, 이를 정리하면 다음과 같은 식으로 표현할 수 있다.

$$E(R_i) = R_f + [E(R_m) - R_f]\beta_i \tag{9-15}$$

$E(R_i)$: 개별자산 i의 기대수익률
R_f : 무위험이자율
$E(R_m)$: 시장의 기대수익률
β_i : 자산 i의 체계적 위험

식 (9-15)가 바로 균형상태에서 형성되는 개별주식 또는 포트폴리오의 체계적 위험과 기대수익률간의 직선관계를 나타내는 증권시장선이며 증권시장선

[그림 9-4] 증권시장선

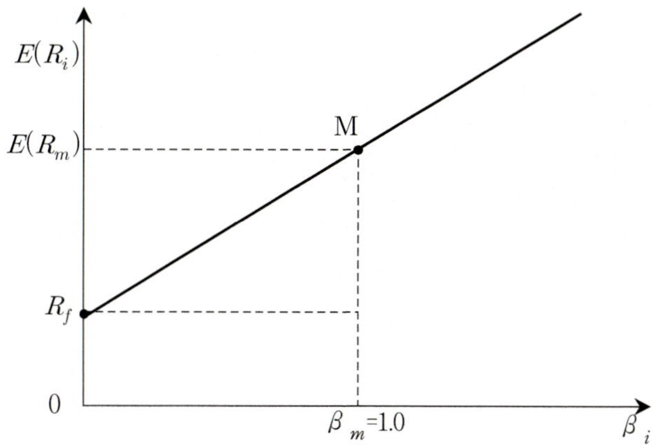

을 통해 자본자산의 균형가격을 계산할 수 있는데 이를 자본자산가격결정모형(capital asset pricing model : CAPM)이라고 한다. 특히 $E(R_m)-Rf$는 시장포트폴리오의 기대수익률이 무위험이자율을 초과하는 부분으로 시장위험프리미엄 또는 위험보상률이라고 한다. CAPM은 시장이 균형인 상태에서 모든 투자자는 시장포트폴리오의 비율과 동일한 비율로 위험자산을 보유하게 된다는 것을 말한다. 위험회피성향에 따라서 투자자들은 위험자산과 무위험자산을 각각 다른 비율로 보유하지만 위험자산보유에 있어서 상대적 비율은 모든 투자자에 대하여 동일하다.

식 (9-15)의 증권시장선은 시장이 균형을 이룰 때 어떤 자산의 기대수익률은 그 자산의 체계적 위험인 β의 선형함수로 결정됨을 보여준다. 증권시장선을 그림으로 나타내면 [그림 9-4]와 같다.

[그림 9-4]에서 시장포트폴리오의 베타는 1.0이다. 증권시장선의 기울기 β_i는 시장포트폴리오의 기대수익률 $E(R_m)$의 변화에 대한 개별주식 i의 기대수익률 $E(R_i)$의 변화정도가 얼마나 민감한가를 나타낸다. 어떤 주식의 베타가 1.5라는 것은 종합주가지수가 10% 변동할 때 이 주식의 가격은 15% 변동

한다는 것이다. $\beta_i = 1.0$을 기준으로 베타가 1.0을 초과하는 주식들은 시장 전반적인 움직임에 대한 민감도가 시장의 움직임보다 크기 때문에 이들을 공격적 주식(aggressive stock)이라 한다. 이와 반대로 베타가 1.0에 미달하는 주식들은 그 민감도가 시장의 움직임보다 낮기 때문에 방어적 주식(defensive stock)이라고 한다.

CAPM에 따라 투자자가 최적의 포트폴리오를 구성하는 방법은 시장포트폴리오(혹은 인덱스펀드)와 무위험자산을 결합하는 것이다.

예제 8

시장포트폴리오의 기대수익률이 16%, 무위험이자율이 6%이고 주식 A의 β가 1.4이라고 한다면 주식 A의 기대수익률은 다음과 같이 산출된다.

$$E(R_A) = 0.06 + 1.4 \times (0.16 - 0.06) = 0.2$$

3) CAPM의 이용과 한계

CAPM의 핵심모형인 증권시장선은 투자론에서 많이 응용되고 있다.

첫째, 지수펀드(index fund) 투자전략으로 알려진 소극적 투자에 이론적 정당성을 제공하였다. 지수펀드는 잘 분산된 시장포트폴리오를 의미하는데 KOSPI200지수나 S&P500지수와 동일한 구성비율로 투자한 포트폴리오이다. 평균적으로 지수펀드 투자전략이 적극적 투자전략을 사용하는 각종 펀드(active fund)보다 더 좋은 성과를 나타내고 있다.

둘째, 증권시장선에서 구해지는 기대수익률 $E(R_i)$은 주식이나 채권의 가치평가에 있어서 적정할인율로 사용된다. 예제 ⑧에서 A주식의 기대수익률이 20%이고, 연말에 지급되는 배당이 1,000원, 연말 주식가격이 20,000원으로 예상된다면 현재의 시점에서 이 주식의 이론가격은 다음과 같다.

$$P_0 = \frac{1,000}{(1+0.2)} + \frac{20,000}{(1+0.2)} = 17,500\text{원}$$

셋째, CAPM에서 산출된 기대수익률은 기업의 자기자본비용으로 이용할 수 있다. 투자자들이 주식투자에 적절한 기대수익률을 요구하면, 기업은 주식으로 조달한 자기자본에 대하여 그만큼의 대가를 지불하여야 하기 때문이다.

넷째, CAPM은 수도, 전기, 가스 등과 같은 규제산업에 속한 기업이나 비용에 일정한 마진을 합해서 가격을 결정하는 기업의 적정수익률을 계산하는데 이용된다. 예를 들어 전기요금을 규제하는 위원회에서 전기요금을 결정할 때, 그 요금을 생산비에 기대수익률(CAPM에 의한)을 더해 산출한다. 전기요금은 자본의 공급자가 전기설비에 투자함으로써 감수해야 하는 위험에 대하여 보상해야 하기 때문이다.

그러나 CAPM을 실제 이용하는 데 있어서 몇 가지 한계점이 있다.

첫째, CAPM은 증권의 기대수익률 등의 예측자료에 기초한 사전적 모형(ex-ante model)인데, 실제 검증에 이용되는 자료는 과거자료라는 점이다. 이와 같이 사전적 모형을 사후적 자료로 검증하기 위해서는 과거의 추세가 장래에도 그대로 적용될 수 있다는 전제가 필요하다. 특히 β가 장기간에 걸쳐 절대적으로 안정하여야 하는 것이 그 전제인데 그렇지 못한 것이 큰 한계라고 하지 않을 수 없다. 베타가 불안정하다면 사후적 베타를 그대로 이용할 수 없으며, 적절히 수정하지 않으면 안된다.

둘째, 이론적으로 시장포트폴리오의 수익률은 모든 이용가능한 위험 자산, 즉 주식, 사채 및 부동산 등의 기대수익률을 가중평균하여 얻어지는 수익률이므로 현실적으로 산출하기 불가능하다. 그런데 실제 있어서는 시장포트폴리오의 수익률을 종합주가지수의 변동률, 또는 모든 상장증권의 평균수익률로 대용하고 있다. 이에 따른 오차를 내포하고 있다고 하지 않을 수 없다.

연습문제

1. 다음 용어를 설명하라.

1) 기대수익률
2) 위험
3) 체계적 위험과 비체계적 위험
4) 자본시장선
5) CAPM
6) 시장포트폴리오

2. 다음의 물음에 답하라.

1) 시장포트폴리오에 대한 설명으로 적절하지 못한 것은?
① 시장포트폴리오에 대한 개별자산의 가격의 비율대로 투자하면 구성할 수 있다.
② 시장에 존재하는 모든 위험자산을 포함한 완전분산투자된 포트폴리오이다.
③ 위험회피형의 투자자도 이 포트폴리오를 선택한다.
④ 위험자산 중에서 유일하게 효율적이다.

2) 위험자산으로 구성된 포트폴리오의 성격에 대한 설명 중 옳은 것은?
① 개별자산간의 상관계수가 1에 가까울수록 위험분산 효과가 커진다.
② 적절한 분산투자로 체계적인 위험은 감소시킬 수 있다.
③ 여러 자산으로 구성된 포트폴리오에서는 개별자산의 표준편차보다 공분산이 더 중요한 위험척도이다.
④ 분산투자 효과를 위해서는 포트폴리오로 구성하는 개별주식수가 중요하지 업종의 수는 중요하지 않다.

3) 자본자산가격결정모형에 의해 가격결정이 된다고 가정할 때 A주식의 베타는 2이고, 시장포트폴리오의 기대수익률은 10%, 무위험자산수익률은 4%이면 A주식의 기대수익률은?
① 8%　　② 12%
③ 14%　　④ 16%

4) 포트폴리오내의 주식수를 늘리면, 체계적 위험은 어떻게 되는가?
① 변화없다.
② 증가폭은 줄어들면서 증가한다.
③ 감소폭은 줄어들면서 감소한다.
④ 감소폭은 증가하면서 감소한다.

5) 자본시장선에 대한 설명으로 틀린 것은?
① 자본시장선은 개별기업의 수익률과 시장수익률간의 관계를 나타낸 것이다.
② 자본시장선의 기울기는 총위험의 단위당 위험프리미엄을 나타낸 것이다.
③ 자본시장선에는 효율적 자산만이 존재한다.
④ 자본시장선은 총위험과 기대수익률의 관계를 나타낸 것이다.

6) 시장지수의 기대수익률은 15%, 무위험이자율은 7%이다. 주식 A의 베타계수는 0.5, 기대수익률이 9.5%일 경우 주식 A의 비정상수익률은?
① −1.5% ② −5.5%
③ 1.5% ④ 5.5%

7) 종합주가지수 수익률 정도를 확보하고자 하는 펀드로서 시장전체의 평균적 수익률을 얻는 것을 목표로 하는 펀드는?
① 하이일드펀드 ② 인덱스펀드
③ 헷지펀드 ④ 머니마켓펀드

8) CAPM 설명 중 틀린 것은?
① CAPM은 적극적 투자전략에 기여한다.
② CAPM에서 산출된 기대수익률은 채권가격의 평가에 이용된다.
③ CAPM에서 산출된 기대수익률은 기업의 자기자본비용이다.
④ CAPM은 자본시장이 균형상태인 경우 시장은 위험을 받아들이는 투자자에게 보상을 한다는 이론이다.

해답 **2.** 1) ① 2) ③ 3) ④ 4) ① 5) ① 6) ① 7) ② 8) ①

제10 장

자본시장의 효율성

10

part

자본시장의 효율성

제 1 절 효율적 자본시장

효율적 자본시장(efficient capital market)이란 넓은 의미로 자본시장을 통한 자금의 흐름이 극대화되고, 또한 적재적소에 배분되는 시장을 말한다. 따라서 분배, 운영 및 정보의 효율성을 포함한다. 그러나 좁은 의미에서 자본시장의 효율성이라 할 때는 입수가능한 모든 정보가 증권가격에 정확하고 신속하게 반영된다는 정보의 효율성을 말한다.

1. 분배의 효율성

분배의 효율성(allocational efficiency)은 투자자금이 모든 사람들에게 이익이 될 수 있는 방식으로 생산적 투자에 더 많이 분배될 수 있는 상태를 말한다. 미래의 경영성과가 좋을 것으로 예상되는 기업에는 보다 많은 자금을, 반면에 경영성과가 나쁠 것으로 예상되는 기업에는 적은 자금을 배분되게 할 때 자본시장의 분배의 효율성이 달성될 수 있다.

2. 운영의 효율성

운영의 효율성(operational efficiency)이란 증권거래가 최저비용에서 이루어지는 상태를 말한다. 증권거래에서 수수료, 정보이용료 등 거래비용이 커지면 분배의 효율성이나 정보의 효율성을 달성하는데 있어 상당한 제약이 된다. 따라서 거래비용이 가장 저렴할 때, 자본시장의 운영의 효율성이 달성될 수 있으며 이것을 내적 효율성(internal efficiency)이라고도 한다.

3. 정보의 효율성

정보의 효율성(informational efficiency)은 자본시장에서 결정된 가격이 이용가능한 모든 정보를 충분히 반영하고 있는 상태를 말한다. 정보의 효율성은 증권에 관한 정보가 신속, 공평, 저렴하게 모든 투자자들에게 배분되고 그 정보가 증권가격에 정확하게 반영될 때 달성된다. 자본시장에서 정보의 효율성이 달성되면, 어떤 투자자가 특정한 정보를 이용하여 비정상적 투자성과를 낼 수 없게 된다. 왜냐하면, 모든 투자자들이 공평하고 즉각적으로 정보를 이용할 수 있으므로, 일부의 투자자만 특정한 정보를 유리하게 이용할 수 없기 때문이다.

투자는 주어진 위험수준에서 수익을 극대화시키는 것이므로 투자자들은 시장가격이 내재가치보다 낮은 저평가된 증권을 발견하게 되면 재빨리 그 증권을 매입하여 비정상수익률을 얻으려 할 것이다. 이러한 투자행위로 인해 저평가된 증권에 대한 수요가 증대되어 가격이 상승하게 되고 그 결과 더 이상 비정상수익(abnormal return)을 얻을 수 없는 상태로 돌아가게 된다.

저평가된 증권을 발견할 수 있는 분석능력을 가지고 다른 투자자들에 앞서 저평가된 주식을 발견하여 매입하는 투자자는 높은 투자성과를 얻을 수 있을 것이다. 그러나 그 과정에서 치열한 경쟁이 존재한다면 관련된 정보는 신속하게 가격에 반영될 것이고 이러한 상황에서는 유능한 투자자라 할지라도 지속적으로 높은 성과를 얻기는 어려울 것이다.

현실의 자본시장에서는 저평가 또는 고평가된 증권을 발견하기 위해 잘 훈련된 수많은 애널리스트 전문가 그리고 기관 및 개인투자자들이 치열한 경쟁을 벌리고 있다. 수많은 시장참여자들 간에 경쟁적으로 이루어지는 정보입수나 분석 및 평가활동으로 인하여 새로운 정보는 발생할 때마다 즉각 증권가격에 반영된다고 볼 수 있다. 이와 같이 애널리스트 등 시장참여자가 치열한 경쟁을 함으로써 주가예측은 보다 공정한 가격에 접근하게 되어, 비정상이익을 내는 것이 어렵게 된다.

제 2 절 효율적 시장가설

효율적 시장가설(efficient market hypothesis: EMH)은 자본시장에서 실시간 형성되고 있는 가격이 증권가격과 관련된 정보를 신속, 정확, 충분하게 반영하고 있다는 가설을 말한다. 즉, 효율적 시장가설은 정보의 효율적 시장을 말한다.

효율적 시장가설에 따르면 주식의 시장가격은 새로운 정보에 즉각 반응한다. [그림 10-1]은 새로운 정보에 대한 주가의 반응을 보여주고 있다.

[그림 10-1]의 (a)는 좋은 정보가 공시되었을 때의 주가반응이다. 정보가 시장에 도착하는 즉각 주가가 P^B에서 P^A로 상승해서 더 이상 주가의 변동은 없다. [그림 10-1]의 (b)는 나쁜 정보가 공시되었을 때의 주가반응이다. 정보가 시장에 도착하는 즉각 주가가 P^B에서 P^A로 하락하여 더 이상 주가의 변동은 없다. [그림 10-1]의 (a), (b)의 경우 증권시장이 효율적이기 때문에 누구도 비정상수익을 얻을 수 없음을 보여주고 있다.

그런데 [그림 10-2]의 (a)는 정보가 공시된 후 $t=1$ 시점까지 주가가 P^B에서 P^A까지 상승하고 그 이후 변동하지 않고 있다. [그림 10-2]의 (b)는 정보가 공시된 시점($t=0$)에 주가가 크게 상승했다가 $t=1$ 시점까지 P^A로 하락하고 그 이후 변동하지 않고 있다. [그림 10-2]는 비효율적인 자본시장에서 주가가 새로운 정보에 시차를 두고 반응하거나 적정한 주가 이상으로 과잉반응하고 있음을 나타내고 있다. 비효율적인 자본시장에서는 이를 이용하여 비정상수익을 얻을 수 있는 기회가 존재하게 된다.

[그림 10-1] 효율적시장에서의 정보에 대한 주가의 반응

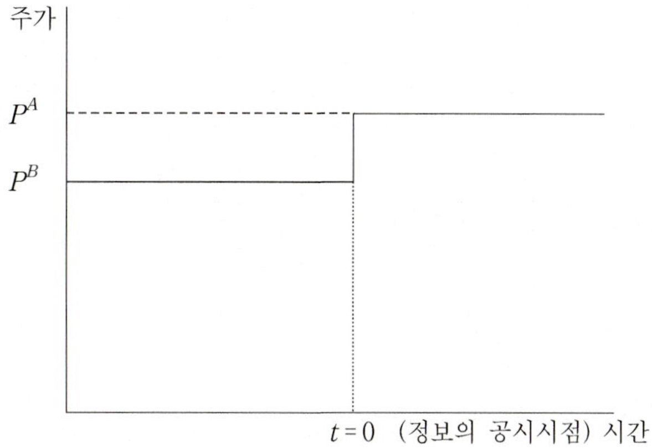

(a) 좋은 정보의 도착

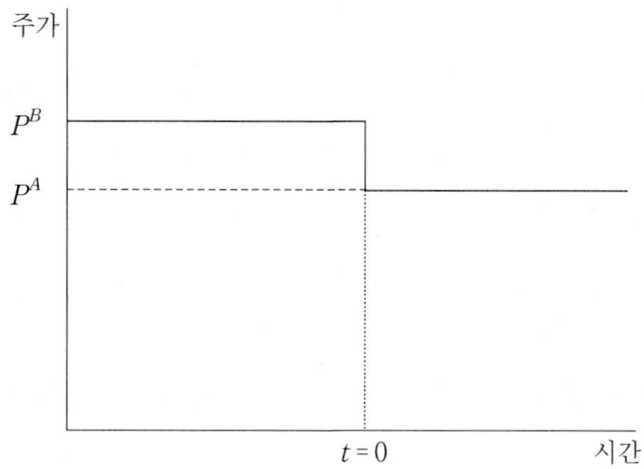

(b) 나쁜 정보의 도착

[그림 10-2] 비효율적 시장에서의 정보에 대한 주가의 반응

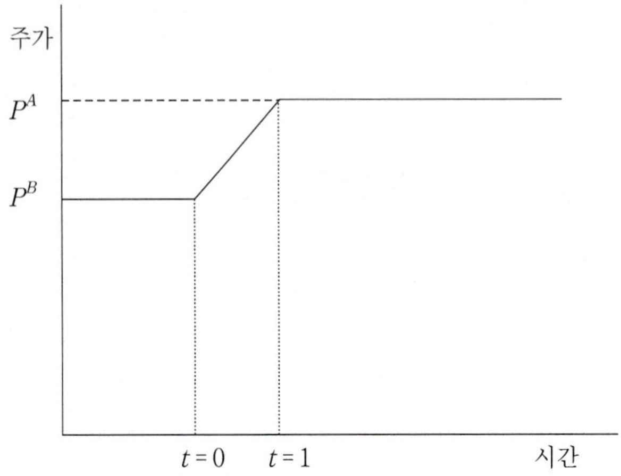

(a) 정보에 대한 주가의 늦은 반응

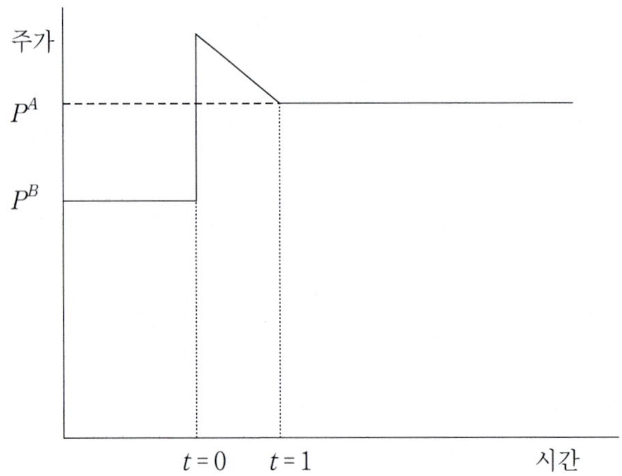

(b) 정보에 대한 주가의 과잉 반응

그런데 니델로퍼(V. Niederhoffer)와 리간(P. J. Regan)의 실증분석에 따르면 증권애널리스트의 이익예측치를 웃도는 이익실적을 낸 기업의 주가는 단기적으로 상승하는 경향이 있는데 이것을 어닝 서프라이즈(earning surprise)라고 한다. 증권애널리스트의 이익예측치를 밑도는 이익실적을 낸 기업의 주가는 단기적으로 하락하는 경향이 있는데 이것을 어닝쇼크(earning shock)라고 한다.

1. 효율적 시장가설의 유형

파마(E. F. Fama)는 구체적인 정보의 범위에 따라 정보의 효율성을 약형 효율적 시장, 준강형 효율적 시장, 강형 효율적 시장 등 분석가능한 세 가지 형태로 정의하였다.

1) 약형 효율적 시장가설

자본시장의 과거 정보를 이용하여 투자한다고 해도 비정상수익을 실현할 수 없다는 것이 약형(weak form) 효율적 시장가설이다. 자본시장의 과거 정보에는 과거의 주가, 과거의 거래량, 과거 공시된 시장정보 등을 포함한다. 약형 효율적 시장에서는 과거의 시장정보가 이미 증권의 가격에 반영되어 있으므로 과거의 시장정보를 이용하여 투자한다고 해도 비정상수익을 실현할 수 없다는 것이다. 이 가설은 통계학적 의미에서 주가의 움직임이 독립적이며, 무작위(random)하다는 것이다. 따라서, 과거의 주가나 거래량을 분석하여 미래의 주가를 예측하려는 기술적 분석은 약형 효율적 시장가설이 성립하는 시장에서는 무의미하다.

약형 효율적 시장가설을 실증적으로 검증하는 데에는 연의 검증, 시계열 상관분석 등이 사용된다.

(1) 연의 검증

연의 검증방법은 주가의 변동과정이 어떤 추세를 가지고 있는가를 확인하는 방법이다. 주가가 상승하는 경우를 (+)의 부호로, 하락하는 경우를 (−)부호로 표시하자. 어느 주가의 변동과정이 ++++−−−+−−+와 같이 나타났다고 하자. 그렇다면 주가는 네 번 상승, 세 번 하락, 한 번 상승, 두 번 하락, 한 번 상승하는 형태를 나타낸다. 이러한 각각의 상승, 하락의 연속되는 부호를 연이라 한다. 이 주가변동은 네 개의 +, 세 개의 −, 하나의 +, 두 개의 −, 하나의 +인 다섯 개의 연으로 구성되어 있다. 주가의 변동이 무작위적이라면, 이러한 주가의 변동과정을 나타내는 연의 수는 무작위적인 난수로 구성한 연의 수와 통계적으로 차이가 없을 것이다.

파마(E. F. Fama)는 1965년 다우존스산업평균지수에 포함되는 30개의 주식에 대해 1957년부터 1962년까지 1,400개의 일일변동과정을 조사한 결과 주가의 변동이 무작위적인 난수의 움직임과 차이가 없이 약형 효율적 시장가설을 따른다는 것을 확인하였다.

(2) 시계열상관분석

시계열상관분석이란 주가의 움직임이 서로 독립적인가를 검증하는 방법이다. 일일이나 주간 변동과 같은 단기수익률 자료의 연속적 변동은 대체로 시계열상관 관계가 낮다. 두 기간의 주가 사이에 시계열상관성이 존재한다면 $n-t$기의 주가를 가지고 n기의 주가를 예측할 수 있다는 것을 의미한다. 시계열상관계수가 통계적으로 0과 차이가 없다면 두 기간 사이의 주가가 관련성이 없고 독립적으로 움직인다는 것을 의미하므로 약형 효율적 시장가설이 성립하는 것으로 볼 수 있다.

파마(E. F. Fama)는 연의 검증과 함께 시계열상관분석을 통하여 특정한 일로부터 -1일부터 -30일까지 주가의 시계열상관성을 분석한 결과, 대부분의 주식들이 아주 작은 자기상관을 갖고 있으며 유의성이 없었다. 이것은 과거의 가격정보를 분석하여 미래의 가격을 예측할 수 없다는 것을 보여주는 것이다.

2) 준강형 효율적 시장가설

준강형(semi-strong form) 효율적 시장은 공식적으로 이용가능한 정보를 이용하여 투자한다고 해도 비정상수익을 실현할 수 없는 시장을 말한다.

공식적으로 이용가능한 정보란 정치, 사회, 경제, 문화 등에 대한 뉴스, 영업보고서, 시장에 공시되는 기업의 재무제표 등 공개적으로 투자대중들이 이용가능한 정보를 말한다. 과거의 주가나 거래량과 같은 역사적 정보뿐만 아니라 유・무상증자, 배당・이익・신제품개발 등 공식적으로 이용가능한 정보는 자본시장의 증권가격에 이미 반영되어 있으므로 투자자들은 시장평균 이상의 비정상수익을 실현할 수 없다는 것이다. 즉 이 가설에 의하면 투자자는 어떠한 정보가 공표된 다음 그 정보를 활용하여 비정상수익을 올릴 수 없다는 것이다.

준강형 효율적 시장가설의 검증은 주로 정보가 주가에 신속하고 정확하게 반영되었는가가 주요한 검증대상이며, 사건연구(event study)를 이용하여 검증하는 것이 일반적이다. 사건연구란 어떤 정보(유상증자, 배당, 이익 등)가 공표되는 시점의 전후 일정기간동안 증권가격변화를 살펴봄으로써 사건의 영향을 파악하고자 하는 기법이다. 사건연구는 보통 시장모형(CAPM)을 이용한다. 실현수익률과 시장모형으로 예측한 기대수익률과의 차이를 통해 초과수익률(abnormal return: AR) 또는 누적비정상수익률(cumulative abnormal return: CAR)을 구해, 특정한 사건의 공표일 전후 시점을 중심으로 해서 비정상수익률 또는 누적비정상수익률이 있는가 없는가를 통계적으로 검증한다. 시장이 재무정보에 대해 즉각적으로 반응한다면 누적비정상수익률은 재무정보의 공표일에만 급격히 변동하는 형태를 나타내게 되고 그 이후는 일정할 것이다.

이러한 연구방법을 사용하여 파마(Fama), 피셔(Fisher), 젠센(M. C. Jensen)과 롤(R. Roll)은 주식분할(무상주와 같음)의 공표에 대한 주가의 반응, 볼(R. Ball)과 브라운(P. Brown)은 기업의 회계이익공표의 주가반응을 조사하였는데 대체로 기업의 정보가 즉각 주가에 반영되어 비정상수익을 올릴 수 없으며, 준강형 효율적 시장가설이 성립함을 나타내고 있다.

3) 강형 효율적 시장가설

기업의 내부정보를 비롯한 모든 이용가능한 정보를 이용하여 투자한다고 해도 비정상수익을 실현할 수 없는 시장을 강형(strong form) 효율적 시장이라고 한다.

기업의 내부정보란 기업의 경영자, 대주주 등이 보유하고 있는 정보로 일반 투자자들이 접근하기 어려운 모든 정보를 포괄한다. 시장이 정보라는 의미에서 완전히 효율적이라면 이러한 내부정보까지도 현재의 주가에 반영되어 있기 때문에 내부 정보에 근거하여 투자하는 투자자도 시장평균수익률보다 우월한 성과를 낼 수 없다는 것이다.

1969년 젠센(M. C. Jensen)은 일반투자자보다 기업의 내부정보에 보다 용이하게 접근할 수 있는 투자신탁(미국의 뮤추얼펀드)의 성과를 분석함으로써 강형 효율적 시장가설을 검증하였다. 1955년부터 1964년까지 115개 투자신탁의 성과를 분석한 결과 투자신탁의 성과가 시장평균수익률에 미치지 못하는 것을 확인하였다. 따라서 이 연구에 따르면 주가가 이미 내부정보마저 충분히 반영하여 어떤 정보를 사용하여도 비정상수익을 얻을 수 없는 것으로 나타났다.

한편 1974년 제페(Jaffe)는 미국 증권거래위원회에서 발표한 기업의 내부자거래를 기초로 초과수익의 실현 여부를 확인하였다. 1960년대 861개의 기업을 대상으로 조사한 결과 이들 표본들이 통계적으로 유의한 비정상수익을 실현한 것으로 나타났다. 이러한 사실은 강형 효율적 시장가설에 대해 명확한 결론을 내릴 수 없다는 것을 나타낸다고 하겠다.

2. 효율적 시장가설 유형의 상호관련성

지금까지 효율적 시장가설의 세 가지 유형에 관하여 설명하였다. 이 세 가지 유형의 효율적 시장가설은 서로 배타적인 것이 아니라, 아래 그림과 같이, 이들 상호간에는 단지 관련되는 정보의 범위와 시장효율성의 정도에 있어서만 차이를 갖는다.

강형 효율적 시장가설에서는 주가가 발표되지 않은 내부정보까지를 포함한 모든 이용가능한 정보를 반영하므로, 가장 폭넓은 시장효율성 개념이다. 따라서 강형 효율적 시장가설에는 약형 효율적 시장가설과 준강형 효율적 시장가설을 모두 포함한다. 그리고 준강형 효율적 시장가설에서 주가는 과거의 주가와 거래량에 관한 역사적 정보와 일반에 공개된 모든 정보를 반영하므로, 약형 효율적 시장가설을 포함하는 개념으로 볼 수 있다.

[그림 10-3] 효율적 시장가설 유형의 상호관련성

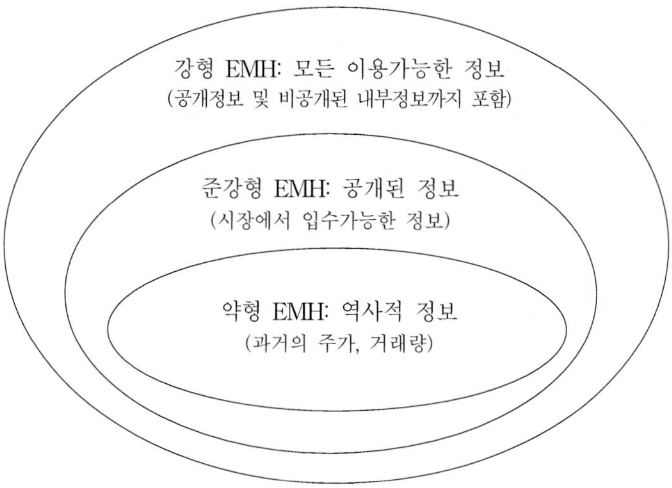

3. 효율적 시장가설의 특성

증권투자의 실무에서 보다 우수한 투자성과를 얻기 위하여 사용하는 투자분석방법은 매우 다양하다. 예를 들어, 투자격언이나 속담을 믿고 투자하는 것부터 고도의 컴퓨터와 계량적 분석을 전제로 하는 효율적 분산투자에 이르기까지 다양한 형태의 투자분석방법이 존재한다. 그러나 투자분석방법들은 이용하는 정보의 성격에 따라 기술적 분석, 기본적 분석으로 분류된다. 그리고 효율적 시장가설은 투자자가 어떤 투자분석방법을 사용하는가에 따라 그 의미를 달리한다.

먼저, 기술적 분석은 주가의 움직임에는 반복적이고 예측가능한 패턴이 존재한다고 믿고, 과거의 주가와 거래량 등의 역사적 정보를 분석하여 미래의 주가를 예측하는 데 이용할 수 있는 어떤 패턴이나 신호를 찾는 데 주된 관심을 두고 있다. 즉, 기술적 분석을 행하는 사람들은 과거의 주가 또는 거래량을 도표나 지표로 표현하고 이를 관찰하여 매도 또는 매입의 타이밍을 찾아내고자 노력한다.

효율적 시장은 다음과 같은 특성을 가지고 있다. 첫째, 효율적 시장에서의 증권가격변동은 무작위적이다. 오늘의 증권가격변동은 과거에 발생한 주가변동과 상관관계가 없다. 즉, 자본시장이 효율적이라면 시장가격은 이미 역사적 정보를 충분히 반영한 가격이므로, 그런 역사적 정보를 이용하여 비정상수익을 얻어낼 수 없다. 따라서 약형 효율적 시장가설이 성립하는 시장에서 기술적 분석으로 비정상수익을 얻을 수 있을가는 의문이다.

둘째, 기본적 분석은 주가를 결정하는 기본요인이 존재하고 있다고 믿고, 이 기본요인으로부터 주식의 내재가치를 평가하고자 하는 분석방법이다. 일반적으로 주가를 결정하는 기본요인으로서 기업의 이익 및 배당에 관한 전망, 이자율에 대한 전망 및 기업의 위험도 등이 중요한 것으로 알려져 있으며, 이들 기본요인들에 대한 정보는 대부분 공표된 정보원천으로부터 입수될 수 있다.

만일 증권시장이 새로운 정보를 충분히 반영하고 공개된 정보를 반영하지 못한다면, 투자자들은 이러한 기본적 분석을 이용하여 비정상수익을 얻어낼 수 있다. 그러나 자본시장에 공개되는 정보를 신속하고 정확하게 반영하여 준강형 효율적 시장가설이 성립하는 시장이라면, 투자자들이 기본적 분석을 이용하여 비정상수익을 얻어낼 수 없다. 왜냐하면 기본적 분석에서 고려하는 대부분의 기본요인들은 공표됨과 동시에 시장가격에 즉각 반영되기 때문이다. 따라서 증권시장이 효율적이라면 시장에서 형성되는 증권가격은 모든 정보를 충분히 반영한 것이므로 시장에서 형성되는 증권가격이 바로 내재가치이다. 효율적 시장이라면 현재의 주가가 바로 기업가치이다.

셋째, 효율적 시장가설은 어떤 증권분석가(analyst)가 특별한 투자전략과 오랜 경험으로 시장평균수익률보다 훨씬 우월한 투자성과를 달성하는 경우가 가끔 미디어의 경제정보로서 볼 수 있지만, 이러한 성과를 지속적으로 실현할 가능성은 낮다는 것을 의미한다. 증권시장이 효율적이라고 믿는 투자자들은 비정상적 투자성과를 노리는 적극적 투자전략보다는 잘 분산된 시장포트폴리오(예를 들어 index fund)를 구성하여 시장평균적인 수익률과 위험을 얻고자 하는 소극적 전략을 하게 될 것이다.

4. 효율적 시장가설의 역설

현실의 자본시장이 준강형 효율적 시장의 조건을 충족시킨다면, 현재의 주가는 과거의 주가와 거래량에 대한 정보는 물론 기업의 재무적 요인 및 산업, 경제변수에 대한 공개된 모든 정보를 반영한다. 이처럼, 자본시장이 효율적이라면 기술적 분석이나 기본적 분석 등 주가변화에 대한 정보를 분석하여 보다 나은 투자성과를 실현하려는 증권분석이 과연 의미가 있는 것인지 의문시된다.

여기에는 매우 흥미로운 역설(paradox)이 존재한다. 효율적 시장가설이 성립되기 위해서는, 우선 많은 투자자들이 증권시장은 효율적이라고 믿지 않아야 한다. 투자자들이 남들보다 나은 투자성과를 얻기 위해 개별기업의 주가에 영향을 주는 기본적인 요인들에 대한 정보를 신속하고 정확하게 분석하여 투자하는 노력을 지속적으로 수행해야만, 현재의 주가가 일반에게 공개된 모든 정보를 신속히 반영할 수 있게 된다.

만약, 모든 투자자들이 자본시장이 효율적이라고 믿고 이러한 증권분석을 하지 않는다면, 시장의 효율성은 곧 사라지게 될 것이며, 현재의 주가는 주식의 본질적인 내재가치를 정확하게 반영할 수 없게 될 것이다. 이것을 효율적 시장가설의 역설이라 한다. 이와 같이, 효율적 시장가설은 기술적 분석이나 기본적 분석방법 그 자체를 부정하는 것이 아니라, 그 분석방법들을 이용하여 많은 사람들이 경쟁적으로 주식을 평가하기 때문에 정보의 영향이 주가에 즉각적으로 반영된다는 것이다.

제 3 절 자본시장의 비효율성과 이상현상

제1절과 제2절에서 검토한 약형 및 준강형 효율적 시장가설은 우리나라를 비롯한 대부분의 나라에서 지지를 받고 있다. 그러나 최근의 실증연구에서는 효율적 시장가설과 일치하지 않는 증권시장의 이상현상에 대한 연구가 보고되고 있다.

자본시장의 이상현상(anomaly)이란 어떤 특정한 사건을 가진 주식들이 시장모형(또는 CAPM)에서 산출되는 시장기대수익률보다 더 높은 비정상수익률을 지속적으로 얻고 있는 현상을 말한다. 예를 들어 소기업의 수익률이 위험을 조정한 후에도 대기업의 수익률보다 크게 나타나는 기업규모효과, PER이 낮은 기업의 수익률이 위험을 조정한 후에도 PER이 높은 기업의 수익률보다 높게 나타나는 주가수익비율(PER)효과, 1월의 수익률이 다른 달의 수익률보다 높게 나타나는 1월효과 등의 이상현상이 존재한다는 것이다. 효율적 시장가설과 일치하지 않는 몇 가지 이상현상들에 대해 살펴보자.

1. 기업규모효과

기업규모효과(size effect)란 규모가 작은 기업의 주식수익률이 규모가 큰 기업의 주식수익률보다 위험을 조정한 후에도 평균적으로 더 높게 나타나는 것을 말한다. 반즈(R. W. Banz)는 1936년부터 1975년까지 NYSE에 상장된 기업을 기업규모에 따라 5그룹으로 나누어 살펴본 결과, 기업규모가 가장 작은 소기업의 수익률이 기업규모가 가장 큰 대기업군의 수익률보다 연 19.8%나 더 높다는 것을 밝혔다. 반즈는 기업규모효과가 존재한다는 것이 효율적 시장가설을 부정하기 보다는 체계적 위험만이 주식수익률을 결정한다는 CAPM의 부적합성을 나타내는 증거라고 주장하였다.

우리나라에서도 기업규모효과에 대한 실증분석이 있는데 대부분 기업규모효과가 나타나고 있음을 보여주고 있다.

2. 1월효과(정월효과)

1월효과(January effect)란 1월의 수익률이 1월을 제외한 나머지 월의 수익률보다 높게 나타나는 현상을 말한다.

로제프(Roseff)와 키니(Kinney)는 1904년부터 1974년에 걸쳐 NYSE에 상장된 주식들의 월별수익률을 분석해 본 결과 1월의 평균수익률이 0.0348%로 다른 달의 평균수익률 0.0068%보다 매우 큰 것으로 나타났다. 우리나라 주식시장의 경우도 실증분석의 결과 1월효과가 대체적으로 존재한다.

1월효과와 규모효과가 어떤 이유 때문에 발생하는가를 설명하기 위하여 다음과 같은 몇 가지 가설이 제시되어 있다. 첫째는 절세매도가설(tax-loss selling hypothesis)이다. 절세매도가설이란 가격하락폭이 큰 주식을 12월말에 매도하여 자산처분손실을 실현함으로써 세금절약효과를 얻고 1월 초에 다시 그 주식을 매입하여 본래의 최적포트폴리오를 회복한다는 것이다. 일반적으로 소규모 주식의 가격변동성이 크기 때문에 가격하락폭도 클 것이다. 그 결과 자산처분손실을 실현하기 위하여 12월에 소규모 주식이 흔히 매각되므로, 1월효과와 규모효과가 하나의 동일한 현상으로 나타난다. 그러나 자본이득세가 부과되지 않는 우리나라, 일본, 벨기에, 개인소득세가 도입되기 이전(1871~1917년)의 미국에서도 1월효과가 발견되고 있다. 따라서 이런 세제상의 차이를 고려한다면, 정월효과가 절세매도가설만으로 충분히 설명될 수 없다. 둘째는 정보가설(information hypothesis)이다. 1월효과와 규모효과를 설명하는 또 하나의 가설은 연초에 경제 및 기업에 관련된 많은 정보—특히 경제 및 경영정책과 같은 낙관적이고 의욕적인 정보—가 공표되기 때문에, 이를 반영하여 1월에 높은 수익률이 얻어진다는 가설이다. 이 정보가설에 의하면, 대규모 주식의 경우 평소에도 다양한 정보가 풍부하게 주어지고 있는 반면, 소규모 주식의 경우 평소에 충분한 정보가 주어지지 않기 때문에 연초의 정보는 특히 소규모 주식에 대하여 보다 많은 영향을 미친다고 본다.

3. 주가수익비율효과

주가수익비율효과(PER effect)는 PER가 낮은 주식들의 수익률이 PER이 높은 주식들의 수익률보다 위험을 조정한 후에도 높게 나타나는 현상을 말한다. 1977년 바수(S. Basu)가 NYSE에 상장된 주식들을 1957년부터 1971년까지의 기간 중에 PER의 크기에 따라 5개의 그룹으로 나누어 주식수익률을 분석해 본 결과 PER이 낮을수록 주식수익률이 높다는 것을 발견하였다.

PER이 낮은 주식에 대한 투자전략이 성과를 얻는다면 준강형 효율적 시장가설은 성립하지 않게 된다.

우리나라의 주식시장에서도 이와 같은 PER효과가 있는 것으로 나타났다.

4. 월요일효과

월요일효과(Monday effect)란 요일간에 평균수익률의 차이가 발생하여 월요일의 수익률이 부(−)로 나타나는 현상을 말한다.

프렌치(French)는 NYSE에 상장된 500개 기업으로 구성된 S&P500지수에 대하여 1953년부터 1977년간에 걸친 일별수익률을 분석하였다. 그 결과 월요일의 수익률이 부(−)로 나타났고 금요일의 수익률이 정(+)으로 나타났다.

요일효과는 실증연구에 따라 다소 차이는 있지만 대체로 월요일의 수익률이 부(−)로 나타나는 결과가 적지 않다.

5. 소외기업효과

소외기업효과(neglected-firm effect)는 애널리스트들이나 기관투자자들의 관심도가 낮은 기업들의 수익률이 관심도가 높은 기업의 수익률보다 위험을 조정한 후에도 더 높게 나타나는 현상을 일컫는다.

아벨(A. Arbel)과 스트레벨(P. J. Strebel)은 1970년부터 1979년까지 10년간에 걸쳐 S&P500지수의 산정에 포함된 모든 주식들을 대상으로 소외기업효과를 분석한 결과, 기관투자자들에게 소외되고 있는 소외기업의 위험조정수익률이 비소외기업의 수익률보다 월등히 높게 나타나고 있는 것을 발견하였다.

6. 수익률반전효과

주식시장은 단기적으로는 새로운 뉴스에 과잉반응을 보여 준다. 주가의 과잉반응이란 주가가 어떤 정보에 대하여 과잉반응하므로 주가의 변동성이 너무 커서 효율적 시장가설과 일치하지 않는다는 것이다. 수익률 반전효과(return reversal effect)란 어떤 기간 중 상대적 수익률이 낮았던(높았던) 종목이 다음 기간에는 수익률이 상대적으로 높아지는(낮아지는) 경향이 있다는 것이다. 드봉(DeBondt)과 탈러(Thaler)는 주식가격의 변동은 3~5년 후에 반전되어 과거기간에 주가가 크게 상승했던 주식은 미래기간에 주가가 크게 하락하고 반대로 과거기간에 주가가 크게 하락했던 주식은 미래기간에 주가가 크게 상승하는 반전효과(reversal effect)가 나타남을 실증했다. 장기간에 걸친 투자수익률의 움직임은 부의 상관관계를 보이고, 주식의 평균수익률을 중심으로 지나친 변동성을 보인다는 것이다. 수익률 반전효과는 과거기간에 크게 하락한 주식을 사고, 상승한 주식을 파는 반대매매전략을 이용하며 비정상수익을 얻을 수 있음을 보여주는 것이라 할 수 있다.

이와 같은 이상현상의 존재는 모든 관련정보를 충분히 반영한다는 효율적 시장가설을 반박하는 근거가 되고, 또 한편으로는 CAPM과 같은 자본시장모형의 타당성에 대한 의문을 제기하기도 한다. 다시 말해 자본시장의 효율성검증은 CAPM의 검증과 분리될 수 없는 결합검증이다. 이상현상이 존재한다는 것은 자본시장이 비효율적이거나 아니면 CAPM자체에 결점이 있거나 또는 이 두 가지 경우가 동시에 나타나는 것으로 해석할 수 있다.

연습문제

1. 다음 용어를 설명하라.

1) 효율적 시장가설
2) 시장모형
3) 사건연구
4) 수익률 반전효과

2. 다음의 괄호 안에 적당한 말을 쓰시오.

1) 자본시장의 ( )이란 어떤 특정한 사건을 가진 주식들이 CAPM에서 산출되는 시장 기대수익률보다 더 높은 초과수익률을 지속적으로 얻고 있는 현상을 말한다.
2) 규모가 작은 기업의 주식수익률이 규모가 큰 기업의 주식수익률보다 위험을 조정한 후에도 평균적으로 더 높게 나타나는 것을 ( )라 한다.
3) 1월의 수익률이 1월을 제외한 나머지 월의 수익률보다 높게 나타나는 현상을 ( )라 한다.
4) ( )는 PER이 낮은 주식들의 수익률이 PER이 높은 주식들의 수익률보다 위험을 조정한 후에도 높게 나타나는 현상을 말한다.
5) ( )란 요일 간에 평균 수익률의 차이가 발생하여 월요일의 수익률이 부(−)로 나타나는 현상을 말한다.

3. 다음의 물음에 답하라.

1) 효율적 자본시장이 포함해야 할 내용이 아닌 것은?
① 분배의 효율성 ② 운영의 효율성
③ 정보의 효율성 ④ 투자의 효율성

2) 증권거래에 있어 거래비용과 관계있는 것은?
① 분배의 효율성 ② 운영의 효율성
③ 정보의 효율성 ④ 투자의 효율성

3) 정보에 독점적으로 접근할 수 있는 투자자 집단이라도 초과수익을 얻을 수 없다고 주장하는 효율적 시장가설은?
① 강형 효율적 시장가설
② 준강형 효율적 시장가설
③ 약형 효율적 시장가설
④ 약형과 준강형 효율적 시장가설 모두

4) 효율적 시장가설에 의하면 포트폴리오 매니저가 가장 노력을 기울여야 할 사항은?
① 거래비용을 극소화시킨다.
② 분산투자를 한다.
③ 고객이 시장보다 낮은 수익을 거두도록 돕는다.
④ 위의 모두

5) 강형 효율적 시장가설의 검증에 해당되는 것은?
① 회계이익발표 ② 무상증자발표
③ 시계열 상관성 ④ 내부자거래

6) 이상현상의 예로 틀린 것은?
① 소형주 효과 ② 1월효과
③ 소외 기업효과 ④ 수익예상 확인효과

7) 다음 중 효율적 시장이론에 반하는 시장의 이상현상(market anomalies)으로 볼 수 없는 것은?
① 규모효과 ② earning surprise
③ 1월효과 ④ PER효과

해답 **2.** 1) 이상현상, 2) 기업규모효과, 3) 1월효과, 4) 주가수익비율효과, 5) 월요일효과
3. 1) ④ 2) ② 3) ① 4) ② 5) ④ 6) ④ 7) ②

제11 장

채권가치의 평가

11 part 채권가치의 평가

제 1 절 채권가격결정모형과 채권수익률

1. 채권가격결정모형

채권(bond)이란 발행자가 일정한 이자를 지급함과 동시에 일정기간 후 약속한 원금을 상환하기로 약속한 고정수익증권(fixed-income security)이다. 채권의 가격은 주식과 같이 증권시장의 상황에 따라 변동한다. 주식의 가격이 장래 투자자에게 가져다 줄 현금흐름(주식매매차익+배당)을 기대수익률로 할인한 현재가치인 것과 같이, 채권의 가격은 투자자에게 장래에 가져다 줄 현금흐름(만기에서의 상환원금+이자수입액)을 할인율, 즉 채권의 수익률로 할인한 현재가치이다.

채권가격을 결정하는 모형은 다음과 같이 정의된다.

$$P=\frac{C}{(1+r)}+\frac{C}{(1+r)^{2}}+\cdots+\frac{C+F}{(1+r)^{n}} \qquad (11\text{-}1)$$

P : 채권의 현재가격
C : 표면이자=액면금액×표면이자율
F : 채권의 액면금액
n : 만기까지의 기간
r : 채권수익률

식 (11-1)에서 보면 채권가격을 결정하는 요인은 표면이자(C), 액면금액(F), 채권의 만기(n), 채권수익률(r)이다. 표면이자, 액면금액, 채권의 만기는 채권을 발행할 때 확정되는 요인이지만, 채권수익률은 시장이자율에 따라 변동하는 불확정적인 시장수익률이다. 따라서 채권가격에 결정적으로 영향을 미치는 요인은 채권수익률이라고 할 수 있다.

예제 1

표면이자율 10%(연 1회 지불), 만기상환액 100만원인 3년만기의 채권수익률이 12%라고 한다면, 이 채권의 가격은?(부록의 현가표 참조).

$$P=\frac{100,000}{(1+0.12)}+\frac{100,000}{(1+0.12)^{2}}+\frac{100,000+1,000,000}{(1+0.12)^{3}}$$

$$=89,290+79,720+782,960$$

$$=951,970(\text{원})$$

2. 채권수익률

채권수익률은 일반적으로 시장수익률과 같은 개념으로 사용되지만, 계산방법에 따라 여러 가지 개념의 채권수익률이 있다.

1) 단순평균수익률

단순평균수익률(current yield)은 직접수익률이라고도 하는데, 채권의 만기까지 현금흐름을 채권의 시장가격으로 나눈 값을 투자년수로 나눈 것이다. 이때 투자기간중 받는 이자는 복리로 하지 않고, 표면이자율로 재투자하는 것으로 가정한다. 즉,

$$\text{단순평균수익률}=\frac{\text{만기까지의 현금흐름}}{\text{시장가격}}\div\text{투자년수}$$

예제 2

액면금액 10,000원, 표면이자율 10%인 2년만기채권의 시장가격이 8,600원이라고 하자. 이때 단순평균수익률은?

$$\left(\frac{10,000-8,600+2,000}{8,600}\right)\div 2=19.77\%$$

단순평균수익률은 계산은 간단하나 표면이자수입을 복리로 계산하지 않기 때문에 시간의 화폐가치를 반영하지 못한다.

2) 만기수익률

만기수익률이란 채권에 투자해서 만기까지 보유할 때 투자자가 받을 수 있는 연평균보유수익률을 의미하는데 일종의 약정수익률이다. 즉, 만기수익률(yield to maturity)은 채권의 현재가격과 채권투자에서 발생할 현금흐름(표면이자수입액+원금상환액)의 현재가치를 일치시키는 할인율을 말한다. 채권가격이 주어지면 만기수익률은 식 (11-2)의 r을 구함으로써 계산된다.

만기수익률은 다음과 같은 관계식을 만족시키는 r로 정의된다.

$$P=\frac{C}{(1+r)}+\frac{C}{(1+r)^{2}}+\cdots+\frac{C+F}{(1+r)^{n}} \qquad (11\text{-}2)$$

P : 채권의 현재가격
C : 표면이자
F : 채권의 액면금액
n : 만기까지의 기간
r : 만기수익률

만기수익률은 채권의 가격변동에 따라 변동하는 시장수익률을 가리키며, 보통 채권수익률이라고 하면 만기수익률, 시장수익률과 같은 개념으로 사용한다.[1)]

만기수익률은 다음과 같은 경제적 의미를 가지고 있다.

1) 채권수익률을 시장이자율과 같은 뜻으로 사용하기도 하는데, 채권수익률이 금융시장의 실제 이자율을 가장 잘 반영하기 때문이다.

첫째, 만기수익률은 채권의 현재가격을 나타내는 하나의 수단이다. 채권의 현재가격을 알면 만기수익률을 알 수 있고, 반대로 만기수익률을 알면 채권의 현재가격을 산출할 수 있다.

둘째, 만기수익률은 채권의 시장수익률, 즉 금융시장에 있어서 시장이자율과 같은 개념으로 생각할 수 있다. 따라서 만기수익률은 금융시장의 이자율을 나타내는 대표적인 이자율의 하나이다.

셋째, 만기수익률은 어떤 채권을 매입하여 만기까지 보유하는 것을 전제로 하여 산출한 사전적 수익률이다. 즉, 만기수익률은 실제로 실현된 수익률이 아니고 표면이자수입을 채권구입시의 시장수익률과 같은 이자율로 재투자한다고 가정할 경우에 실현되는 수익률이다. 그런데 표면이자수입의 재투자수익률이 시장이자율에 의해 변동하기 때문에 만기수익률이 실제의 실현수익률과 반드시 일치한다고 볼 수 없다.

예제 3

표면이자율이 10%(연 1회 지불), 만기상환액이 100만원인 3년만기 채권의 가격이 951,970원이라면 만기수익률은?

$$951,970 = \frac{100,000}{(1+r)} + \frac{100,000}{(1+r)^2} + \frac{100,000 + 1,000,000}{(1+r)^3}$$

$$r = 12.0\%$$

예제 4

채권발행시 이자가 할인되어 만기에 원금만 상환되는 할인채의 만기수익률을 계산해 보자. 3년만기 할인채의 만기상환액은 10,000원인데 현재의 할인가격(채권가격)이 6,750원이라면 만기수익률은?

$$6,750 = \frac{10,000}{(1+r)^3}$$

$$r \approx 14.0\%$$

3) 명목이자율과 실질이자율

지금까지 설명한 수익률(이자율)은 인플레이션을 감안하지 않은 명목상의 수익률이었다. 명목이자율은 일상의 화폐이자율(이자율)을 의미하며, 실질이자율은 인플레이션을 공제한 수익률을 의미한다.

어떤 시점에서 만기수익률에 의해 산출한 명목이자율(R)은 그 시점에서의 실질이자율(r)과 예상인플레이션율($\triangle P$)의 합계로 볼 수 있다.

$$R = r + \triangle P$$

각 나라의 인플레이션율은 그 나라의 명목이자율에 영향을 미친다. 피셔는 인플레이션을 이자율의 결정요인으로 고려한다. 이것을 피셔효과(Fisher effect)라고 한다. 즉, 한국의 인플레이션율이 미국보다 5% 높을 것으로 예상되면 한국의 명목이자율은 미국의 명목이자율보다 5% 높아진다는 것이다.

제 2 절 채권가격의 변동요인

채권의 가격, 즉 채권수익률은 유통시장에서 매일 변동하고 있다. 채권가격의 변동요인은 그 채권을 발행한 기업의 외적요인과 내적요인으로 구분할 수 있다.

기업외적 요인에는 채권의 수급상황, 경기동향, 금융정책 등이 있다. 채권의 가격도 채권의 수요와 공급관계에 의해 상승하기도 하고 하락하기도 한다. 경기가 좋아 경제성장률이 높을 때에는 설비투자 등으로 기업의 자금수요가 늘어 채권의 공급이 많아지기 때문에 채권가격이 하락한다. 그 반대로 경기가 침체하면 경제성장률도 낮아져 금융시장의 자금에 여유가 있게 되어 이자율은 하락하고 채권가격은 상승한다.

또한 정부의 금융정책과 채권가격도 밀접한 관계가 있다. 경기가 과열의 조짐을 보일 때 정부는 금융긴축정책을 실시하게 되며, 이때 이자율은 상승하게 되고 채권가격은 하락한다. 이와 같이 기업외적 요인은 금융시장 전체의 동향과 관계가 있으므로 체계적 위험에 해당한다.

여기서는 비체계적 위험인 기업내적 요인(채권의 발행조건)에 대해 살펴보기로 한다.

1. 채권수익률

채권가격은 미래에 발생한 현금흐름(원금상환액+표면이자수입)을 투자자가 기대하는 할인율로 할인한 현재가격이다. 미래의 현금흐름은 계약에 의해 결정되기 때문에 미래가격을 변동시키는 것은 할인율, 즉 채권수익률이다. 채권수익률은 현재의 할인율로 만기 보유하는 것을 가정하기 때문에 만기수익률이라고 한다. 채권의 가격과 채권수익률은 부(−)의 상관관계에 있다. 채권의 가격이 상승하면 채권의 채권수익률은 하락하고 반대로 채권의 가격이 하락하면 채권수익률은 상승한다.

<표 11-1>은 채권수익률의 변동과 가격변동간의 관계를 계수로 나타낸 수익률표이다.

액면금액이 10만원, 상환기간 10년, 표면이자율 8%인 이표채를 채권수익률 9.0%로 구입한 경우, 채권의 가격은 93,496원이다. 만약 5년 후에 수익률이 2%포인트 만큼 하락한다면 채권가격은 얼마나 될까? 이 경우 5년 후(잔존기간 5년)의 가격을 <표 11-1>에서 찾아보면 104,158원이 된다. 이 시점에서 그 채권을 매각하면 10,662원(=104,158원-93,496원)의 자본이득을 얻을 수 있다.

〈표 11-1〉 상환기간, 채권수익률과 채권의 가격

(액면금액 : 10만원)

표면이자율	8%	8%	8%	8%
채권수익률(%)	상환기간			
	30년	10년	5년	1년
1	281,039	166,455	134,056	106,947
2	234,865	154,136	128,413	105,911
3	198,450	142,921	123,055	104,889
4	169,521	132,702	117,965	103,883
5	146,362	123,383	113,128	102,891
6	127,675	114,877	108,530	101,913
7	112,472	107,106	104,158	100,949
8	100,000	100,000	100,000	100,000
9	88,680	93,496	96,043	99,063
10	81,070	87,537	92,278	98,140
11	73,825	82,074	88,693	97,230
12	67,677	77,060	85,279	96,333
13	62,417	72,453	82,027	95,448
14	57,882	68,217	78,929	94,575
15	53,942	64,319	75,975	93,715
16	50,493	60,727	73,159	92,866
17	47,455	57,414	70,473	92,029
18	44,760	54,357	67,911	91,204
19	42,355	51,531	65,466	90,390
20	40,197	48,918	63,132	89,586

2. 만 기

채권의 만기가 상이함에 따라 채권의 가격은 달라진다. 단기채보다는 장기채가 가격변동위험이 크기 때문이다.

<표 11-1>은 표면이자율 8%인 채권의 상환기간별, 만기수익률별 가격을 보여주고 있다. 채권수익률이 표면이자율보다 낮은 6%의 경우, 상환기간이 길어짐에 따라 채권의 가격은 상승하고 있다. 그 채권의 가격은 상환기간 1년째

의 경우 101,913원에서 상환기간 30년째의 경우 127,675원으로 천천히 상승하고 있다.

반대로 채권수익률이 표면이자율보다 높은 10%의 경우 채권가격은 천천히 하락하고 있다. 즉, 채권의 가격은 채권수익률(시장수익률)이 상승한다고 예측할 경우 상환기간이 길수록 낮게 평가되고, 반대로 채권수익률이 하락한다고 예측할 경우 상환기간이 길수록 높게 평가된다.

그런데 장기채와 단기채의 가격변동률의 차이를 보자. <표 11-1>에서 30년 채권의 경우 7%에서 6%로 만기수익률이 하락하면 가격은 112,472원에서 127,675원으로 변동하여 15,203원이 상승한다. 한편 7%에서 8%로 수익률이 상승하면 가격은 12,472원 하락한다. 5년채권의 경우 역시 수익률 7%를 중심으로 1%포인트의 수익률 하락에 대해서 가격이 4,372원 상승하고, 1%포인트의 수익률 상승에 대해서 가격이 4,158원 하락한다.

장기채인 30년채권과 단기채인 5년채권을 비교하면, 30년채권의 가격변동폭이 훨씬 크다. 따라서 상환기간이 길수록 가격의 변동률이 크다고 할 수 있다. 가격의 변동성이 크다는 것은 위험(risk)이 크다는 것을 말한다. 채권수익률과 상환기간과의 관계는 특히 수익률 기간구조라고 하는데, 이것에 대해서는 다음 장에서 상세하게 설명한다.

3. 표면이자율

표면이자율(coupon rate)의 변동이 채권가격에 어떻게 작용하는가를 살펴보기로 하자. <표 11-2>는 상환기간이 30년이며, 채권수익률이 2%, 4%, 6%, 8%, 10%일 때, 표면이자율이 1%~20%에서 변동하는 경우 채권가격을 나타내고 있다.

표면이자율이 상승함에 따라 채권의 가격은 바로 상승하고, 채권수익률이 낮을수록 가격은 높게 평가된다. 요약하면 다른 조건이 일정할 때 채권수익률(시장수익률)에 비교하여 표면이자율이 높을수록 채권가격은 높게 평가되고, 표면이자율이 낮을수록 채권가격은 낮게 평가된다.

〈표 11-2〉 표면이자율과 채권가격

(액면금액 : 10만원)

상환기간	30년	30년	30년	30년	30년
표면이자율	채권수익률				
(%)	2%	4%	6%	8%	10%
1	77,522	47,858	30,811	20,817	14,818
2	100,000	65,239	44,648	32,129	24,282
3	122,477	82,619	58,486	43,441	33,747
4	144,955	100,000	72,324	54,753	43,212
5	167,432	117,380	86,162	66,064	52,676
6	189,910	134,760	100,000	77,376	62,141
7	212,387	152,141	113,837	88,688	71,606
8	234,865	169,521	127,675	100,000	81,070
9	257,342	186,902	141,513	111,311	90,535
10	279,820	204,282	155,351	122,623	100,000
11	302,297	221,663	169,188	133,935	109,464
12	324,775	239,043	183,026	145,246	118,929
13	347,252	256,423	199,864	156,558	128,393
14	369,730	273,804	210,702	167,870	137,858
15	392,207	291,184	224,540	179,182	147,323
16	414,685	308,565	238,377	190,493	156,787
17	437,162	325,945	252,215	201,805	166,252
18	459,640	343,326	266,053	213,117	175,717
19	482,117	360,706	279,891	224,429	185,181
20	504,595	378,087	293,728	235,740	194,646

일반적으로 세금을 고려하지 않을 경우, 만기까지의 기간은 동일하나 서로 다른 표면이자율을 갖는 채권은 각각 다른 채권수익률을 갖게 된다. 채권수익률에 대한 이와 같은 표면이자율의 영향을 쿠폰효과(coupon effect)라고 한다.

4. 채무불이행위험

채권은 원금과 표면이자수입이 약속된 확정부이자증권이지만 위험이 전혀 없다고는 할 수 없다. 발행자가 재정난, 업적부진 등에 의하여 이자지불을 못한다든지, 채권의 상환을 예정대로 이행하지 못할 경우가 있다.

이와 같이 사전에 약정된 원금과 이자지불을 이행하지 못하는 위험을 채무불이행위험(default risk)이라고 한다. 다른 조건이 일정하다면, 채무불이행위험이 높은 채권일수록 투자자는 보다 높은 위험프리미엄을 요구할 것이고, 그 때문에 채권의 만기수익률은 높아지고, 채권가격은 낮게 평가된다.

정부가 발행한 국채는 채무불이행위험이 존재하지 않지만, 그 밖의 대부분의 채권은 어느 정도의 채무불이행위험을 지니고 있으며, 투자자들은 이러한 위험을 부담하는 대가로 보다 높은 만기수익률을 요구한다.

미국에서는 오래전부터 무디스(Moody's)사와 스탠다드 앤드 푸어스(Standard and Poor's)사가 채권등급(bond rating)을 매기고 있는데, 이것을 채무불이행의 척도로서 이용하고 있다. 우리나라에서도 한국기업평가, 한국신용평가, 한국신용정보 등 신용평가회사가 증권발행기업에 대한 신용등급평가 하는 정보를 제공함으로써 자본시장에서의 채무불이행위험을 나타내고 있다. 채무불이행위험의 정도가 채권가격을 결정하는 데 중요한 요인이 된다.

5. 수의상환조항

채권가격의 변동에 큰 영향을 주는 요인으로서는 수의상환조항(call provision)을 들 수 있다. 발행자가 미리 일정기간 동안에 call 가격으로 채권을 수의상환할 수 있는 권리를 가진 채권이다. 미국에서는 대부분의 채권이 발행자가 옵션을 가지는 수의상환채권(callable bond)이다. 이 수의상환조항에 의하여 발행자는 이자율이 하락하는 추세에 있을 때 수의상환함으로써 낮은 비용으로 차환할 수 있게 된다. 한편, 이자율이 하락하여 수의상환될 경우 투자자는 수익률이 보다 낮은 다른 증권에 재투자해야 하므로, 그 만큼 수익률의 희생이 있게 된다. 따라서 다른 조건이 일정하다면 수의상환채권의 가격은 시장에서 낮게 평가된다.

투자자가 옵션을 가지는 수의상환청구채권(putable bond)은 채권보유자가 일정기간동안 정해진 가격(put price)으로 원금의 상환을 청구할 수 있는 권리를 가진 채권이다. 수의상환청구채권은 투자자에게 유리하므로 채권가격이 높게 평가된다.

6. 세 금

채권의 가격에 영향을 미치는 또 하나의 요인은 세금(tax)이다. 투자자들은 투자수익률을 평가할 때 세후수익률에 관심을 가지고 있다. 세금부담이 채권의 수익률, 즉 채권의 가격에 큰 영향을 미치기 때문이다.

2000년 8월부터 판매되고 있는 비과세펀드나 금융소득종합과세제도에서 분리과세가 인정되는 장기채가 투자자의 관심을 끄는 것도 세금의 영향때문이라 볼 수 있다.

제 3 절 채권가격의 변동성

1. 채권가격변동성의 특성

채권가격변동성의 특성을 살펴보기 위해 액면가가 10만원이고, 6개월 단위로 이자를 지급하는 여섯 개의 채권을 가정해 보자.

① 3년 만기, 표면이자율 7%인 채권

② 15년 만기, 표면이자율 7%인 채권

③ 3년 만기, 표면이자율 5%인 채권

④ 15년 만기, 표면이자율 5%인 채권

⑤ 3년 만기 무이표채권(zero-coupon bond)

⑥ 15년 만기 무이표채권

채권수익률이 7%인 경우 이 여섯 개의 채권을 이용하여 채권수익률의 변화에 따른 채권가격의 변동률을 계산해보면 <표 11-3>과 같다.

〈표 11-3〉 채권수익률 변화에 따른 채권가격의 변동률

(단위 : %)

채권수익률 변화	베이시스 포인트 변화	채권가격의 변동률(표면이자율/만기)					
		7%/3년	7%/15년	5%/3년	5%/15년	0%/3년	0%/15년
6.00	-100	2.71	9.80	2.77	10.53	2.95	15.64
6.50	-50	1.34	4.75	1.37	5.09	1.46	7.52
6.90	-10	0.27	0.93	0.27	0.99	0.29	1.46
7.00	0	0.00	0.00	0.00	0.00	0.00	0.00
7.10	10	-0.27	-0.91	-0.27	-0.98	-0.29	-1.44
7.50	50	-1.32	-4.46	-1.35	-4.77	-1.44	-6.98
8.00	100	-2.62	-8.65	-2.68	-9.25	-2.85	-13.46

이제 <표 11-3>으로부터 채권가격변동성의 특성을 다음과 같이 네 가지로 요약해 볼 수 있다.

첫째, 모든 채권의 가격은 채권수익률과 역의 방향으로 움직인다 하더라도, 가격변동률은 모든 채권에 대해서 동일하지는 않다. 채권수익률이 7.0%에서 6.0%로 하락했을 때 3년만기 표면이자율 7%의 채권과 3년만기 5%의 가격변동률은 각각 2.71%, 2.77%로 같지 않다.

둘째, 채권수익률의 변동이 작을 때에는, 채권수익률의 증가 또는 감소가 미치는 채권가격의 변동률의 크기는 대체로 비슷하다.

셋째, 채권수익률이 하락하는 경우의 채권가격변동폭이 채권수익률이 상승하는 경우의 채권가격변동폭보다 크다. 3년만기 표면이자율 7%의 채권에 있어서 채권수익률이 7.0%에서 6.0%로 하락하는 경우 채권가격의 상승률은 2.71%인데, 채권수익률이 7.0%에서 8.0%로 상승한 경우 채권가격의 하락률은 -2.62%이다. 채권가격과 채권수익률과의 관계가 원점에 대해 볼록(convex)한 관계를 가지고 있기 때문이다.

넷째, 채권수익률이 동일한 베이시스 포인트(basis point)[2] 만큼 변동할 경우, 가격상승률이 가격하락률 보다 더 크다.

한편 <표 11-3>으로부터 표면이자율과 만기도 채권가격의 변동성에 영향

2) 베이시스 포인트(basis point)는 1%의 100분의 1이다.

을 미친다는 것을 알 수 있다. 표면이자율과 만기가 채권가격의 변동성에 영향을 미치는 특성을 다음의 두 가지로 요약할 수 있다.

첫째, 만기와 채권수익률이 주어졌을 때, 표면이자율이 낮으면 낮을수록 채권가격의 변동성은 더욱 커진다. 이러한 특성은 <표 11-3>에서 만기가 같고, 표면이자율이 각각 7%, 5%, 0%인 채권의 가격변동률을 비교해 봄으로써 알 수 있다.

둘째, 표면이자율과 채권수익률이 주어졌을 때, 만기까지의 기간이 길면 길수록 채권가격의 변동성은 더욱 커진다. 이는 <표 11-3>에서 동일한 표면이자율을 가진 3년만기 채권과 15년만기 채권의 가격변동성을 비교해 봄으로써 알 수 있다.

2. 채권가격변동성의 측정

1) 듀레이션

채권투자시 현실적으로 채권가격 변동요인의 크기가 서로 다른 채권들을 비교하여 투사결정을 한다. 예를 들어 잔존기간은 길고 표면이자율이 높은 채권과 잔존기간이 짧으나 표면이자율이 낮은 채권을 두고 선택한다면, 이들 중 어느 채권의 가격변동성이 더 큰가를 결정하는데 어려움에 부딪히게 된다. 따라서 채권의 가격변동에 미치는 여러 요인을 동시에 고려하여 채권수익률의 변동이 채권가격의 변동에 미치는 영향을 측정할 수 있는 개념이 필요하다. 이것이 맥컬레이(F.R. Macaulay)에 의해 듀레이션의 개념으로 정리되었다. 듀레이션(duration)은 채권투자로 발생하는 현금흐름의 현가(present value of expected cash flow)를 기간별로 채권가격(=내재적 가치)에 대한 상대적 비중으로 산출한 다음, 이들을 가중평균한 가중평균 원리금 상환기간을 의미한다. 간단히 말해 듀레이션은 채권에 투자된 원금이 회수되는 평균기간을 말한다. 듀레이션은 수익률의 작은 변화에 대한 채권가격의 변동성을 측정하는 지표이기도 하다.

듀레이션은 다음과 같이 정의된다.

$$듀레이션(D) = \frac{\frac{1\times C_1}{(1+r)} + \frac{2\times C_2}{(1+r)^2} + \cdots + \frac{n\times C_n}{(1+r)^n} + \frac{n\times F}{(1+r)^n}}{P_0}$$

$$= \frac{\sum_{t=1}^{n} t\frac{C_t}{(1+r)^t} + \frac{nF}{(1+r)^n}}{P_0} \qquad (11\text{-}3)$$

단, P_0 : 채권의 현재가치(=채권가격)
C_t : t기의 표면이자
F : 채권의 액면금액
r : 채권수익률(=만기수익률)
n : 채권의 만기까지의 기간

예제 5

채권수익률이 7%일 때, 만기가 3년이고, 액면금액이 10만원, 표면이자율이 10%인 채권의 듀레이션은?

〈표 11-4〉 듀레이션의 계산과정

표면이자율 : 10%, 만기: 3년, 액면금액 : 10만원, 채권수익률 : 7%				
기간(t)	현금흐름	할인계수	현재가치	t ×현재가치
1	10,000	0.93458	9,345.8	9,345.8
2	10,000	0.87334	8,733.4	17,466.8
3	110,000	0.81630	89,793.0	269,379.0
			107,872.2	296,191.6

<표 11-4>의 계산과정을 통해 이 채권의 듀레이션은 2.746년이 된다.

$$듀레이션(D) = \frac{296,191.6}{107,872.2} = 2.746년$$

한편, 식 (11-3)에 의하면, 듀레이션은 표면이자율, 만기, 만기수익률 등 세 가지 요인에 의해 크게 영향을 받고 있음을 알 수 있다. 듀레이션과 이러한 세 가지 요인과의 관계를 요약하면 다음과 같다.

첫째, 듀레이션은 표면이자율과 반대방향으로 변동한다. 즉, 표면이자율이 커짐에 따라서 듀레이션은 체감적으로 짧아진다.

둘째, 만기가 길어짐에 따라서 듀레이션도 길어진다.

셋째, 만기수익률이 커짐에 따라 듀레이션은 짧아진다.

또한 채권의 듀레이션을 이용하면 채권수익률의 변화에 따른 채권가격의 변동률과 채권가격의 변동액을 추정할 수 있다.

다음의 식 (11-4)를 이용하면 채권수익률의 변화에 따른 채권가격의 변동률을 구할 수 있고, 식 (11-5)를 이용하면 채권가격의 변동액을 추정할 수 있다.

$$\frac{dP}{P} = -\frac{D}{1+r} \times dr \tag{11-4}$$

$$dP = -\frac{D}{1+r} \cdot P \cdot dr \tag{11-5}$$

P : 채권의 현재가치(채권가격)
dP : 채권의 가격변동액
D : 듀레이션
dr : 채권수익률의 변동률

예를 들어, 앞의 채권을 이용하여 채권수익률이 0.1%포인트만큼 상승하였을 때, 채권의 가격변동률과 변동액을 구해 보자. 듀레이션이 2.746년이고, 채권수익률이 7%이므로 채권의 가격변동률과 채권가격의 변동액은 식 (11-4)와 (11-5)에 의해 다음과 같이 계산된다.

$$\text{채권의 가격변동률} = -\frac{2.746}{1+0.07} \times 0.001 = -0.0026(-0.26\%)$$

$$\text{채권의 가격변동액} = 107,872.2 \times (-0.0026) = -280.47\text{원}$$

따라서 앞에서 설명한 채권은 채권수익률이 0.1%포인트만큼 상승할 경우 채권가격의 변동률은 -0.26%이고, 채권의 가격은 280.47원 만큼 감소한다.

듀레이션을 이용하여 채권의 가격변동을 예측하는 것은 채권수익률의 변동이 아주 적을 때에만 유용하다. 수익률의 변동이 클 때에는 듀레이션만을 이용하여 채권의 가격을 추정하는데에는 한계가 있다. 이 경우에는 듀레이션과 함께 볼록성(convexity)도 고려하여야 한다.

2) 볼록성

볼록성(convetity)이란 채권가격과 채권수익률 간의 관계를 나타내는 함수의 볼록한 정도를 말한다. 채권수익률이 변동하는 경우 채권가격은 원점에 대하여 볼록한 형태를 나타낸다. <표 11-3>에서 알 수 있는 것과 같이 채권수익률 하락에 따른 채권가격의 상승률이 채권수익률 상승에 따른 채권가격의 하락률보다 크기 때문이다. [그림 11-1]은 채권수익률과 채권가격의 관계를 그래프로 나타낸 것이다.

채권의 실제가격은 원점에 대하여 볼록한 형태를 보이고 있는데, 채권수익률 r*에서 실제 채권가격선에 접하도록 선을 그으면, 이 접선은 특정 채권수익률(r*) 수준에서 기대할 수 있는 채권수익률 변화에 대한 채권가격의 변동률, 즉 듀레이션을 나타낸다. 이 접선의 기울기가 클수록 듀레이션은 커지고 접선의 기울기가 완만할수록 듀레이션은 작아진다.

[그림 11-1] 듀레이션을 이용한 채권가격 추정

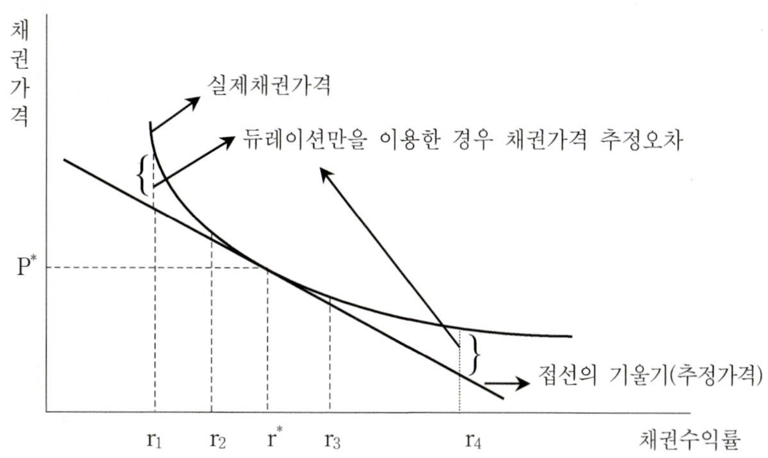

듀레이션을 이용하여 채권가격 변동액을 추정할 경우에는 채권가격변동액이 채권수익률의 변동과 선형관계를 갖고 있다고 가정하고 있다. 따라서 수익률 변동폭이 작을 경우에는 [그림 11-1]에서 보는 바와 같이 채권의 실제가격과 듀레이션을 이용하여 추정한 채권가격의 추정치간에 차이가 매우 작지만, 채권수익률의 변동폭이 커지면 추정오차도 커지게 된다.

이처럼 채권수익률의 변동에 따른 채권가격의 변동을 추정할 때 듀레이션만을 이용하여 추정하는 경우 발생되는 추정오차는 채권의 볼록성을 동시에 고려하면 축소될 수 있다.

볼록성에 의한 가격변동률 = 실제가격변동률 − 듀레이션에 의한 가격변동률

연습문제

1. 다음 용어를 설명하라.

1) 만기수익률
2) 듀레이션
3) 볼록성
4) 피셔효과

2. 다음의 물음에 답하라.

1) A주식회사는 액면가 10,000원, 만기 3년 그리고 표면이자율 12%(단, 이자는 매년 말에 지급됨)인 사채를 발행하였다. 채권수익률이 10%라면, 투자자가 이 사채에 대해 현재 얼마를 지불해야 하는가?

① 10,398.24 ② 10,497.37
③ 10,549.58 ④ 10,749.62

2) 20년 만기로 발행된 어느 채권의 표면이자율이 연 8%, 액면가는 10만원이다. 채권가격이 현재 8만원으로 형성되어 있다고 한다면 이 채권의 만기수익률은 얼마인가?

① 10% ② 12.5%
③ 15% ④ 20%

3) 채권에서 발생하는 현금흐름을 이들이 각기 발생하는 기간으로 가중하여 현재화한 합을 채권의 가격으로 나눈 것을 뭐라 하는가?

① 듀레이션 ② 볼록성
③ 회수기간법 ④ 평균회계이익률법

4) 다음 중 듀레이션의 결정요인이 아닌 것은?

① 만기 ② 채권수익률
③ 볼록성 ④ 표면이자율

5) 듀레이션에 대한 설명으로 알맞은 것은?

① 채권가격의 탄력성은 듀레이션에 비례한다.

② 만기수익률이 높을수록 듀레이션은 길다.
③ 표면이자율이 높을수록 듀레이션은 길다.
④ 만기가 길수록 듀레이션은 짧아진다.

6) 볼록성에 관한 설명으로 틀린 것은?
① 볼록성은 만기수익률에 대한 채권가격 함수의 2차 미분한 값을 채권가격으로 나눈 것이다.
② 만기수익률은 표면이율이 일정한 경우 잔존기간이 길어질수록 볼록성은 작아진다.
③ 만기수익률과 잔존기간이 일정한 경우 표면이율이 낮을수록 볼록성은 커진다.
④ 표면이율과 잔존기간이 일정한 경우 만기수익률의 수준이 낮을수록 볼록성은 커진다.

7) 어떤 채권의 표면이자율이 14%, 만기수익률이 12%, 동일한 만기를 가지고 무위험 채권의 수익률은 8%라고 할 때 이 채권의 수익률 스프레드는 얼마가 되는가?
① 5% ② 6%
③ 7% ④ 8%

8) 듀레이션에 의해 채권가격변동산출에서 발생하는 산식의 추정오차를 측정할 수 있는 것은?
① 면역전략 ② 수정듀레이션
③ 볼록성 ④ 수익률곡선타기

9) 채권수익률 12% 듀레이션 3년인 채권의 채권수익률이 11%로 하락하였을 때 채권 가격변동률은?
① 채권가격 2.7% 상승 ② 채권가격 2.7% 하락
③ 채권가격 3.5% 상승 ④ 채권가격 3.5% 하락

10) 다음 중 채권수익률에 대한 설명으로 옳은 것은?
① 채권에 대한 현금흐름의 현재가치의 합이 채권의 가격과 일치하는지에 대한 할인율이다.
② 채권의 표면이자율이 낮아지면 채권수익률은 올라간다.
③ 복리채의 경우 시장수익률의 재투자시 만기 보유하면 채권수익률이 실현된다.
④ 이표채의 경우 시장수익률의 재투자시 만기 보유하면 채권수익률이 실현된다.

해답 2. 1) ② 2) ① 3) ① 4) ③ 5) ① 6) ② 7) ② 8) ③ 9) ① 10) ①

제12 장

채권수익률의 기간구조와 위험구조

12
part

채권수익률의 기간구조와 위험구조

제 1 절 기간구조의 의의와 수익률곡선

어느 일정시점에 있어서 발행조건, 위험 등 다른 조건이 동일하고, 만기만 다른 채권의 채권수익률과 만기(滿期)와의 관계를 일반화한 것을 채권수익률의 기간구조(term structure of bond yields) 또는 이자율의 기간구조(term structure of interest rates)라고 한다.

채권수익률의 기간구조를 나타내는 곡선을 수익률곡선(yield curve)이라고 한다. 즉, 수익률곡선은 만기까지의 잔존기간을 가로축에, 채권의 만기수익률을 세로로 하여 도표로 작성한 것이다.

[그림 12-1]은 미국재무성채권의 수익률곡선을 보여주고 있다. 1969년 11월 21일에 조사한 것은 단기수익률이 장기수익률을 크게 웃돌고 있고, 1967년 5월 15일에 조사한 것은 단기수익률이 장기수익률보다 매우 낮은 수준에 있다. 수익률곡선은 경기순환과정에서 이자율변동때문에 기간에 따라 매우 다른 형태를 나타내고 있다.

[그림 12-1] 미국재무성채권의 수익률곡선

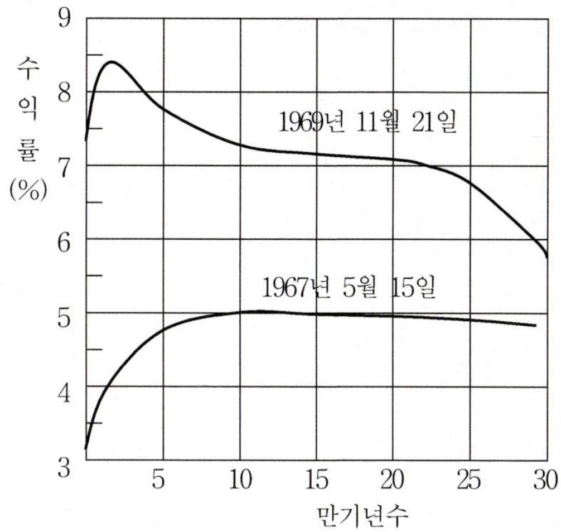

자료 : Donald. P. Jacobs, C. Farwell, and Edwin Neave, *Financial Institutions*, 5th ed. (Homewood, Ⅲ : Richard D. Irwin, 1972), p. 204.

제 2 절 기간구조이론

채권수익률곡선이 기간에 따라 상이한 형태를 나타낸다는 것, 즉 채권수익률이 만기에 따라 상이한 것을 설명하는 이론이 기간구조이론이다. 기간구조이론에는 기대이론, 유동성프리미엄이론, 시장분할이론 등이 있다.

1. 기대이론

[그림 12-2] 수익률곡선과 예상수익률

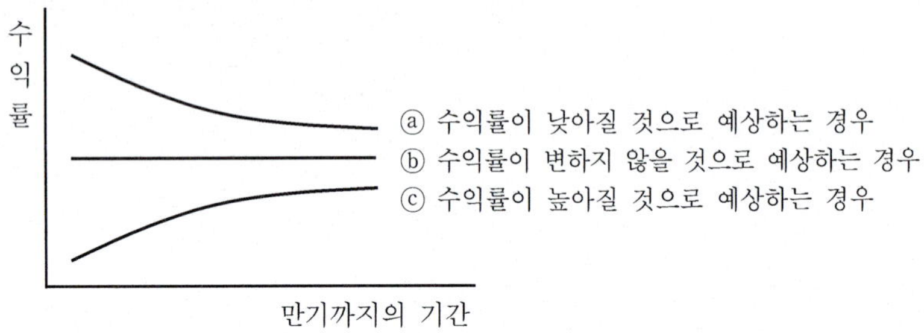

기대이론(expectation theory)은 수익률곡선이 미래이자율의 동향에 대한 투자자의 기대(예상)를 나타낸다는 이론이다. 즉, 장기채권의 만기수익률은 투자자의 미래 단기채수익률에 대한 예상에 의해 결정된다.

기대이론에 의하면 [그림 12-2]와 같이 투자자가 앞으로 수익률이 상승할 것이라고 기대할 경우 장기채수익률이 단기채수익률을 웃돌아 수익률곡선이 ⓒ의 우상향곡선으로 된다. 앞으로 만기수익률이 하락할 것이라고 기대할 경우는 반대로 단기채수익률이 장기채수익률을 웃돌아 수익률곡선은 ⓐ의 우하향곡선이 된다. 만기수익률이 변동하지 않을 것이라고 예상하는 경우 단기채수익률과 장기채수익률은 동일하며 수익률곡선도 ⓑ의 수평형으로 된다.

따라서 장기채의 만기수익률(시장수익률)은 미래에 예상되는 이자율(선도이자율)의 기하평균과 같다. 이를 수식으로 표시하면 다음과 같다.

$$(1+{}_tR_n)^n=(1+r_1)(1+r_2)\cdots(1+r_n) \qquad (12\text{-}1)$$

${}_tR_n$: t 시점에서 만기 n인 채권의 만기수익률(현물이자율)
r_i : i 기의 미래예상수익률(선도이자율)

기대이론은 투자자가 미래의 단기수익률을 예상할 능력이 있고, 금융시장이 완전경쟁이라는 가정에 근거하여 기간구조를 설명하는데 있어서 가장 보편적인 이론이다.

2. 유동성프리미엄이론

투자자가 위험회피적이라면 일반적으로 단기채는 장기채에 비해 가격변동의 위험이 적으며, 현금화할 수 있는 유동성이 크다. 만기가 긴 장기채일수록 가격변동의 위험이 크고 유동성이 작아 투자자는 프리미엄을 요구하게 된다.

유동성프리미엄이론(liquidity premium theory)에 의하면 채권의 수익률은 채권의 만기가 길수록 유동성프리미엄만큼 더 크게 된다. 즉, 채권의 수익률은 만기에 대한 예상수익률에 유동성프리미엄(liquidity premium)을 합한 것과 같고 유동성프리미엄은 만기가 길수록 커진다. 이와 같이 기대이론에 유동성프리미엄을 추가하여 만기가 긴 장기채일수록 수익률이 크다고 설명하는 것이 유동성프리미엄이론이다.

[그림 12-3]은 기대이론이 전제로 하는 예상수익률이 일정, 상승, 하락하는 경우에 있어서 유동성프리미엄이 채권수익률에 미치는 영향을 보여주고 있다. 유동성프리미엄이론에 의한 수익률곡선은 기대이론에 의한 수익률곡선보다

[그림 12-3] 유동성프리미엄이론에 의한 수익률곡선

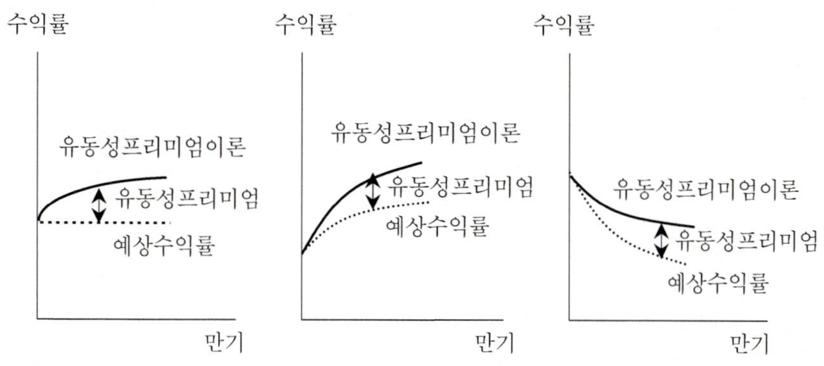

항상 유동성프리미엄만큼 상위에 있으며 예상이자율이 약간 하락하거나, 일정하더라도 유동성프리미엄의 영향으로 우상향의 형태를 나타낸다.

3. 시장분할이론

시장분할이론(segmentation theory)은 시장이 분할되어 있다는 가정하에, 채권시장이 만기 기간별로 상호독립적인 개별시장들로 구성된다고 한다. 투자자와 차입자는 법적 규제, 선호도, 특정 만기를 선택하는 습관 등에 의하여 각각의 특정시장에 연결되어 있다.

각각의 상환기간별 채권수익률의 변동은 각 개별시장 내부의 자금의 수급변동에 의해 초래되며, 시장상호간의 관련성은 적다. 그러므로 시장분할이론에 의하면 채권시장은 만기에 따라 단기채시장, 장기채시장으로 분할되어 채권의 수익률을 각 시장의 수요와 공급에 의해 결정한다는 것이다. 채권시장이 몇개의 장·단기채권시장으로 분할되어 있으므로, 수익률곡선은 연속적인 형태가 아니고 각 분할된 시장의 수익률곡선을 보이게 된다.

시장분할이론을 지지하는 실증분석은 비교적 적다. 왜냐하면 시장분할이론은 차익거래(arbitrage transaction)가 없는 완전히 분할된 시장을 가정하지만, 현실적으로 위험이 같으나 수익률이 다른 장·단기채권이 있을 때 차익을 획득하기 위한 차익거래가 발생할 것이기 때문이다.

제3절 채권수익률의 위험구조

채권은 원리금의 지불이 약정된 증권이지만 반드시 위험이 없다고는 할 수 없다. 채권의 발행자가 원리금을 지불할 수 없게 되는 위험을 채무불이행위험(default risk)이라고 하였다. 즉, 채무불이행위험은 원리금의 전부 또는 일부를 지급받지 못해 실현수익률이 약정된 수익률보다 낮아질 위험을 말한다. 채권의 다른 조건들이 동일하다는 가정하에 채무불이행위험에 따라 채권수익률이 달라지는 현상을 채권수익률의 위험구조(risk structure of bond yield)라고 한다.

모든 채권은 어느 정도의 채무불이행위험을 가지고 있으므로 투자자들은 이 위험을 부담하는 대가로 보다 높은 수익률을 요구한다. 이와 같이 채무불이행위험의 정도에 따라 채권의 수익률이 다르게 된다. 채권에 투자하여 얻을 수 있는 기대수익률은 동일한 만기와 표면이자율을 갖는 무위험채권의 수익률과 비교된다. 무위험채권의 수익률과 위험채권의 수익률과의 차이를 위험프리미엄(risk premium)이라고 한다. 채무불이행위험과 위험프리미엄이 채권 수익률 스프레드(yield spread)를 구성한다. 즉, 만기수익률=무위험이자율+위험프리미엄+채무불이행위험이다.

채권의 채무불이행위험은 투자자가 스스로 분석하기 매우 어렵기 때문에 대부분 전문적 채권등급평정기관에서 분석하여 제공하는 등급평가(bond rating)를 이용한다. 채권등급평가(bond rating)란 등급평가기관이 발행자의 채무불이행의 가능성을 평가하여 그 정도에 따라 채권의 등급을 매기는 것을 말한다. 미국의 경우 채권등급평가가 보편화되어 있는데 무디스사(Moody's Investor Service)와 스탠다드 앤드 푸어스사(Standard & Poor's)의 등급평가가 유명하다.

<표 12-1>에서 Moody's사의 등급평가를 보면 최고급의 채권은 트리플 A(Aaa 또는 AAA)의 등급평가를 받는다.

〈표 12-1〉 Moody's사의 채권등급평가

등급	내용
Aaa	최상급의 채권이며, 상환불이행위험이 거의 없다.
Aa	Aaa와 더불어 최상급채권이지만, Aaa보다는 위험이 조금 있다.
A	중상급의 채권이며, 원리금상환능력이 높다.
Baa	중급의 채권이며, 원리금상환에 대한 확실한 보증이 없다.
Ba	투기성이 강한 채권이며, 원리금상환에 대한 불확실성이 특징이다.
B	바람직한 투자특성을 갖추지 못하고 있으며, 원리금상환 기타 계약조건이 장기간에 걸쳐 유지된다는 보증이 적다.
Caa	하급의 채권으로, 원리금상환불이행위험의 징후가 보인다.
Ca	하급의 채권으로, 상환불이행의 상태에 있는 것이 많다.
C	최하급의 채권으로, 투자대상으로 적당하지 않다.

자료 : W. F. Sharpe and G. J. Alexander, J. V. Balley, *Investments*, Sixth Edition, Prentice-Hall International Inc., 1999, p. 394.

[그림 12-4] 등급별 채권수익률의 추이(미국)

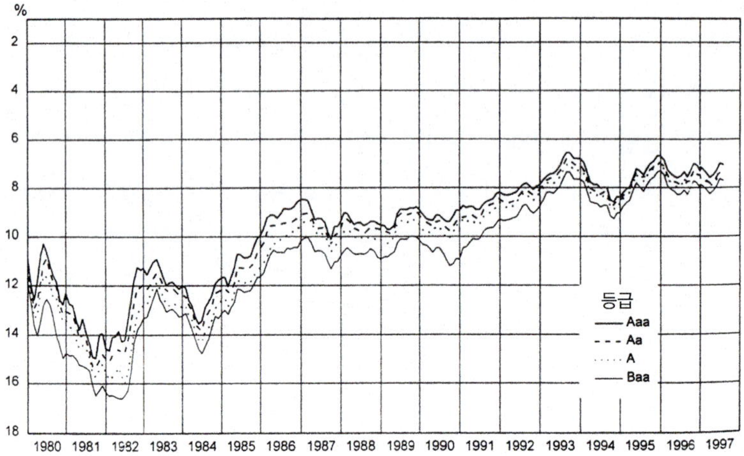

자료 : W. F. Sharpe and G. J. Alexander, J. V. Balley, *Investments*, sixth edition, Prentice-Hall, International Inc., 1999, p. 396.

등급평가기관은 대분류 등급 가운데서 더욱 더 상대적 비교를 할 필요가 있을 경우 + 또는 −를 붙인다(예컨대 Aa+, A−). 어느 평가기관이든 BBB(또는 Baa)까지를 상환능력면에서 투자적격채권으로 판단한다.

정크본드(junk bond)는 Moody's사의 등급이 Ba 이하이거나 S&P사의 등급이 BB 이하인 원리금의 상환에 대한 불확실성이 높고 투기성이 강한 채권이다. 기업합병 및 매수(M&A)를 시도하는 기업이 거액의 매수자금을 조달하기 위해 고위험 · 고수익의 정크본드를 발행하고 있다.

채권등급평가기관이 채무불이행위험을 분석해서 제공하는 등급평가는 채권의 수익률에 결정적인 영향을 미친다. [그림 12-4]는 무디스사에 의하여 제공된 채권등급별 만기수익률을 나타낸 것이다.

채권의 발행조건이나 발행자의 위험수준 차이 때문에 채권등급별로 수익률스프레드가 크다는 것을 알 수 있다. 채무불이행위험이 수익률스프레드에 큰 영향을 미친다. 채권의 등급이 낮을수록 채무불이행위험이 높기 때문에 만기수익률이 높고 수익률스프레드도 크다.

또한 수익률스프레드는 기간적으로 크게 변동하고 있다. 채권등급 평가기관에 의한 등급평가는 상환불이행위험의 절대적 수준이 아니고, 상대적 위험이라고 볼 수 있다. 채권등급평가는 채무불이행위험을 나타내는 중요한 수단이다.

제4절 채권포트폴리오와 투자전략

채권도 주식과 마찬가지로 위험을 감소시키기 위하여 여러 가지 종류의 채권을 편입한 포트폴리오를 구성한다. 국채, 지방채, 회사채 간에도 가격변동위험의 정도가 다르고, 회사채의 가격변동위험도 산업 및 기업에 따라 상이하기 때문에 분산투자하는 것이 효율적이라고 하겠다.

채권포트폴리오는 채무불이행위험, 이자율변동위험, 유동성의 관리라는 관점에서 발행주체, 수익률, 만기 등이 다른 채권의 조합을 구성하는 것을 말한다.

채권포트폴리오를 선택하는 투자전략은 적극적 투자전략(active investment strategy)과 소극적 투자전략(passive investment strategy)으로 나뉜다. 적극적 투자전략은 자기의 정보나 예측에 의하여 투자수익률을 극대화시키고자 하는 전략이다. 소극적 투자전략은 시장의 효율성을 믿고, 자기가 부담할 수 있는 위험수준에 상응하는 투자수익을 기대하여 포트폴리오를 선택, 보유하는 방어적 투자전략이다.

일반적으로 소극적 투자전략은 한번 구입한 채권포트폴리오를 장기간 보유하는 경향이 있기 때문에 매입보유전략(buy and hold strategy)이라고 하는데 실제로는 일정한 규칙에 따라 운용하는 방법이다. 보수적 투자전략에는 사다리형 만기구성전략, 바벨형 만기구성전략, 지수펀드(index fund)를 구성하는 방법, 면역전략 등이 있다.

1. 소극적 채권투자전략

소극적 채권투자전략을 이론적으로 지지할 수 있는 근거가 되는 것이 채권시장의 효율성에 관한 검정이다. 전문애널리스트가 금리를 정확히 예측하는가를 검정함으로써 채권시장의 효율성에 관한 연구가 이루어졌다. 애널리스트는 다양한 정보원을 가지고 있고 이 정보는 공개되는 것이기 때문에 이와 같은 연구는 준강형의 시장 효율성을 검정한 것이라고 볼 수 있다.

엘리엇(J.W. Elliott)과 베이커(J.R. Baker, 1979)는 예측정확도를 알기 위해 전문가들이 구축한 통계모형을 검정했다. 즉, 전문가가 만든 6개의 통계모형으로부터 예측된 전략과 금리가 불변이라는 불변모형을 이용하여 구축된 전략을 비교해 보았는데 불변모형이 더욱 정확했다. 이것은 채권시장도 효율적이라는 것을 지지한다고 하겠다.

바인스타인(Mark I. Weinstein, 1997)은 채권시장의 효율성을 검정하기 위해 채권등급변경 전후의 채권가격의 변동을 분석했다. 1962년~1974년에 발생한 100건의 채권등급 변경과 채권가격과의 관계를 분석해 본 결과 채권등급변경 공시전후 6개월 기간에 유의적인 채권가격의 변동은 나타나지 않았다.

요컨대 채권시장의 효율성에 관한 실증분석에서는 완전한 것은 아니지만, 준강형의 효율적 시장가설이 성립하고 있다. 이것은 소극적 채권포트폴리오 관리전략을 지지하는 근거가 되고 있다. 소극적 채권투자전략에는 다음과 같은 전략을 대표적으로 들 수 있다.

1) 사다리형 만기구성전략

사다리(ladder)형 만기구성전략은 최단기채부터 최장기채까지 만기가 다른 여러 종류의 채권에 자금을 균등하게 배분해서 투자하는 전략이다. 만기를 가로축, 투자액을 세로축으로 하여 도표를 그리면 사다리와 같은 형태를 나타내기 때문에 사다리 포트폴리오(ladder portfolio)라고 한다.

일반적으로 금리상승시에는 단기채가 유리하고, 금리하락기에는 장기채가 유리하지만, 금리동향을 예측하기 어렵기 때문에 여러 가지 만기의 채권에 균등하게 투자하여 평균적인 성과를 획득하고자 하는 것이 사다리형 만기구성전략이다. 유동성에 대해서도 매우 기계적으로 관리한다.

예를 들어, 1년만기채부터 10년만기채까지 1년마다 만기가 분포되어 있는 사다리형 포트폴리오라면, 매년 채권의 10%가 만기상환되기 때문에 전체 자금의 약 10%가 현금화된다. 이 상환금을 즉시 기계적으로 재투자한다. 이 전략은 관리가 용이하고, 금리예측이 필요없다는 것이 특징이다.

2) 바벨형 만기구성전략

바벨(barbell)형 만기구성전략은 사다리형 포트폴리오 중에서 단기채와 장기채의 양극에만 자금을 배분하고, 그 중간에 있는 중기채는 포트폴리오에 편입하지 않는 전략이다. 바벨(barbell)이란 아령(啞鈴)을 말하는데 가로축을 만기, 세로축을 투자액으로 하여 도표를 그리면 아령과 같은 형태가 되기 때문에 바벨형 포트폴리오라고 부르게 된 것이다.

바벨형 만기구성전략은 단기채로 유동성을 확보하고 장기채로 높은 수익률을 추구하자는 전략이다. 이 전략은 관리하기가 비교적 번거롭고 거래비용이 높다는 것이 특징이다. 장기채는 매년 중기채로 되기 때문에 교체매매를 하지 않으면 안 되는 관리상의 어려움이 있고 그만큼 거래비용이 증가한다.

3) 지수펀드 전략

지수펀드(index fund)전략이란 투자수익률이 특정한 채권지수의 수익률과 같게 되도록 여러 종류의 채권에 분산투자하는 포트폴리오를 구성하는 것을 말한다. 채권시장이 효율적이라고 믿고 채권시장 전체의 흐름을 따라가는 채권지수에 투자하여 채권시장 전체의 수익성을 달성하려는 전략이다. 지수펀드 전략이 수수료 및 거래비용 등이 적기 때문에 적극적 투자전략보다 훨씬 성과가 우수하다고 주장한다. 지수펀드는 시장이자율변동에 따라 그 성과가 변화한다.

4) 면역전략

채권도 주식과 마찬가지로 체계적 위험과 비체계적 위험을 가진다. 체계적 위험은 증권시장의 변동에 의해 발생하는 위험으로 주로 이자율(채권수익률)의 변동에 따른 위험이며, 비체계적 위험은 채권발행자 고유 요인에 의한 위험으로 분산투자에 의하여 제거할 수 있다.

분산투자에 의하여 제거되지 않는 체계적 위험 중에서 이자율변동에 의한 위험은 채권투자의 성과결정에 있어 매우 중요하다. 채권의 이자율변동위험은 채권가격변동위험과 이자의 재투자수익률변동으로 구분되는데 이자율(수익률)이 변동하면 이들은 상호 상쇄되는 특성이 있다. 즉, 이자율이 하락하면 채권가격이 상승하나 재투자수익률은 하락하고, 이자율이 상승하면 채권가격은 하락하나 재투자수익률은 상승한다. 따라서 가격변동위험과 재투자위험의 상쇄적인 특성을 이용하면, 체계적 위험인 이자율변동위험을 제거할 수 있다.

이와 같이 이자율변동위험을 회피하고자 하는 채권투자전략을 면역전략(immunization strategy)이라고 한다. 면역전략은 채권의 듀레이션과 투자기간을 동일하게 하면 이자율변동에 따른 위험을 제거할 수 있는 면역상태가 되어, 약속수익률을 보장받을 수 있다는 것이다.

예를 들어 면역전략을 설명하기로 한다. 표면이자율이 8%, 만기수익률(시장수익률)이 8%, 만기가 10년인 채권의 가격이 10,000원이라고 하자. 채권의 시장수익률이 매입후 즉시 6%, 7%, 9%, 10%로 변동하였다고 하자. 이자수입의 재투자수익률은 변동된 각각의 시장수익률(이자율)이며, 실현수익률은 각 시장수익률에서의 채권매각에 의한 자본이득(혹은 자본손실)과 표면이자의 재투자수입에 의해 산출된 것이다.

<표 12-2>에서 보면 실현수익률은 시장수익률(이자율)의 변동에 따라 상당히 변동하고 있다.

그런데 채권의 투자기간이 듀레이션과 같은 7.24년에서는 시장수익률이 상이해도 그 실현수익률은 모두 8%이다. 즉, 듀레이션은 가격변동위험과 재투자위험이 상쇄되는 투자기간이다.

<표 12-2>는 만기수익률의 변동과 실현수익률과의 관계를 나타낸 것이다.

〈표 12-2〉 만기수익률의 변동과 실현수익률의 관계

시장이자율	현금흐름	1년	3년	5년	7.24년	10년
6%	가격변동	1,375	1,130	853	715	0
	표면이자	800	2,400	4,000	5,792	8,000
	재투자수익	12	187	586	1,139	2,748
	총수익	2,187	3,717	5,439	7,646	10,748
	(실현수익률)	(20.79%)	(10.82%)	(8.88%)	(8.0%)	(7.43%)
8%(불변)	가격변동	0	0	0	0	0
	표면이자	800	2,400	4,000	5,792	8,000
	재투자수익	16	253	802	1,854	3,911
	총수익	816	2,653	4,802	7,646	11,911
	(실현수익률)	(8.0%)	(8.0%)	(8.0%)	(8.0%)	(8.0%)
10%	가격변동	-1,169	-990	-772	-574	0
	표면이자	800	2,400	4,000	5,792	8,000
	재투자수익	20	321	1,031	2,428	5.226
	총수익	-349	1,731	4,259	7,646	13,226
	(실현수익률)	(-3.52%)	(5.39%)	(7.22%)	(8.0%)	(8.61%)

이 채권을 만기까지 보유할 때 시장이자율이 6%로 하락하면 실현수익률은 7.43%로 낮아지고, 시장이자율이 10%로 상승하면 실현수익률은 8.61%로 높아진다. 이와 같이 채권은 만기까지 보유할 때 시장이자율이 변동하면 실현수익률이 달라지지만, 만약 투자기간을 듀레이션과 같은 7.24년으로 하면 실현수익률이 시장이자율의 변동과 관계없이 항상 8%임을 알 수 있다. [그림 12-5]는 만기수익률의 변동과 실현수익률의 관계를 그림으로 나타낸 것이다.

이와 같이 면역전략은 투자자가 계획하는 투자기간과 듀레이션이 일치하도록 채권포트폴리오를 구성함으로써, 목표시점에서 일정한 약속수익률을 확보할 수 있다는 소극적인 채권포트폴리오전략이라고 할 수 있다.

면역전략은 다음과 같은 한계를 가지고 있다.

첫째, 듀레이션은 수익률곡선이 일정한 형태를 유지한다는 가정으로 계산되나 실제로는 수익률곡선의 형태가 변해 면역효과가 약화된다.

둘째, 시간의 수익률의 변동에 따라 목표 듀레이션과 실제듀레이션이 일치하지 않게 되어, 재면역을 위한 포트폴리오의 재조정이 필요하다. 빈번한 재조정은 면역전략이 비용을 증대시키는 요인이 된다.

[그림 12-5] 만기수익률의 변동과 실현수익률의 관계

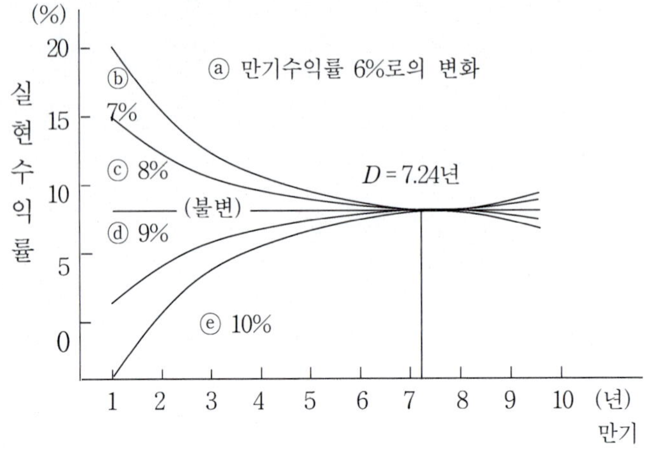

2. 적극적 채권투자전략

채권투자의 적극적 전략은 이자율변동위험을 유리하게 이용하여 채권포트폴리오의 총수익, 즉 이자수입, 이자를 재투자해서 얻는 재투자수익, 채권을 싸게 사서 비싸게 팔았을 때 발생하는 자본이득 등을 극대화하는 전략이다.

1) 수익률예측전략

수익률예측전략은 이윤을 극대화하기 위하여 포트폴리오관리자가 미래의 채권수익률을 예측하여 채권포트폴리오를 구성하는 것이다. 채권포트폴리오를 구성하는 데 있어서 중요한 요소는 만기와 수익률이다. 일반적으로 수익률이 하락할 것으로 예상되는 경우에는 포트폴리오 전체의 잔존만기를 가능한 길게 하고, 듀레이션도 장기화하고, 표면이자율이 낮은 채권을 편입하는 것이 유리하다. 왜냐하면, 만기가 긴 장기채일수록 채권의 가격상승에 의한 자본이득이 커지고, 표면이자율이 낮은 채권일수록 자본이득을 많이 얻을 수 있기 때

문이다. 이와 반대로 수익률이 상승할 것으로 예상되는 경우에는 수익률 상승에 비해 채권의 가격하락폭이 상대적으로 적은 만기가 짧은 단기채와 표면이자율이 높은 채권으로 포트폴리오를 조정하고 듀레이션도 단기화하는 것이 유리하다. 이와 같이 수익률예측전략은 수익률예측에 따라 채권을 교체매매(swap)하는 전략이다.

수익률예측에 의한 전략은 수익률을 정확히 예측할 수 있어야 하는데, 채권시장이 효율적이라면 미래수익률의 정확한 예측을 통해 지속적으로 시장평균수익률보다 우수한 성과를 달성하기 어려울 것이다.

2) 수익률곡선타기 전략

수익률곡선타기 전략은 채권수익률곡선에 의거하여 채권포트폴리오의 수익을 극대화하고자 하는 전략이다.

채권의 수익률곡선은 기대이론과 유동성 프리미엄이론에 의하면 투자자의 미래이자율에 대한 예상을 반영하므로 채권수익률곡선이 우상향곡선을 나타내면 미래의 채권수익률은 상승하고, 반대로 채권수익률곡선이 우하향곡선을 나타내면 미래의 채권수익률이 하락할 것이라고 예측할 수 있다. 수익률곡선이 우상향하는 모양을 나타내며 투자기간동안 그 형태가 변화하지 않을 것이라고 가정하면, 특정 투자기간동안 시간이 경과함에 따라 채권의 만기는 짧아지고 따라서 채권수익률은 하락하게 되어 채권가격은 상승하게 된다. 수익률곡선타기 전략이란 수익률곡선의 이러한 특성을 이용하여, 목표투자기간보다 긴 만기의 채권에 투자하여 채권을 만기 전에 매각함으로써 목표투자기간과 동일한 만기의 채권에 투자하는 만기보유전략보다 높은 수익을 추구하는 전략이다. 수익률곡선타기 전략은 수익률곡선의 형태가 예측대로 유지되어야 목표수익률의 실현이 가능하다는 한계를 가지고 있다.

연습문제

1. 다음 용어를 설명하라.

1) 채권수익률의 기간구조
2) 기대이론
3) 유동성프리미엄이론
4) 시장분할이론
5) 채권수익률의 위험구조
6) 채권의 소극적 투자전략
7) 면역전략
8) 수익률곡선 타기전략
9) 채권의 적극적 투자전략
10) 채권시장의 효율성

2. 괄호 안에 들어갈 적당한 말을 쓰시오.

1) 일정시점에 있어서 다른 조건이 일정하고 만기만 다른 채권의 채권 수익률과 만기와의 관계를 일반화한 것을 ( )이라 한다.
2) 채권 수익률의 기간구조를 나타내는 곡선을 ( )이라 한다.
3) 투자자들은 미래수익률에 대해 정확한 동질적 기대를 가지며 수익률구조는 이러한 기대수익률에 따라 결정된다는 이론은? ( )
4) 무위험채권의 수익률과 위험채권의 수익률과의 차이를 ( )이라고 한다.

3. 다음의 물음에 답하라.

1) 투자자들은 기본적으로 유동성을 선호하게 되어 만기가 길수록 증가하는 위험에 대한 유동성 프리미엄을 요구하게 된다는 이론은?

① 불편기대이론 ② 유동성프리미엄이론
③ 시장분할이론 ④ 균형가격이론

2) 기대이론을 설명한 내용이다. 잘못된 것은?
① 위험중립형 투자자를 가정한다.
② 장기채권과 단기채권간에 완전대체 관계가 성립한다.
③ 채권수익률의 기간구조가 미래의 이자율에 대한 투자자들의 예상에 의하여 결정된다.
④ 장기채권의 수익률은 기대현물이자율에 유동성프리미엄을 가산한 값의 기하평균과 같다.

3) 이자율 기간규조에 대한 설명 중에서 서로 다른 만기의 채권은 대체탄력성이 0인 것은?
① 유동성프리미엄이론 ② 불편기대가설
③ 시장분할이론 ④ 편의기대이론

4) 수익률곡선이 하락할 경우 투자전략으로 알맞은 것은?
① 표면이자율이 낮은 장기채에 투자 ② 장기채와 단기채에 동일하게 투자
③ 장기채에 주로 투자 ④ 단기채에 주로 투자

5) 채권에 대한 설명으로 틀린 것은?
① 채권 발행주체의 자격요건 및 발행요건은 법으로 정해져 있다.
② 채권은 주식보다 발행주체의 범위가 넓다.
③ 채권은 채무표시 유가증권이다.
④ 채권의 표면이율은 재투자개념을 포함하고 있지 않다.

6) 채권의 장외시장에 대한 설명으로 틀린 것은?
① 거래대상은 상장채권이다.
② 상대매매가 이루어지는 비조직적 시장이다.
③ 장내거래보다 더 많이 거래된다.
④ 기관들 간의 대량매매가 이루어진다.

7) 다음 중 국채가 아닌 것은?
① 양곡기금채권 ② 통화안정증권
③ 재정증권 ④ 국민주택채권

8) 채권가격의 일반 원리를 설명한 것으로 틀린 것은?
① 수익률변동으로 인한 채권가격의 변동률은 표면이율이 높을수록 적어진다.
② 채권가격은 채권수익률의 볼록함수이다.
③ 채권가격변동은 다른 조건이 동일하다면 만기의 감소함수이다.
④ 채권가격은 수익률에 대한 단조감소함수이다.

9) 수익률곡선이 하락할 경우 투자전략으로 알맞은 것은?
① 표면이자율이 낮은 장기채에 투자
② 장기채와 단기채에 동일하게 투자
③ 장기채에 주로 투자
④ 단기채에 주로 투자

10) 시장이자율이 감소하였을 때 채권수익률이 가장 크게 변동하는 것은?
① 10년 만기 9% 이표채 ② 10년 만기 7% 이표채
③ 5년 만기 6% 이표채 ④ 2년 만기 7% 이표채

11) 채권의 가격을 결정하는 직접적 요인이 아닌 것은?
① 채권발행기관 ② 채권의 만기
③ 만기수익률 ④ 표면이율

12) 만기가 커질수록 만기수익률이 높아지되 증가율은 체감하는 형태가 투자기간동안 계속 유지된다고 예상될 때 사용하는 투자전략은?
① 현금흐름일치법 ② 인덱스펀드전략
③ 면역전략 ④ 수익률곡선타기

해답 **2.** 1) 채권수익률의 기간구조 2) 수익률곡선 3) 기대가설 4) 인플레이션
3. 1) ② 2) ④ 3) ③ 4) ① 5) ② 6) ① 7) ② 8) ③ 9) ① 10) ② 11) ① 12) ④

제13 장

선물시장과 옵션시장

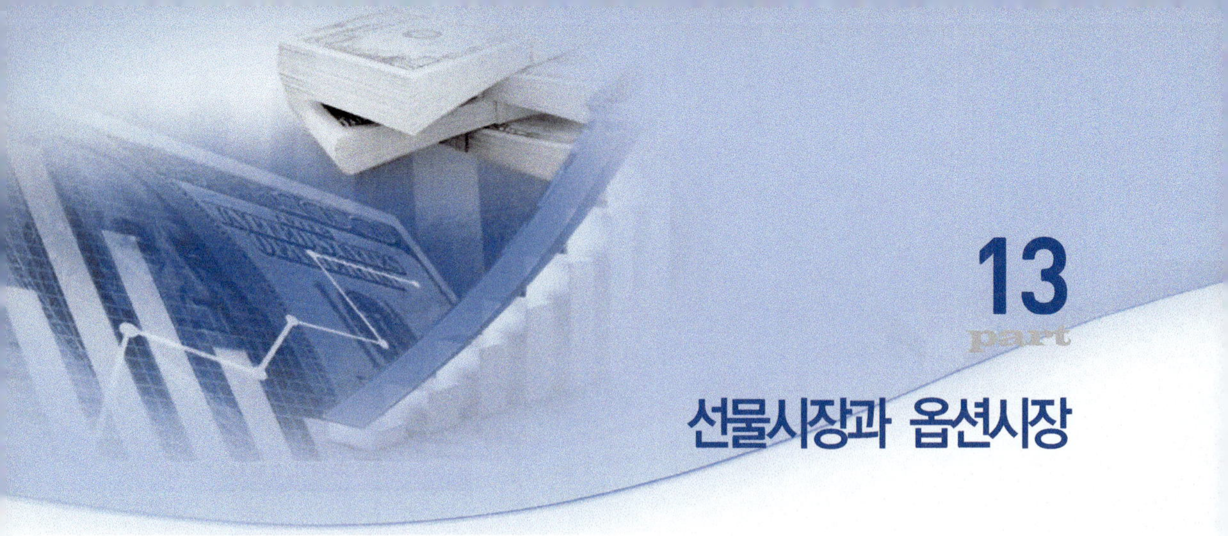

13 part 선물시장과 옵션시장

제 1 절 선물시장

1. 선물시장의 의의와 특성

파생상품이란 기초자산(underlying asset)이라고 하는 다른 자산의 미래가격이 어떻게 되느냐에 따라 그 수익형태가 결정되는 상품을 말한다. 자본시장법에서 파생상품은 선도(혹은 선물), 옵션, 스왑(swap)으로 정의하고 있다. 그 중 선물(futures)시장은 대표적인 파생상품시장이다. 우리나라 선물시장은 짧은 역사에도 불구하고 괄목할 만한 성장을 보이고 있다. 본 절에서는 선물시장의 이론적배경과 우리나라 선물시장에 대해 다루기로 한다.

현물거래(spot transaction)는 거래대금과 대상상품이 동시에 거래되는 거래이다. 이에 반하여 선물거래(futures transaction)는 어떤 상품에 대하여 미래 정해진 시점에 일정한 양을 정해진 가격에 주고받기로 하고 계약기간 중 언제라도 매수자 또는 매도자에게 가격이 유리 또는 불리하게 움직일 경우에 반대매매를 통해 인수 또는 인도의 의무를 제도적으로 인정하는 거래를 현재 시점에서 약속하는 행위이다.

즉, 선물거래는 선물계약(futures contract)의 거래를 말하며 선물계약은 특정한 상품을 미래의 특정일자 또는 특정한 기간동안에 정해진 가격으로 인도 또는 인수할 것을 약속하는 계약을 말한다. 특정한 상품이란 상품의 종류, 상품의 양은 물론이고 상품의 질까지도 미리 표준화 시켜 놓은 것을 말하며 선물계약자체도 이행 가능한 계약이어야 한다. 이러한 선물계약은 허가된 특정한 장소, 선물거래소에서 정해진 조건으로 거래된다. 선물계약을 인도한 자는 결제시점에서 거래대상물을 인도할 의무를 지게 되고 인수한 자는 거래대상물을 인수하고 거래당시의 대금을 지불할 의무를 지게 된다. 그러나 선물거래는 계약만료 전 언제라도 반대매매를 통해 인도와 인수의무를 해소할 수 있기 때문에 계약만료 시점에서의 거래대상물의 인도 및 인수는 매우 적다. 선물거래는 매매계약의 성립과 동시에 상품의 인도와 대금지급이 이루어지는 현물거래에 대응되는 개념이며 선도거래(forward transaction)와도 구별되는 개념이다. 선도거래란 거래당사자들이 장래의 일정기일에 특정수량(금액)의 현물을 현시점에서 약정한 가격으로 거래하기로 한 계약을 말한다. 즉 선도거래는 거래당사자들이 대상이 되는 자산이나 상품을 장래의 시점에서 상대매매하기로 한 것이기 때문에 매매단위나 결제일 등이 표준화되어 있지 않다. 또한 계약상대가 도산하거나 계약을 이행하지 않으면 계약효력이 소멸되고 당초의 거래목적을 달성할 수 없게 된다는 문제점을 가지고 있다.

이에 대해 선물거래는 다음과 같은 특성을 가진다.

첫째, 반드시 조직화된 거래소에서 자격이 있는 회원의 중개를 통하여 거래된다.

둘째, 선물계약을 표준화하여 물품마다 거래상대방을 찾아야하는 번거로움을 제거함으로써 대량거래가 가능하다. 즉 유동성이 증가한다.

셋째, 매입자와 매도자의 중간에서 거래 상대방의 역할을 맡아 계약이행을 책임지는 역할을 수행하는 청산기관(clearing house)이 존재한다.

넷째, 거래소는 계약이행의 안전을 위해 증거금을 납부 받고 일일정산을 통해 매일매일 고객의 계좌에 반영하고 있다.

2. 선물시장의 기능

1) 가격변동위험의 헤지가능

선물시장을 포함한 파생금융상품시장은 기본적으로 위험을 거래하는 시장이다. 투자자들은 선물시장의 위험전가기능을 통해 가격변동위험을 헤지(회피)할 수 있다. 선물시장은 미래의 자산가격의 불확실성을 기초로 예상이 다른 투자자 사이에서 가격변동위험이 헤지되는 시장이다. 헤지(hedge)란 위험이 일정한 범위를 넘지 못하도록 장벽이나 울타리를 친다는 뜻인데, 여기서는 가격변동위험의 회피 및 전가를 말한다.

2) 가격발견기능

선물시장에서 형성되는 선물가격은 경제주체들의 미래자산가격에 대한 예상이 정확하게 반영되어 결정되므로 이 가격은 경제주체들에게 미래의 자산 혹은 상품가격에 대한 귀중한 정보를 제공하게 된다. 현물자산의 가격도 미래에 대한 예상을 반영한다고 볼 수 있지만, 선물시장에서 형성되는 가격이 미래가격에 대해 보다 중요한 정보를 준다고 볼 수 있다.

3) 자본시장의 효율성 증대

동일한 자산에 대해 현물시장과 선물시장이 동시에 존재할 경우 투자자들은 양 시장 모두 투자할 수 있다. 두 시장에서 형성된 가격에 불균형이 있을 경우 투자자들은 고평가된 것은 매도하고 저평가된 것을 매수하는 차익거래(arbitrage transaction)를 하게 되고 이에 따라 가격의 불균형을 해소하게 되고, 유동성도 증대된다. 따라서 선물시장의 존재는 현물시장만 존재하는 경우에 비해 양시장을 모두 효율적으로 만들면서 시장에서 형성되는 가격이 모든 정보를 보다 정확하게 반영하도록 하는 효과를 가져온다.

4) 새로운 투자수단의 제공

선물시장은 일반투자자(hedger)에게는 가격변동위험을 조절할 수 있는 여러 파생상품(ELS, ELW, DLS, FRN 등)을 제공하여 새로운 투자수단이 되고 있다. 선물시장은 보다 높은 투자수익을 원하는 투자자에게는 고수익, 고위험 투자수단을 안정적 투자관리를 원하는 투자자에게는 효과적인 위험관리수단을 제공한다.

한편 선물거래를 비롯한 파생상품거래는 레버리지효과가 크고 거래구조가 복잡하여 투기적 거래에 대한 효과적인 내부통제가 이루어지지 않을 경우 대형금융회사라도 재정적 어려움에 처할 가능성이 높다.

3. 선물시장의 기초개념

1) 기초자산

기초자산(underlying asset)이란 선물거래시 거래대상이 되는 상품 또는 증권을 말한다. 선물상품의 종류로는 첫째, 상품선물이 있으며 상품선물의 거래대상으로는 소맥, 옥수수, 대두, 커피, 금, 은, 원유(oil) 등이 있으며 둘째, 금리선물의 대상으로는 T-Bill, T-Note, CD 등이 있다. 셋째, 통화선물과 주가지수선물이 있다. 우리나라의 기초적인 기초자산의 예로서 국채선물의 기초자산은 국고채이며 주가지수선물의 기초자산은 KOSPI 200지수이다.

2) 거래량

거래량(volume)이란 특정한 기간동안 거래된 선물계약의 총 건수로서 거래량은 선물시장의 움직임을 챠트를 통하여 분석하는 기술적 분석의 중요한 요소가 된다. 선물계약이 거래되면 반드시 매입자와 매도자가 동시에 발생하기 때문에 매도한 수량과 매입한 수량의 총합계의 1/2로 표시된다.

3) 일일가격제한폭

선물거래는 현물거래에 비해 거래비용이 적게 들고 투기적 성격이 강하기 때문에 가격의 변동성이 크다. 일일가격제한폭(price limit)이란 하루 중 가격이 변동할 수 있는 상한과 하한을 정해 이를 벗어나는 가격으로는 거래가 이루어지지 못하게 하여 투자자를 보호하고 효율적으로 시장을 관리 유지한다. 이는 전일 종가를 기준으로 당일 거래시간동안 등락할 수 있는 최대한의 가격변동폭을 말한다. 미국의 경우 주식시장의 가격제한폭이 없지만 선물시장에는 일일가격제한폭이 있다.

4) 증거금

증거금(margin)은 선물거래시의 결제불능위험을 제도적으로 방지하기 위한 것으로 모든 선물참여자들로부터 계약을 성실히 이행하겠다는 신용의 표시로 징수하는 것을 말한다. 선물거래를 처음 매수 또는 매도하는 경우에 납부하는 증거금을 개시증거금(initial margin)이라 하며 거래가 계속되는 동안에 유지하여야 하는 증거금을 유지증거금(maintenance margin)이라 한다.

5) 베이시스

베이시스(basis)란 정상시장에서 형성된 현물가격과 선물가격의 차이를 말한다. 이러한 베이시스는 선물시장을 이용하는 사람들 가운데 가격변동위험을 전가하려는 헤지거래자(hedger)와 가격의 비정상적인 형성을 포착하여 순간적인 매매차익을 취하려는 차익거래자(arbitrager)에게 중요한 투자 판단의 기준이 된다. 시간이 경과하여 만기일에 가까워지면 베이시스는 점차 작아지며, 만기일에는 선물가격과 현물가격이 동일하게 되어 베이시스는 0이 된다.

6) 정상시장

정상시장(normal market)은 선물가격이 현물가격보다 높게 형성되어 있는 시장상태를 말한다. 일반적으로 선물가격은 현물가격보다 높게 형성되는데 그 이유는 선물상품의 인도 및 인수가 현물상품보다 늦게 이루어지므로 그 기간 동안의 상품보관료, 보험료, 이자비용 등이 반영되기 때문이다. 따라서 선물계약의 만기일이 멀면 멀수록 선물가격은 현물가격보다 더 커진다.

7) 콘탱고와 백워데이션

정상시장에서 선물가격이 현물가격보다 높게 형성되는 것, 즉 베이시스가 양(+)이면 콘탱고(contango)라 하며, 반대로 비정상시장 또는 역조시장에서 현물가격이 선물가격보다 높게 형성되는 현상, 즉 베이이스가 음(-)이면 백워데이션(backwardation)이라 한다.

8) 미결제 약정수량

미결제 약정수량(open interest)이란 거래된 선물계약이 어느 특정일 현재 만기일 도래에 의한 현물인도 및 인수에 의한 청산이나 반대매매에 의한 청산이 이루어지지 않고 향후 인수 또는 인도를 해야 하는 포지션상태로 남아있는 매도포지션 또는 매입포지션의 총합을 말한다. 거래량은 단순히 선물시장에서 거래된 총계약수를 의미하는데 반하여 미결제 약정수량은 청산을 위한 반대매매의 거래는 계산하지 않고 새롭게 인도 또는 인수의 의무를 발생시키는 계약수 만을 계산에 포함시킨다.

4. 선물시장의 조직

1) 선물거래소

선물시장을 개설하여 선물거래가 원활하고 공정하게 이루어질 수 있도록 운영하는 장소를 말하며 선물거래소(futures exchange)는 주식과 달리 선물계약의 장외거래를 인정하지 않고 있다. 따라서 선물거래는 지정된 거래소

(exchange)내에서만 거래가 가능하고 거래소에는 회원권(membership)을 가진 회원들만이 선물거래를 할 수 있다.

2) 투자자

선물시장의 참여자는 투자동기와 목적에 따라 다음과 같이 구분할 수 있다.

(1) 헤지거래자(hedger)

자신이 보유하고 있는 자산가치의 하락 또는 매입예정인 상품의 가격상승에서 오는 위험을 회피하기 위해서 선물시장과 현물시장에서 서로 반대되는 선물포지션(매입 또는 매도)을 취하는 투자자를 말한다.

(2) 투기거래자(speculator)

투기거래를 하는 자를 말한다. 즉, 현물시장과는 관계없이 선물시장에서만 가격변동의 위험을 감수하면서 자기책임 하에 선물을 매매하여 시세차익을 얻으려는 투자자를 말한다.

(3) 차익거래자(arbitrager)

선물가격과 현물가격의 일시적인 불균형을 이용하여 선물시장과 현물시장에서 동시에 선물과 현물중 상대적으로 저평가된 것을 매입하고 고평가된 것을 매도함으로써 선물의 만기시 또는 현물과 선물가격차가 축소된 시점에서 반대거래를 통하여 위험을 부담하지 않고 이익을 얻는 차익거래에 참여하는 투자자를 말한다. 차익거래는 기관투자자 특히 증권회사의 프로그램매매로 이루어지고 있다.

3) 선물중개회사

선물거래는 선물거래소의 회원에게만 인정되므로 투자자들이 선물거래를 하기 위해서는 반드시 선물중개회사(futures commission merchant: FCM)를 통하여야 한다. 선물중개회사는 고객의 주문을 처리하는데 필요한 서비스를 제공하고 고객이 보유하고 있는 미결제 약정량에 대한 기록 유지, 증거금의 예탁자금관리 등 거래계좌의 개설부터 거래종결까지 모든 중개 및 관리업무를 수행하고 이에 대한 대가로 일정액의 수수료를 징수한다. 선물중개회사가 선물거래소의 회원인 경우가 대부분이다.

4) 청산소

청산소(clearing house)는 선물거래의 안정성을 높이기 위하여 만들어진 조직이다. 선물거래가 성립되면 즉시 거래자 쌍방사이에 개입하여 거래를 둘로 분리하고 모든 매입자에 대해서는 매도자로서 역할을 수행하며 모든 매도자에 대해서는 매입자로서의 역할을 수행하여 그 거래가 더 이상 거래자 쌍방간의 직접적인 관계로 존재하지 않도록 하는 역할을 수행한다. 또한 청산소에서는 일일정산제도와 증거금계좌를 통해 선물거래의 이행을 보증하는 역할을 담당한다. 여기서 일일정산제도란 선물가격의 매일매일 변동에 따라 선물거래자의 손익이 변하게 되는데 이런 손익을 매일매일 실현하여 기록하는 과정을 말한다.

그리고 일일정산제도를 원활하게 하고 선물거래의 이행보증을 위해 선물거래자는 증거금(margin)으로 현금 또는 그 등가물을 거래소에 예치하여야 한다. 증거금에는 선물거래의 처음 거래시 보증금성격의 개시증거금과 매일매일의 손익변동에 따라 유지해야 하는 유지증거금으로 나누어진다.

5. 한국거래소의 선물상품

1) 주가지수 선물

거래소에 상장되어 있는 주가지수관련 선물은 KOSPI200 선물, 코스피 200 섹터지수선물, 배당지수 선물, 미니코스피 200선물, 코스닥 150선물, 유로스톡스50 선물 등이다.

이 중 대표적인 주가지수선물은 KOSPI200 지수선물이며, 이는 한국에서 거래되는 주식 중에서 산업별로 거래량이나 거래액수비중이 큰 종목 200개를 선정하여 이들 주가의 가중평균으로 산출한 지수를 기초자산으로 하는 선물상품이다. 주가지수의 변화는 1990년 1월 3일에 계산된 주가지수를 100으로 하여 현재의 주가지수를 비교하는 것이며 주가지수 1포인트당 가격은 50만원이다. 주가지수는 실체가 없는 추상적 개념이므로 만기일에 실물의 인도를 통해 선물거래를 청산할 수는 없다. 따라서 주가지수선물은 최종결제일의 현물가격에 상당하는 현금으로 실물인도를 대신하는 현금결제를 통해 거래를 청산한다. KOSPI 200 주가지수선물은 해당일로부터 1년 이내의 3, 6, 9, 12월의 둘째주 목요일을 만기로 하고 있다.

KOSP I200 주가지수 선물의 구체적인 상품 명세는 다음과 같다.

〈표 13-1〉 KOSPI 200 주가지수 선물 상품 명세

기초자산	코스피200지수
거래단위	코스피200선물가격×50만(거래승수)
결제월	3, 6, 9, 12월
상장결제월	3년 이내 7개 결제월(3, 9월 : 각 1개, 6월 : 2개, 12월 : 3개)
가격의 표시	코스피200선물 수치(포인트)
호가가격단위	0.05 포인트
최소가격변동금액	25,000월(50만원×0.05)
거래시간	09:00~15:45 (최종거래일 09:00~15:20)
최종거래일	각 결제월의 두 번째 목요일(공휴일인 경우 순차적으로 앞당김)
최종결제일	최종거래일의 다음 거래일
결제방법	현금결제
가격제한폭	기준가격 대비 각 단계별로 확대 적용 ① ±8% ② ±15% ③ ±20%
정산가격	최종 약정가격(최종 약정가격이 없는 경우, 선물이론정산가격)
기준가격	전일의 정산가격
단일가격경쟁거래	개장시(08:00~09:00) 및 거래종료시(15:35~15:45)
필요적 거래중단 (Circuli Breakers)	현물가격 급변 시 선물거래 일시중단 및 단일가로 재개

KOSPI 200선물 거래를 예로 설명하면 다음과 같다. 만약 오늘 2016년 12월 만기 주가지수가 편의상 250이라고 가정할 때 주가지수선물을 1계약 구입했다고 하자. 주가지수 1포인트 당 금액은 50만원이므로 주가지수선물 1계약에 해당하는 금액은 250포인트 × 50만원 = 125,000,000원이다. 만약 내일의 주가지수가 253.50으로 상승했다면 주가지수가 상승한 포인트는 3.50(=

253.50－250.0)이다. 주가지수 상승에 해당하는 이익은 3.50×50만원＝175만원이다.

다음으로 KOSPI 200 지수선물을 이용한 헤지거래에 대해 예를 들어 설명해보자. 50억원 상당의 주식포트폴리오를 보유하고 있는 기관투자자 A가 주가하락 손실에 대비하여 KOSPI 200선물을 이용하고자 한다. 편의상 KOSPI 200지수는 100포인트이고 2개월 후에 최종 결제되는 선물가격은 102포인트에 거래되고 있다고 가정한다. 기관투자자 A가 선물가격 102포인트에 보유주식 50억원에 상당하는 KOSPI 200 선물 100계약(금액으로는 102포인트 50만원×100계약=51억원)을 매도한 후, 최종결제시 KOSPI 200지수가 예상대로 하락한 경우와 반대로 상승한 경우로 나누어 헤지거래 결과를 보면 다음과 같다.

(1) 〈주가지수가 10% 하락하여 KOSPI 200지수가 90포인트가 된 경우〉

보유주식 손익	KOSPI 200 선물거래 손익	전체손익
50억원×10%=△5억원(손실)	12포인트×50만원×100계약=6억원(이익)	1억원

(2) 〈주가지수가 10% 상승하여 KOSPI 200지수가 110포인트가 된 경우〉

보유주식 손익	KOSPI 200 선물거래 손익	전체손익
50억원×10%=5억원(이익)	△8포인트×50만원×100계약=△4억원(손실)	1억원

거래결과에서 보는 바와 같이 주가지수선물을 이용하면 헤지기간 중 주식가격이 상승하든 하락하든 주가변동에 따른 손익은 주가지수선물에서의 손익으로 완전히 상쇄됨(주가변동위험의 완전회피)과 동시에 주가지수선물을 이용하는 대신 보유주식을 전부 매각했을 경우 주식매각대금 운용으로 얻게 될 이자 수입 1억원(50억원×12%×2/12)도 자동적으로 확보하게 됨을 알 수 있다.

이와 같이 주가지수선물은 대규모의 보유주식을 일시에 직접 매각할 경우 초래되는 문제점(대량매각에 따른 시장충격 및 체결위험, 높은 거래비용 등) 없이 주가변동 위험을 회피할 수 있는 효과적인 헤지수단인 것이다.

2) 주식선물

주가지수 선물이 상장된 이후 최근에는 개별주식을 대상으로 한 주식선물이 상장되어 거래되고 있다. 우리나라 주식선물시장은 2008년 5월 6일에 도입되었으며 거래규모 세계 7위로 급성장하였다. 이로서 개별보유주식의 헤지 거래, 주식과 주식선물 간 차익거래, 레버리지거래등이 가능하게 되었다. 개별주식선물은 남아공, 인도, 독일, 영국, 미국등 전세계 22개국에 상장되어 최근 5년간 거래량이 약 13배 증가하는 등 빠르게 성장하고 있다. 주식과 주식선물의 차이점을 요약하면 다음과 같다.

〈표 13-2〉 주식과 주식선물의 차이점

구분	주식	주식선물
계좌	주식계좌	선물 · 옵션 계좌
주총 의결권	있음(보통주)	없음
배당	있음	없음
주권	있음	없음
거래단위	주	계약(1계약=10주)
만기	없음	있음(1년)
결제일	T+2	T+1
종목수 (2016년말 기준)	유가증권시장: 약 900종목 코스닥시장: 약 1,000종목	유가증권시장: 109 종목 코스닥시장: 15 종목
세금	0.30%	없음
공매도	가능	가능
손익 획득	상승시 이익, 하락시 손실 (공매도제외)	상승, 하락시 모두 손익가능 (매수도자 손익 제로섬)
레버리지 거래	불가(신용거래, 미수금거래 제외)	가능(증거금 거래)

개별주식선물의 대상이 되는 주식은 거래소에서 선정하는데, 주식시장에 상장되어 있고 유통주식수가 200만주 이상, 소액주주수가 2,000명 이상, 1년간 총거래대금이 5,000억원 이상인 보통주식 중에서 시가총액과 재무상태 등을 감안하여 선정한 기업이 발행한 주식이다. 자세한 거래기준은 다음과 같다.

〈표 13-3〉 한국거래소 개별주식 선물 계약 명세

거래대상 기초자산	▪ 유가증권 시장 109개 종목 ▪ 코스닥 시장 15개 종목 (2016년말 기준)
1계약금액	▪ 주식선물가격 × 10(거래승수)
결제월	▪ 기타월(1,2,4,5,7,8,10,11월) 2개, 분기월(3,9월) 2개, 반기월(6월) 2개, 연월(12월) 3개
상장결제월	▪ 3년 이내의 9개 결제월
가격의 표시	▪ 주신선물가격(원)
거래시간	▪ 09:00 ~ 15:45(최종거래일 09:00 ~ 15:20)
최종거래일	▪ 각 결제월의 두 번째 목요일(공휴일인 경우 순차적으로 앞당김)
최종결제일	▪ 최종거래일의 다음 거래일
결제방법	▪ 현금결제
가격제한폭	▪ 기준가격 대비 각 단계별로 확대 적용 ① ±10% ② ±20% ③ ±30%
증거금률	▪ 위탁증거금률은 제도 변경전 18%였으나 종목별로 다르게 책정된다. ▪ 유지증거금률은 제도 변경전 12%였으나 종목별로 다르게 책정된다.
단일가격경쟁거래	▪ 개장시(08:00~09:00) 및 거래종료시(15:35 ~ 15:45)
필요적 거래중단 (Circuit Breakers)	▪ 현물가격 급변시 주식선물 거래 일시 중단

주식선물을 이용하여 투자할 경우 주식에 비해 다음과 같은 이점이 있다.

① 레베리지 효과가 크다. 주식미수거래, 신용거래, 주식선물을 이용한 거래에서 가능한 레버리지는 다음의 표를 보면 쉽게 이해할 수 있다.

② 수수료가 저렴하고 세금이 없다.

③ 공매도를 편리하고 저렴하게 할 수 있다. 직전가격보다 낮은 가격에 매도주문이 가능하며, 주식 공매도시에는 직전가격보다 높은 가격으로만 매도주문이 가능한 반면 주식선물은 직전가격과 상관없이 매도주문이 가능하다. 또한 주식선물 매도가 주식공매도보다 비용이 저렴한 장점이 있다.

3) 금리선물

금리선물(interest rate futures)은 장단기 채권 또는 이자율을 기초자산으로 하는 선물계약을 의미한다. 금리선물에는 다른 선물상품과 구별되는 특징이 있는데, 기초자산인 채권의 특성상 현물에도 만기가 존재한다는 점이다. 만기의 길이에 따라 기초자산의 만기가 1년 이하인 단기금리선물과 1년을 초과하는 장기금리선물로 분류된다.

금리선물의 기능은 다음과 같다.

① 금리변동위험을 관리할 수 있는 도구를 제공한다

② 새로운 투자수단을 제공해 준다.

③ 현물시장 활성화에 기여한다.

국내에서는 1999년 CD금리선물, 2002년 통안증권금리선물이 상장되었다. CD선물은 상장 이후 일일거래량이 13,000계약까지 증가하였으나 국채선물이 상장되면서 거래량이 큰 폭으로 감소하였으며, 2001년 이후 거래가 거의 이루어지지 않아 2007년 12월에 상장 폐지되었다. 통안증권 금리선물은 만기가 364일인 통안증권의 유통수익률을 기초자산으로 하는 선물이며 거래단위는 2억원이다. 통안증권금리선물을 이용하면 통안증권의 가격변동위험을 헤지할 수 있을 뿐만 아니라 단기금융시장에서의 금리변동위험을 관리할 수 있다.

거래소에 상장되어 거래되고 있는 국내 장기금리 선물은 3년만기, 5년만기, 10년만기 국채를 기초자산으로 하는 금리선물 계약이 거래되고 있다. 이러한 장기금리선물 계약은 자본시장에서 다음과 같은 기능과 역할을 하고 있다.

〈표 13-4〉 한국거래소 금리 선물 계약 명세

거래대상	표면금리 5%, 6개월단위 이자지급방식의 3년, 5년, 10년만기 국고채
거래단위	액면 1억원
결제월	3, 6, 9, 12월
상장결제월	6월 이내의 2개 결제월
가격의 표시	액면 100원당 원화(백분율방식)
호가가격단위	0.01 포인트
최소가격변동금액	10,000원 (1억원×0.01×1/100)
거래시간	09:00~15:45 (최종거래일 09:00~11:30)
최종거래일	결제월의 세 번째 화요일(공휴일인 경우 순차적으로 앞당김)
최종결제일	최종거래일의 다음 거래일
결제방법	현금결제
가격제한폭	기준가격 대비 상하 ± 1.8%
단일가격결쟁거래	개장시(08:00~09:00) 및 최종거래일 이외의 거래종료시(15:35~15:45)

① 금리변동위험을 관리하기 위한 수단을 제공한다.
② 국채선물 상장으로 채권가격 결정의 투명성이 제고되고 투자여건이 개선되면서 채권 현물시장의 활성화에 기여하고 있다.
③ 새로운 투자기회를 제공함으로써 금융시장의 선진화에 기여하였다.
④ 장래금리전망에 대한 기대를 반영하여 미래 금리를 예측하는데 활용된다.
구체적인 상품명세는 다음과 같다.

4) 통화선물

외환시장에서는 선도계약형태의 선물환 거래가 오래 전부터 발달하였으며, 일반적인 선도거래와 선물거래의 차이와 같이 선도계약 형태의 선물환거래와 선물계약 형태의 통화선물로 분류된다. 즉, 통화선물이란 기초자산을 환율로 하여 거래소에 상장되어 거래되는 선물상품이다. 우리나라에서는 1999년 4월 23일부터 USD 선물이 상장되어 거래되어 왔다. 이후 엔화와 유로화에 대한 수요가 증가하면서 2006년 5월 26일 엔선물과 유로선물이 상장되었으며, 2015년 10월 5일 위안화 거래 증가로 인해 위안화 선물이 상장되었다.

〈표 13-5〉 한국거래소 통화선물의 계약 명세

항 목	달러선물	엔선물	유로선물	위안선물
거래대상	미국달러화(USD)	일본엔화	유로화	중국위안화
거래단위	US $10,000	1,000,000엔	10,000유로	100,000위안
가격표시방법	1달러당 원화	100엔당 원화	1유로당 원화	1위안당 원화
최소가격 변동금액	1,000원 (US $10,000 × 0.10)	1,000원 (=0.1×1,000,000/100)	1,000원 (=0.1×10,000)	1,000원 (=0.01×100,000)
상장결제월	총20개(1년이내 매월, 1년초과 매분기월 상장)	1년 이내의 8개 결제월	1년 이내의 8개 결제월	1년 이내의 8개 결제월
최종결제방법	인수도결제	좌동	좌동	좌동
최종결제일	결제월 세 번째 수요일 (휴일인 경우 순연)	좌동	좌동	좌동
최종거래일	결제월 세 번째 월요일 (휴일인 경우 순연)	좌동	좌동	좌동
거래시간	09:00~15:45 (최종거래일 09:00~11:30)	좌동	좌동	좌동
가격제한폭	기준가격 ± 4.5%	기준가격 ± 5.25%	기준가격 ± 5.25%	기준가격 ± 4.5%

일반적으로 통화선물의 가격결정은 이자율평가이론(IRP)을 이용하여 결정한다.

$$F = S \times \frac{(1+r_h)}{(1+r_f)}$$

r_h : 자국의 금리수준
r_f : 타국의 금리수준

5) 상품선물

상품선물은 기초자산이 농산물, 축산물, 에너지, 귀금속, 비철금속 등 실제 생산되어 거래되는 재화이며, 1980년대 초까지만 해도 선물시장의 주류였다. 상품선물은 시카고 상품거래소(CBOT)를 중심으로 발달하였으며, 우리나라에서는 1973년 제1차 석유파동을 겪고 난 후 상품선물거래의 필요성이 본격적으로 제기되기 시작하였다. 1999년 4월 23일 한국선물거래소의 개장으로 본격적인 선물거래가 시작되었으며 한국거래소로 통합된 현재까지 이르고 있다. 현재 금선물과 돈육선물 2가지 상품선물이 상장되어 거래되고 있으며 향후 시장의 확대가 기대되고 있다.

〈표 13-6〉 금(Gold)선물 계약의 세부사항

구 분	내 용
거래대상	순도 99.99%의 금괴
거래단위	1Kg
결제월	최근 연속2개월 및 2, 4, 6, 8, 10, 12월
상장결제월	1년 이내의 7개 결제월
가격의 표시	1g 당 원화
호가가격단위	10원
최소가격변동금액	10,000원(1,000g×10원)
거래시간	09:00~15:15 (최종거래일 09:00~11:30)
최종거래일	결제월의 마지막 거래일의 직전 거래일
최종결제일	각 결제월의 마지막 거래일
결제방법	인수도결제
가격제한폭	기준가격 ± 9%
증거금률	위탁증거금률 : 9%, 유지증거금률 : 6%
단일가격경쟁거래	개장시(08:00~09:00) 및 거래종료시 (15:05~15:15)

〈표 13-7〉 돈육(Lean Hog)선물 계약의 세부사항

구 분	내 용
거래대상	돈육대표가격(산출기관 : 축산물등급판정소)
계약크기	1,000 Kg
결제월	최근 연속 6개월
최장거래기간	6개월
가격의 표시	원/kg
호가가격단위	5원
최소가격변동금액	5,000원(1,000Kg×5원)
거래시간	10:15~15:15 (최종거래일: 좌동)
최종거래일	각 결제월의 세 번째 수요일
최종결제일	결제월의 최종거래일부터 기산하여 3일째 거래일
결제방법	현금결제
가격제한폭	기준가격±21%
증거금률	위탁증거금률: 21%, 유지증거금률 : 14%
단일가격경쟁거래	개장시(09:15~10:15) 및 거래종료시(15:05~15:15)

6. 선물가격결정모형

여기서는 선물이론가격의 산출방법을 보유비용모형을 사용하여 주가지수선물을 중심으로 설명한다. 선물의 균형가격은 현물가격에 선물의 만기까지의 보유비용을 더한 값이다. 즉, 현물가격에다가 운송료, 보관료, 보험료 등 매매일로부터 만기까지 현물을 보유하는데 발생하는 비용을 더하고 이자, 배당 등 현물자산의 소유자에게 지불되는 비용을 차감하여 선물의 이론가격을 구하는 모형이다.

$$F_0 = S_0(1 + r_f - d) + C \tag{13-1}$$

F_0 : 선물의 이론가격
S_0 : 기초자산(현물)의 현재가격
r_f : 무위험이자율
d : 예상배당수익률
C : 만기까지 발생되는 운송료, 보관료, 보험료 등 보관비용

예제 1

현재 KOSPI 200의 주가지수가 100, 6개월 무위험이자율이 5%, 6개월의 배당수익률이 2%, 그리고 주가지수선물의 보유비용은 발생하지 않는다. 현재의 선물가격이 105라면 매입해야 하는가?

이론적 선물가격인 $F_0 = 100(1+0.05-0.02)+0 = 103$ 이다.

그런데 만약 6개월 만기 현재 선물가격($F_{0,6}$)이 105라면, 선물가격이 이론가격에 비해 과다하게 평가되었다고 볼 수 있다. 이런 경우 선물을 매도하고 현물을 매입하는 차익거래를 통해 이익을 얻을 수 있다.

제 2 절 옵션시장

1. 옵션거래의 의의

이전 장에서 선물시장에 대해 살펴보았다. 파생상품 중 선물과 함께 대표적으로 거래되는 상품이 옵션이다. 옵션은 상품, 주식, 채권등의 기초자산으로부터 파생되며 다양한 형태로 응용되고 있는 금융상품으로 우리나라의 KOSPI200주가지수 옵션을 거래규모면에서 독보적인 시장을 형성하고 있는 상품이다. 본 절에서는 옵션의 기초적인 개념과 옵션가격결정의 원리, 우리나라 옵션시장, 그리고 기초적인 옵션 투자전략에 대해 살펴본다.

옵션(option)은 특정자산을 정해진 기간동안에 미리 정해진 가격으로 매수할 수 있는 권리 혹은 매도할 수 있는 권리를 말하며 옵션계약은 이러한 권리에 대한 계약이다. 따라서 옵션계약의 대상은 대상자산이 아니라 그 대상자산을 사거나 팔 수 있는 권리이며, 특정한 자산(기초자산)을 살 수 있는 권리를 콜옵션(call option)이라 하고, 팔 수 있는 권리를 풋옵션(put option)이라고 한다.

이와 같은 옵션을 거래하는 시장을 옵션시장이라고 하며, 파생상품시장의 대표적인 시장의 하나이다.

옵션을 매입한 사람은 옵션을 행사(exercise)해서 해당상품을 특정한 행사가격(strike price)에 사거나 팔 수 있는 권리를 사는 것이기 때문에 옵션을 매입할 때 그 권리에 대한 값을 지불해야 하며 이를 옵션 프리미엄(premium)이라고 한다. 옵션을 매입해서 손실이 예상되면 만기까지 옵션을 행사하지 않으면 자동으로 옵션은 소멸(expire)되며, 이 경우 옵션의 매입자는 옵션 프리미엄을 잃게 된다. 손실이 예상될 때 옵션매입자가 취할 수 있는 또 다른 방법은 매입한 옵션을 만기 전에 반대매매(offset)를 하는 것이다. 물론 이때 받을 수 있는 프리미엄은 처음 옵션을 매입할 때 지급한 프리미엄보다 작다.

옵션 중에서 권리행사 시기에 따른 분류로 본다면 먼저 유럽식 옵션(European option)이 있다. 유럽식 옵션은 만기일에만 권리행사를 행사할 수 있다. 반면 미국식 옵션(American option)은 만기이전에 아무 때나 권리를 행사할 수 있는 옵션이다. 미국식 옵션은 유럽식 옵션에 비하여 옵션을 행사할 기회가 많이 부여되어 있기 때문에 옵션가격이 더 비싼 것이 특징이다.

2. 옵션의 기초개념

1) 기초자산

옵션거래에서도 선물거래와 마찬가지로 옵션계약의 대상이 되는 자산과 상품을 기초자산(underlying assets) 또는 기초상품이라 한다. 농산물, 광물과 같은 상품이 기초자산이 되는 옵션을 상품옵션(commodity option)이라 하고 주식, 채권, 주가지수, 통화 등이 기초자산이 되는 옵션을 금융옵션(financial option)으로 분류하기도 한다. 즉 옵션의 행사로 사거나 팔게 되는 자산을 말한다.

2) 행사가격

행사가격(exercise price, strike price)은 기초자산의 매입가격 또는 매도가격으로서 옵션계약에 의하여 약정된 가격을 말한다. 옵션을 미래에 정해진 가격에 어떤 자산을 사거나 팔 권리라고 정의할 때 미래에 거래할 기준으로서 계약서상에 명시되어 있는 가격을 말한다. 이런 행사가격은 기초자산의 현재가격에 영향을 받게 되는데 콜옵션의 경우 기초자산의 현재가격보다 행사가격이 낮을 경우에 더 유리하고 풋옵션의 경우 행사가격이 높을수록 유리하게 된다. 또한 거래소는 옵션이 발행될 때 행사가격을 선정하게 된다.

3) 만기일

옵션매입자가 옵션의 권리를 행사할 수 있는 최종일을 옵션 만기일(maturity)이라 한다. 옵션보유자가 옵션의 권리를 행사할 수 있는 마지막 날로 이 날의 일정시간까지 권리를 행사하지 않으면 옵션은 소멸한다. 현재일로부터 만기일까지의 남은 기간을 잔존기간(time to maturity)이라고 한다. 옵션의 행사와 관련하여 만기일전이라도 권리를 행사할 수 있는 옵션을 아메리칸 옵션(american option)이라고 하며, 만기에만 권리를 행사할 수 있는 옵션을 유러피안 옵션(europian option)이라고 한다. 아메리칸 옵션은 만기이전이라도 권리를 행사할 수 있다는 면에서 유러피안 옵션보다 유리하므로 일반적으로 가치가 더 높다.

4) 프리미엄

옵션의 권리를 취득하기 위하여 옵션의 매입자가 지불하여야 하는 가격을 옵션가격(option price) 또는 옵션프리미엄(option premium)이라 한다. 옵션은 옵션매입자에게만 일방적으로 권리가 주어지므로 의무를 지게 되는 옵션매도자는 그 대가를 요구하게 되며 이 대가가 프리미엄이다.

5) 내가격옵션, 등가격옵션, 외가격옵션

(1) 내가격(ITM : in-the-money)옵션

옵션을 당장 행사했을 때 이익이 생기는 경우이며 콜옵션의 경우에는 기초자산의 현재가격이 행사가격보다 높은 경우에 해당하며 풋옵션에서는 기초자산의 현재가격이 행사가격보다 작은 경우이다.

(2) 등가격(ATM : at-the-money)옵션

행사가격과 기초자산의 현재가격이 동일한 옵션을 말한다.

(3) 외가격(OTM : out-of-the-money)옵션

옵션을 당장 행사했을 때 전혀 이익이 되지 않는 상태이며 콜옵션에서는 기초자산의 현재가격이 행사가격보다 낮은 경우이며 풋옵션에서는 기초자산의 현재가격이 행사가격보다 높은 경우를 말한다.

3. 옵션의 가격결정

1) 옵션의 가치

옵션의 가치는 권리행사 여부에 따른 내재가치와 만기까지의 시간이 남아있는 데 따른 시간가치로 나눠어 진다. 시간가치는 만기까지 시간이 줄어듦에 따라 하락하며, 내재가치는 권리행사 여부에 따라 다음의 산식에 의해 결정된다.

콜옵션의 가치 : $C=Max[S_t-X, 0]$

풋옵션의 가치 : $P=Max[X-S_t, 0]$

(S_t : 옵션기초자산의 현재가격, X : 행사가격)

2) 옵션가격결정 요인

옵션의 가치에 영향을 미치는 요인으로는 기초자산의 가격, 행사가격, 기초자산의 변동성, 잔존만기, 무위험이자율등이며 이 중 옵션가치에 가장 영향을

많이 미치는 요인은 기초자산의 변동성이다.

〈표 13-8〉 옵션가격결정요인과 옵션가격과의 관계

	콜옵션		풋옵션	
	유럽식	미국식	유럽식	미국식
기초자산가격	+	+	−	−
행사가격	−	−	+	+
변동성	+	+	+	+
잔존만기	?	+	?	+
무위험이자율	+	+	−	−

(1) 기초자산 가격

옵션의 만기가치는 만기 때의 기초자산 가격과 행사가격 간의 차이에 의해 계산되기 때문에 콜옵션은 기초자산의 가격이 높을수록 콜옵션 프리미엄이 커지고 풋옵션은 기초자산의 가격이 낮을수록 풋옵션의 프리미엄이 커지게 된다.

(2) 행사가격

옵션의 만기가치는 만기 때의 기초자산 가격과 행사가격 간의 차이에 의해 계산되기 때문에 콜옵션은 행사가격이 높을수록 콜옵션 프리미엄이 작아지고 풋옵션은 행사가격이 높을수록 풋옵션 프리미엄이 커지게 된다.

(3) 기초자산의 변동성

다른 조건이 동일하다고 가정할 때 변동성이 크다 혹은 작다는 의미는 향후 기초자산가격의 변동폭이 크다 혹은 작다는 것을 의미하게 된다. 변동성이 클수록 기초자산이 향후 큰 폭으로 오를 가능성 혹은 큰 폭으로 하락할 가능성이 높아지게 되며 기초자산의 가격변동폭이 클수록 옵션이 장래에 내가격으로 끝날 가능성도 높아지므로 옵션의 가치는 변동성이 클수록 높아지게 된다.

(4) 잔존만기

옵션의 만기까지 남은 기간이 줄어들수록 옵션보유자에게 유리한 상황이 발생할 가능성이 적어지므로 시간이 지남에 따라 옵션의 가치는 하락하게 된다.

만기가 되었을 경우 시간가치는 0이 되며 이때 옵션의 가치는 내재가치만 남게 된다. 이때 내재가치에 따른 옵션의 만기시 가치를 도식하면 다음과 같다.

〈콜옵션의 만기시 가치〉

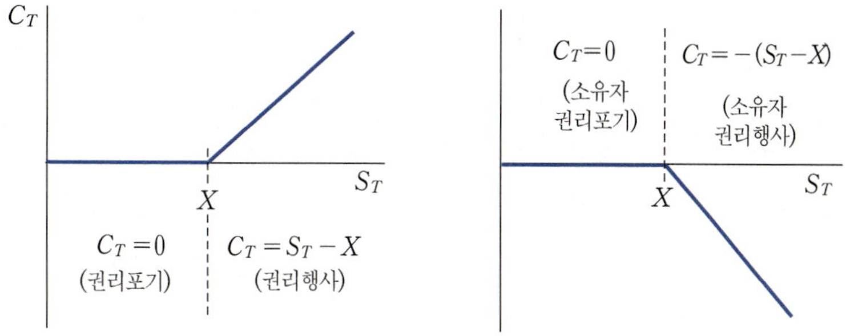

(a) 콜옵션매입의 가치　　　(b) 콜옵션매도의 가치

〈풋옵션의 만기시 손익〉

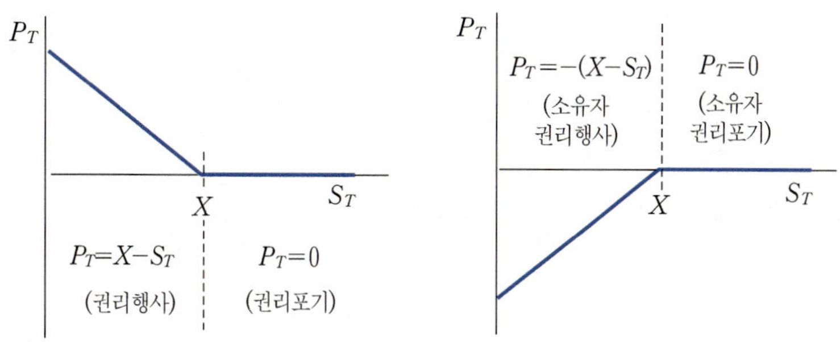

(a) 풋옵션매입의 가치　　　(b) 풋옵션매도의 가치

(5) 무위험 이자율

기초자산을 매입하게 되면 기초자산가격만큼의 현금유출이 발생하나 콜옵션을 매입할 경우 콜옵션 프리미엄만 지급하면 되고 옵션을 매입하기 위해 지불하고 난 나머지자금을 무위험이자율로 투자한다고 하면 이자율이 높을수록 기초자산을 매입하는 것보다는 콜옵션을 보유하는 것이 유리하게 된다. 따라서 콜옵션은 무위험이자율이 높을수록 프리미엄이 올라간다. 기초자산을 매도한 경우 기초자산가격만큼의 현금이 유입되어 이로부터 무위험수익률을 얻을 수 있는데 기초자산을 그대로 보유하면서 풋옵션을 보유하고 있는 투자자는 기초자산의 가격에 대하여 무위험이자율만큼 기회비용이 발생하게 되어 무위험이자율이 올라갈수록 풋옵션 보유자는 불리하게 되므로 이자율이 상승할수록 풋옵션 프리미엄은 내려간다.

3) 풋-콜 패리티(put-call parity)

기초자산이 동일한 풋옵션과 콜옵션의 프리미엄 사이에는 S를 주식, P를 풋옵션, C를 콜옵션 Xe^{-rt}를 현금(채권)이라고 하면 다음과 같은 균형관계식이 성립하는데 일반적으로 풋-콜 패리티라고 부른다.

$$S+P=Xe^{-rt}+C$$

위 식을 이용할 경우 콜옵션 또는 풋옵션 중 하나의 프리미엄을 알 때 다른 만기와 행사가가 동일한 다른 종류의 옵션프리미엄을 이론적으로 계산할 수 있다. 즉, 주식보유+풋보유=콜보유+현금보유 이다.

예를 들어 쉽게 설명하면, 현재 주식 1주를 보유하고 있는 투자자는 미래의 가격하락 위험을 헤지하기 위해 풋옵션 1계약을 추가적으로 보유하여야 하며, 이는 P+S(풋옵션+주식)의 포지션이 된다. 반면, 미래에 주식 1주를 보유하고자 하는 투자자는 미래의 시점에 행사가 X가 되는 현금(따라서 현재는 Xe–rt)과 콜옵션 1계약을 보유하고 있어야 하며 이는 C+Xe–rt(콜옵션+현금) 포지션이 된다. 그런데 이 두 포지션의 만기와 행사가가 동일하다면 만기시 포지션의 가치는 X로 동일하게 된다.

4) 내재변동성 및 변동성지수

내재변동성이란 옵션시장에서 형성되는 옵션가격정보를 이용하여 기초자산 변동성을 역으로 산출한 것으로 만기까지 남은 기간동안의 실제변동성을 예측하는 데 널리 이용되고 있다. 내재변동성은 옵션종류, 행사가격, 만기에 따라 다양하게 계산될 수 있기 때문에 다양한 옵션의 내재변동성을 표준화된 단일

내재변동성으로 산출하는 방법이 꾸준히 연구되어 왔는데, CBOE에서는 근월물과 차근월물 옵션을 이용하여 VIX(volatility index)를 산출하고 있다. 우리나라에서도 변동성지수란 2009년 4월 13일부터 변동성지수(VKOSPI)를 산출하여 시장의 대표변동성으로 사용하고 있다.

변동성지수는 일반적으로 기초자산 가격과 음(-)의 상관관계가 있기 때문에 투자자들이 느끼는 현 시장위험정도를 감지하는 수단으로 사용되며 주식시장 변동성에 대한 벤치마크로 이용되고 있다. 우리나라의 변동성지수 추이를 보면 2003년부터 2007년 동안에는 19~47 수준에서 형성되었으나 글로벌 금융위기가 발생한 2008년도부터 상승하여 2008년 10월 29일에는 89.3으로 사상최고치를 나타내었으며 시장이 안정을 찾아 회복하면서 35~53수준을 유지하고 있다.

4. 우리나라 옵션시장

1) KOSPI 200주가지수 옵션

기초자산이 주가지수인 옵션을 주가지수옵션이라고 하며 우리나라에서 대표적인 주가지수 옵션은 KOSPI 200지수를 기초자산으로 하는 KOSPI 200주가지수 옵션이다. KOSPI 200주가지수는 1990년 지수를 100으로 하며, 가격표시는 1포인트 당 50만원이며, 결제월은 최근 연속 3개월 및 3, 6, 9, 12월이며 결제방식은 현금결제로 한다.

KOSPI 200 주가지수옵션 거래의 예를 하나 보기로 하자.

주가지수옵션프리미엄은 주가지수선물가격과 같이 지수로 표시되나 지수 1포인트 당 금액은 10만원이다. 오늘 주가지수가 92.00일 때 2005년 12월 만기, 90.00의 행사가격을 가진 주가지수 콜옵션의 프리미엄이 4.00이라고 가정하자. 이 주가지수 콜옵션을 구하기 위해 지불하는 프리미엄금액은 프리미엄지수에 10만원을 곱해주면 40만원(4.00×10만원)이다. 만약 내일 주가지수가 94.00으로 상승하였고 콜옵션의 프리미엄은 4.00에서 5.00으로 상승했다면 주가지수 콜옵션을 되팔아서 얻을 수 있는 이익은 (5.00-4.00)×10만원=10만원이다.

〈표 13-9〉 KOSPI 200 주가지수옵션 거래조건

거래대상	코스피200지수 (유가증권시장본부 발표)
거래단위	코스피200×50만원(거래승수)
결 제 월	최근 연속 3개월 및 3, 6, 9, 12월
상장결제월	3년 이내 7개 결제월(3, 9월: 각 1개, 6월: 2개, 12월: 3개)
가격의 표시	코스피200선물 수치(포인트)
거래시간	09:00~15:45 (최종거래일 09:00~15:20)
최종거래일	각 결제월의 두 번째 목요일
최종결제일	최종거래일의 다음 거래일
권리행사	최종거래일에만 가능(European 형)
결제방법	현금결제
가격제한폭	기준가격 대비 단계별 확대적용 ① ±8% ② ±15% ③ ±20%
증거금률	위탁증거금률 : 15%, 유지증거금률 : 10%
단일가격경쟁거래	개장시(08:00~09:00) / 거래종료시(15:35~15:45)

2) 개별주식 옵션

유가증권시장본부에 상장되어 있고 유통주식수가 200만주 이상, 소액주주가 2,000명 이상, 1년간 총거래대금이 5,000억원 이상인 보통주식 중에서 시가총액과 재무상태 등을 감안하여 선정한 기업이 발행한 주식을 기초자산으로 하는 옵션상품이다. 2002년 1월 28일에 세계 25번째로 개설되었으며, 2016년 말을 기준으로 KB금융지주, KT, LG디스플레이, LG유플러스, LG전자, LG화학, POSCO, SK이노베이션, SK텔레콤, SK하이닉스, 기아차, 삼성SDS, 삼성전자, 아모레퍼시픽, 삼성물산, 하나금융지주, 한국전력공사, 현대모비스, 현대중공업, 현대차등 20개 기업의 주식옵션이 상장되어 있으나 거래는 부진한 실정이다.

〈표 13-10〉 개별주식옵션 거래조건

1계약금액	주식선물가격 × 10(거래승수)
결 제 월	기타월(1, 2, 4, 5, 7, 8, 10, 11월) 2개, 분기월(3, 9월) 2개, 반기월(6월) 2개, 연월(12월) 3개
상장결제월	3년 이내의 9개 결제월
가격의 표시	주식선물가격(원화)
거래시간	09:00~15:45 (최종거래일 09:00~15:20)
최종거래일	각 결제월의 두 번째 목요일
최종결제일	최종거래일의 다음 거래일
권리행사	최종거래일에만 가능(European 형)
결제방법	현금결제
가격제한폭	기준가격 대비 단계별 확대적용 ① ±8% ② ±15% ③ ±20%
증거금률	기초자산인 개별 주식별 적용
단일가격경쟁거래	개장시(08:00~09:00) 및 거래종료시(15:35~15:45)

3) 미국달러 옵션

기초자산이 미국달러(USD)로서 1만달러를 거래대상으로 하며, 만기일에 실물인수도로 이루어지는 특징을 갖는 옵션상품이다.

〈표 13-11〉 미국달러 옵션 거래조건

거래대상	미국달러화(USD)
거래단위	US $10,000
결 제 월	분기월 중 12개, 그 밖의 월 중 8개
상장결제월	총20개(1년이내 매월, 1년초과 매분기월 상장)
가격의 표시	US $1 당 원화
최소가격변동폭	0.10원
최소가격변동금액	1,000원(US $10,000×0.10)
거래시간	09:00~15:45 (최종거래일 09:00~15:20)
최종거래일	결제월의 세 번째 월요일
최종결제일	최종거래일로부터 기산하여 3일째 거래일
권리행사	최종거래일에만 행사가능(European 형)
결제방법	인수도결제
가격제한폭	기준가격±4.5%
증거금률	위탁증거금률: 4.5%, 유지증거금률 : 3%
단일가격경쟁거래	개장시(08:00~09:00) 및 거래종료시(15:35~15:45)

5. 옵션투자전략

옵션투자전략에는 시장예측에 근거하여 이루어지는 가장 단순한 거래로 콜옵션과 풋옵션 각각의 매입과 매도거래인 순수포지션 거래와 합성포지션 거래 등으로 분류할 수 있다. 합성포지션 거래는 다양한 전략이 가능한데, 수직스프레드, 수평스프레드, 대각스프레드, 가중스프레드 등의 스프레드 거래(이차원적 투자전략)와 스트래들, 스트랭글, 캇츠, 버터플라이, 콘돌 등의 그 종류가 원칙적으로 무수히 창출할 수 있다는 특징을 가지고 있다.

여기서는 강세장과 약세장에 근거한 투자전략과 헤지전략을 2002년 1월 28일에 한국증권거래소에 상장되어 거래되고 있는 주식옵션의 간단한 예를 들어가며 설명하고, 합성포지선의 예에 대해 살펴보기로 한다.

1) 순수포지션 거래

(1) 콜옵션 매수

향후 주가가 상승할 가능성이 대단히 높다고 생각될 때 콜옵션을 매수하면, 주가가 상승하면 할수록 이익은 증대되지만 주가가 하락했을 때의 손실은 지불한 옵션 프리미엄에 한정된다.

예제 2

행사가격 1,600인 콜옵션을 80원으로 한 단위 매수했을 경우 주가가 1,680원보다 높을 경우에는 이익이 되고 상승폭이 클수록 이익은 증대된다. 반면, 주가가 1,680원보다 낮을 경우에는 손실이 발생하지만 주가 하락폭이 크더라도 손실은 최대 80원으로 한정된다.

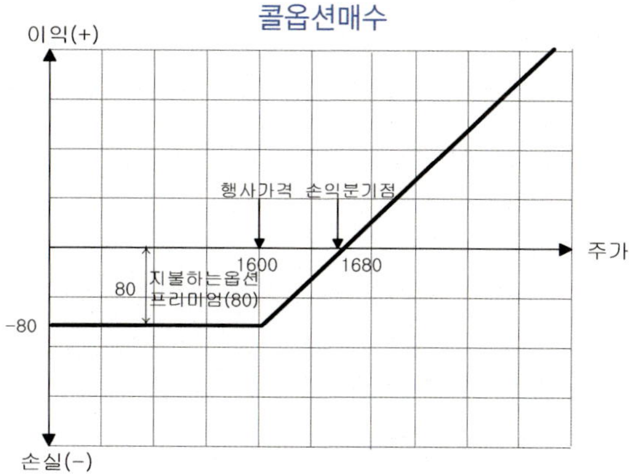

(2) 풋옵션 매수

향후 주가가 하락할 가능성이 대단히 높다고 생각될 경우 풋옵션을 매수하면, 주가가 하락하면 할수록 이익은 증대되고 주가가 상승했을 경우의 손실은 지불한 옵션 프리미엄에 한정된다.

예제 3

행사가격 1,600원인 풋옵션을 70원에 한 단위 매수했을 경우 주가가 1,530원보다 낮을 경우에는 이익이 발생하고 주가 하락폭이 클수록 이익은 증대된다. 반면, 주가가 1,530원보다 높을 경우에는 손실이 발생하지만 주가 상승이 크더라도 최대 손실은 70원에 한정된다.

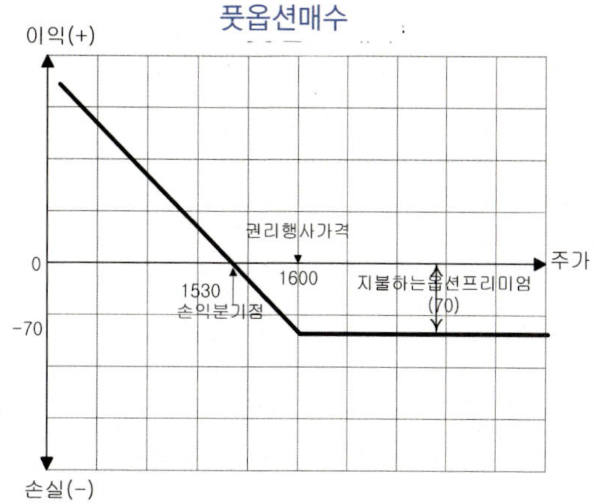

(3) 콜옵션 매도

향후 주가가 상승할 가능성이 대단히 낮다고 생각될 때 콜옵션을 매도하면, 주가가 하락했을 경우의 이익은 수취한 옵션 프리미엄에 한정되지만 주가가 상승하면 할수록 손실은 증대된다.

예제 4

행사가격 1,600원인 콜옵션을 80원으로 한 단위 매도했을 경우 주가가 1,680원보다 낮을 경우에는 이익이 발생하지만 주가 하락폭이 크더라도 최대 이익은 80원으로 한정된다. 반면, 주가 1,680원보다 높을 경우에는 손실이 발생하고 주가 상승폭이 클수록 손실은 증대된다.

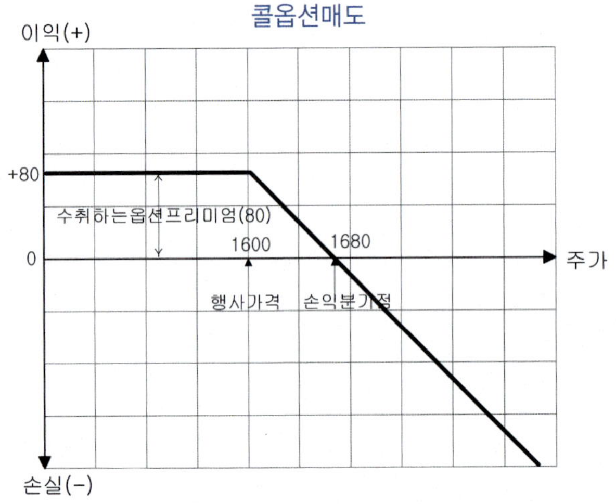

2) 합성포지션 거래

(1) 스프레드

스프레드(spread)는 두 개 이상의 동종 옵션을 결합하여 기초자산가격의 예상방향에 따라 수익을 확대하고 손실을 축소될 수 있도록 구축하는 포지션을 말한다. 기초자산가격의 상승 또는 하락예상에 따라 강세스프레드와 약세 스프레드를 구축할 수 있다.

강세스프레드는 낮은 행사가의 옵션을 매수하고 높은 행사가의 옵션을 매도하는 것으로, 이용하는 옵션의 종류에 따라 콜옵션 강세스프레드와 풋옵션 강세스프레드가 있다. 이와 반대로 약세스프레드는 낮은 행사가의 옵션을 매도하고 높은 행사가의 옵션을 매수하는 것으로, 역시 콜옵션 약세스프레드와 풋옵션 약세스프레드가 있다.

〈콜옵션을 이용한 강세스프레드와 약세스프레드 구축〉

(a) 강세스프레드

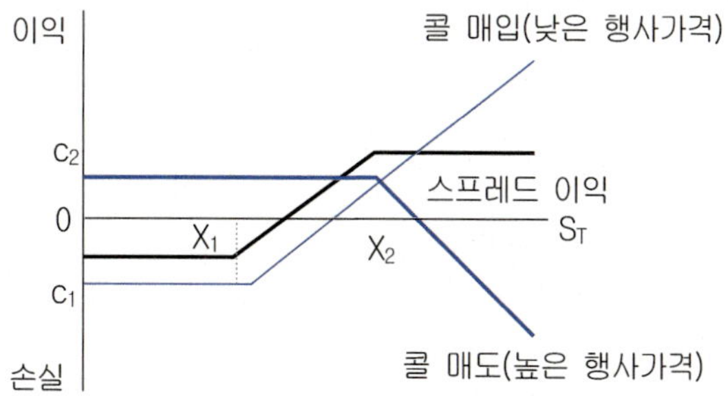

(b) 약세스프레드

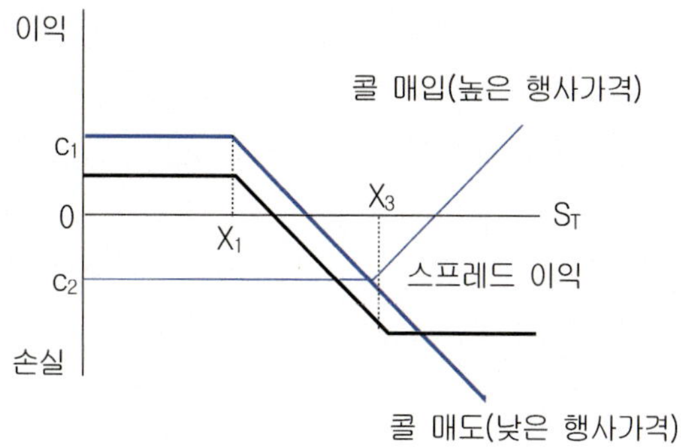

강세스프레드와 약세스프레드는 기초자산의 가격이 상승 또는 하락이 예상되는 경우에 유효한 전략이다. 반면 현재의 가격수준에서 보합이 예상되는 경우 세 개의 옵션을 이용하여 다음과 같이 나비스프레드를 구축할 수 있다.

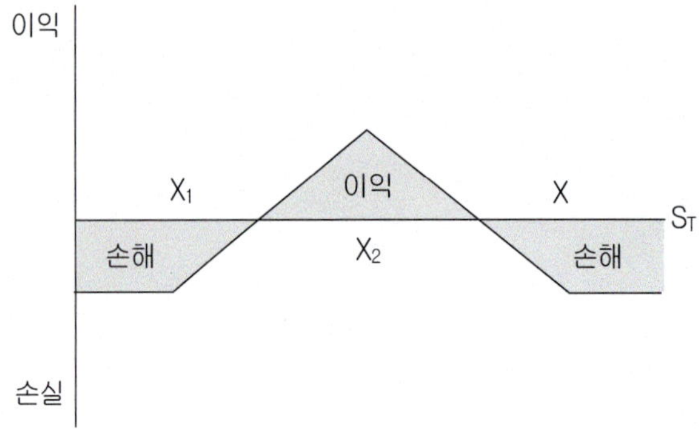

나비스프레드는 강세스프레드와 약세스프레드를 결합한 형태로 가장 낮은 행사가의 옵션을 1계약 매수하고 중간 행사가의 옵션을 2계약 매도하고 가장 높은 행사가의 옵션을 1계약 매수하여 구축한다.

(2) 컴비네이션

컴비네이션(combination)은 콜옵션과 풋옵션을 동시에 매수, 매도하여 결합하는 포지션이다. 이때, 동일한 행사가의 콜옵션과 풋옵션을 이용하는 것을 스트래들 포지션이라 하며, 행사가가 서로 다른 경우는 스트랭글 포지션이라 한다.

스트래들 포지션은 동일한 행사가의 콜옵션 1계약과 풋옵션 1계약을 매입하여 향후 자산가격의 변동성이 높을 경우 수익을 기대하는 전략이며, 매입하는 계약수에 따라 스트립(strip, 풋옵션 2계약), 스트랩(strap, 콜옵션 2계약)으로 변형하여 구축할 수 있다.

스트랭글은 행사가격이 서로다른 콜옵션과 풋옵션을 각각 1계약씩 매입하는 포지션이며, 스트래들보다 큰 변동성이 예상될 경우 보다 적은 비용으로 구축할 수 있는 포지션이다.

〈스트래들 포지션과 스트랭글 포지션〉

(a) 스트래들　　(b) 스트랭글

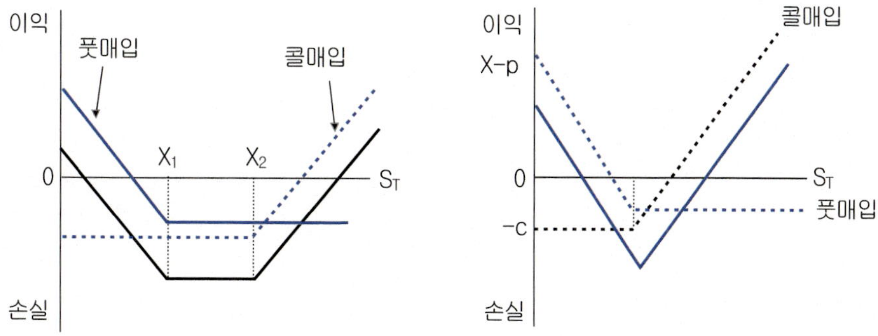

〈스트립 포지션과 스트랩 포지션〉

(a) 스트립　　(b) 스트랩

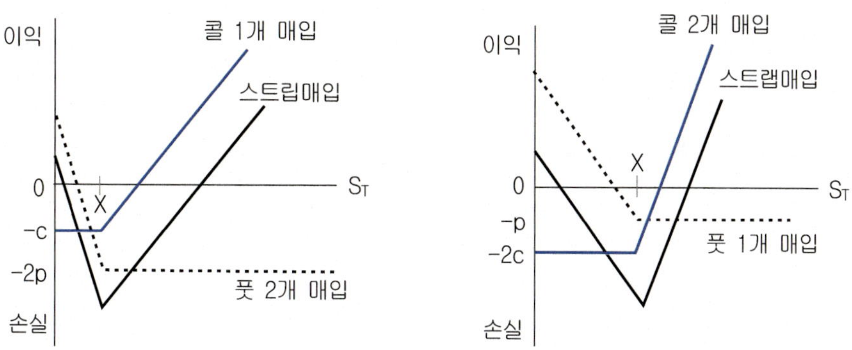

연습문제

1. 다음 용어를 설명하라.

1) 선물시장의 기능
2) 콘탱고
3) 백워데이션
4) 미청산계약
5) 선물가격결정모형
6) 콜옵션 / 풋옵션
7) 옵션의 가격결정요인
8) 외가격, 등가격, 외가격 옵션
9) 내재변동성
10) 변동성지수

2. 다음의 물음에 답하라.

1) 선도거래를 선물거래로 표준화하면?
   ① 투자활동이 위축됨　② 투기를 조장함
   ③ 투기를 억제함　④ 유동성을 증대시킴

2) KOSPI200현물주가지수가 50포인트이고 이자율은 7%(연율), 배당금은 연 1%정도일 경우 12개월 만기 선물가격의 균형치는 얼마인가?
   ① 50　② 50.75
   ③ 51.5　④ 53

3) KOSPI200주가지수선물가격이 100포인트이고 보유현물이 100억원의 가치를 지닌 포트폴리오일 경우 이의 위험을 모두 헤지하려면 대략 몇 개의 계약에 매도포지션을 취해야 하는가?
   ① 10개　② 100개
   ③ 15개　④ 200개

4) 선물시장의 경제적 기능으로서 가장 중요한 것은?
① 가격발견기능 ② 규제
③ 헤지 ④ 투기

5) 다음 중 하나만 취할 때 가장 위험한 포지션은?
① 콜매수 ② 콜매도
③ 풋매수 ④ 풋매도

6) 다음 옵션가격결정요인에 대한 내용 중 맞는 것은?
① 만기가 길수록 콜옵션가격은 상승하고, 풋옵션가격은 하락한다.
② 변동성이 클수록 콜옵션가격은 상승하고, 풋옵션가격도 상승한다.
③ 콜옵션의 가격은 이자율이 상승하면 가격이 하락한다.
④ 행사가격이 높을수록 풋가격은 싸다.

해답 **2.** 1) ④ 2) ④ 3) ④ 4) ③ 5) ② 6) ②

부 록

〈부표 1〉 현가계수(1원의 현재가치) : $PV = \frac{1}{(1+r)^n}$ (r = 할인율, n = 기간)

할인율(r) / 기간(n)	1%	2%	3%	4%	5%	6%	7%	8%	9%	10%
1	.9901	.9804	.9709	.9615	.9524	.9434	.9346	.9259	.9174	.9091
2	.9803	.9612	.9426	.9266	.9070	.8900	.8734	.8573	.8417	.8264
3	.9706	.9423	.9151	.8890	.8638	.8396	.8163	.7938	.7722	.7513
4	.9610	.9238	.8885	.8548	.8227	.7921	.7629	.7350	.7084	.6830
5	.9515	.9057	.8626	.8219	.7835	.7473	.7130	.6806	.6499	.6209
6	.9420	.8880	.8375	.7903	.7462	.7050	.6663	.6302	.5963	.5645
7	.9327	.8706	.8131	.7599	.7107	.6651	.6227	.5835	.5470	.5132
8	.9235	.8535	.7894	.7307	.6768	.6274	.5820	.5403	.5019	.4665
9	.9143	.8368	.7664	.7026	.6446	.5919	.5439	.5002	.4604	.4241
10	.9053	.8203	.7441	.6756	.6139	.5584	.5083	.4632	.4224	.3855
11	.8963	.8043	.7224	.6496	.5847	.5268	.4751	.4289	.3875	.3505
12	.8874	.7885	.7014	.6246	.5568	.4970	.4440	.3971	.3555	.3186
13	.8787	.7730	.6810	.6006	.5303	.4688	.4150	.3677	.3262	.2897
14	.8700	.7579	.6611	.5775	.5051	.4423	.3878	.3405	.2992	.2633
15	.8613	.7430	.6419	.5553	.4810	.4173	.3624	.3152	.2745	.2394
16	.8528	.7284	.6232	.5339	.4581	.3936	.3387	.2919	.2519	.2176
17	.8444	.7142	.6050	.5134	.4363	.3714	.3166	.2703	.2311	.1978
18	.8360	.7002	.5874	.4936	.4155	.3503	.2959	.2502	.2120	.1799
19	.8277	.6864	.5703	.4746	.3957	.3305	.2765	.2317	.1945	.1635
20	.8195	.6730	.5537	.4564	.3769	.3118	.2584	.2145	.1784	.1486
21	.8114	.6598	.5375	.4388	.3589	.2942	.2415	.1987	.1637	.1351
22	.8034	.6468	.5219	.4220	.3418	.2775	.2257	.1839	.1502	.1228
23	.7954	.6342	.5067	.4057	.3256	.2618	.2109	.1703	.1378	.1117
24	.7876	.6217	.4919	.3901	.3101	.2470	.1971	.1577	.1264	.1015
25	.7798	.6095	.4776	.3751	.2953	.2330	.1842	.1460	.1160	.0923
30	.7419	.5521	.4120	.3083	.2314	.1741	.1314	.0994	.0754	.0573
35	.7059	.5000	.3554	.2534	.1813	.1301	.0937	.0676	.0490	.0356
40	.6717	.4529	.3066	.2083	.1420	.0972	.0668	.0460	.0318	.0221
45	.6391	.4102	.2644	.1712	.1113	.0727	.0476	.0313	.0207	.0137
50	.6080	.3715	.2281	.1407	.0872	.0543	.0339	.0213	.0134	.0085

〈부표 1〉 현가계수(1원의 현재가치)

할인율(r) / 기간(n)	11%	12%	13%	14%	15%	16%	17%	18%	19%	20%
1	.9009	.8929	.8850	.8772	.8696	.8621	.8547	.8475	.8403	.8333
2	.8116	.7972	.7831	.7695	.7561	.7432	.7305	.7182	.7062	.6944
3	.7312	.7118	.6931	.6750	.6575	.6407	.6244	.6086	.5934	.5787
4	.6587	.6355	.6133	.5921	.5718	.5523	.5337	.5158	.4987	.4823
5	.5935	.5674	.5428	.5194	.4972	.4761	.4561	.4371	.4190	.4019
6	.5346	.5066	.4803	.4556	.4323	.4104	.3898	.3704	.3521	.3349
7	.4817	.4523	.4251	.3996	.3759	.3538	.3332	.3139	.2959	.2791
8	.4339	.4039	.3762	.3506	.3269	.3050	.2848	.2660	.2487	.2326
9	.3909	.3606	.3329	.3075	.2843	.2630	.2434	.2255	.2090	.1938
10	.3522	.3220	.2946	.2697	.2472	.2267	.2080	.1911	.1756	.1615
11	.3173	.2875	.2607	.2366	.2149	.1954	.1778	.1619	.1476	.1346
12	.2858	.2567	.2307	.2076	.1869	.1685	.1520	.1372	.1240	.1122
13	.2575	.2292	.2042	.1821	.1625	.1452	.1299	.1163	.1042	.0935
14	.2320	.2046	.1807	.1597	.1413	.1252	.1110	.0985	.0876	.0779
15	.2090	.1827	.1599	.1401	.1229	.1079	.0949	.0835	.0736	.0649
16	.1883	.1631	.1415	.1229	.1069	.0930	.0811	.0708	.0618	.0541
17	.1696	.1456	.1252	.1078	.0929	.0802	.0693	.0600	.0520	.0451
18	.1528	.1300	.1108	.0946	.0808	.0691	.0592	.0508	.0437	.0376
19	.1377	.1161	.0981	.0829	.0703	.0596	.0506	.0431	.0367	.0313
20	.1240	.1037	.0868	.0728	.0611	.0514	.0433	.0365	.0308	.0261
21	.1117	.0926	.0768	.0638	.0531	.0443	.0370	.0309	.0259	.0217
22	.1007	.0326	.0680	.0560	.0462	.0382	.0316	.0262	.0218	.0181
23	.0907	.0738	.0601	.0491	.0402	.0329	.0270	.0222	.0183	.0151
24	.0817	.0659	.0532	.0431	.0349	.0284	.0231	.0188	.0154	.0126
25	.0736	.0588	.0471	.0378	.0304	.0245	.0197	.0160	.0129	.0105
30	.0437	.0334	.0256	.0196	.0151	.0116	.0090	.0070	.0054	.0042
35	.0259	.0189	.0139	.0102	.0075	.0055	.0041	.0030	.0023	.0017
40	.0154	.0107	.0075	.0053	.0037	.0026	.0019	.0013	.0010	.0007
45	.0091	.0061	.0041	.0027	.0019	.0013	.0009	.0006	.0004	.0003
50	.0054	.0035	.0022	.0014	.0009	.0006	.0004	.0003	.0002	.0001

〈부표 2〉 현재가치요소 : $PVIF_{(r,n)} = \frac{1}{(1+r)^n}$

n \ r	1%	2%	3%	4%	5%	6%	7%	8%	9%	10%
1	0.9901	0.9804	0.9709	0.9615	0.9524	0.9434	0.9346	0.9259	0.9174	0.9091
2	0.9803	0.9612	0.9426	0.9266	0.9070	0.8900	0.8734	0.8573	0.8417	0.8264
3	0.9706	0.9423	0.9151	0.8890	0.8638	0.8396	0.8163	0.7938	0.7722	0.7513
4	0.9610	0.9238	0.8885	0.8548	0.8227	0.7921	0.7629	0.7350	0.7084	0.6830
5	0.9515	0.9057	0.8626	0.8219	0.7835	0.7473	0.7130	0.6806	0.6499	0.6209
6	0.9420	0.8880	0.8375	0.7903	0.7462	0.7050	0.6663	0.6302	0.5963	0.5645
7	0.9327	0.8706	0.8131	0.7599	0.7107	0.6651	0.6227	0.5835	0.5470	0.5132
8	0.9235	0.8535	0.7894	0.7307	0.6768	0.6274	0.5820	0.5403	0.5019	0.4665
9	0.9143	0.8368	0.7664	0.7026	0.6446	0.5919	0.5439	0.5002	0.4604	0.4241
10	0.9053	0.8203	0.7441	0.6756	0.6139	0.5584	0.5083	0.4632	0.4224	0.3855
11	0.8963	0.8043	0.7224	0.6496	0.5847	0.5268	0.4751	0.4289	0.3875	0.3505
12	0.8874	0.7885	0.7014	0.6246	0.5568	0.4970	0.4440	0.3971	0.3555	0.3186
13	0.8787	0.7730	0.6810	0.6006	0.5303	0.4688	0.4150	0.3677	0.3262	0.2897
14	0.8700	0.7579	0.6611	0.5775	0.5051	0.4423	0.3878	0.3405	0.2992	0.2633
15	0.8613	0.7430	0.6419	0.5553	0.4810	0.4173	0.3624	0.3152	0.2745	0.2394
16	0.8528	0.7284	0.6232	0.5339	0.4581	0.3936	0.3387	0.2919	0.2519	0.2176
17	0.8444	0.7142	0.6050	0.5134	0.4363	0.3714	0.3166	0.2703	0.2311	0.1978
18	0.8360	0.7002	0.5874	0.4936	0.4155	0.3503	0.2959	0.2502	0.2120	0.1799
19	0.8277	0.6864	0.5703	0.4746	0.3957	0.3305	0.2765	0.2317	0.1945	0.1635
20	0.8195	0.6730	0.5537	0.4564	0.3769	0.3118	0.2584	0.2145	0.1784	0.1486
21	0.8114	0.6598	0.5375	0.4388	0.3589	0.2942	0.2415	0.1987	0.1637	0.1351
22	0.8034	0.6468	0.5219	0.4220	0.3418	0.2775	0.2257	0.1839	0.1502	0.1228
23	0.7954	0.6342	0.5067	0.4057	0.3256	0.2618	0.2109	0.1703	0.1378	0.1117
24	0.7876	0.6217	0.4919	0.3901	0.3101	0.2470	0.1971	0.1577	0.1264	0.1015
25	0.7798	0.6095	0.4776	0.3751	0.2953	0.2330	0.1842	0.1460	0.1160	0.0923
30	0.7419	0.5521	0.4120	0.3083	0.2314	0.1741	0.1314	0.0994	0.0754	0.0573
35	0.7059	0.5000	0.3554	0.2534	0.1813	0.1301	0.0937	0.0676	0.0490	0.0356
36	0.6989	0.4902	0.3450	0.2437	0.1727	0.1227	0.0875	0.0626	0.0449	0.0323
40	0.6717	0.4529	0.3066	0.2083	0.1420	0.0972	0.0668	0.0460	0.0318	0.0221
50	0.6080	0.3715	0.2281	0.1407	0.0872	0.0543	0.0339	0.0213	0.0134	0.0085

n \ r	11%	12%	13%	14%	15%	16%	20%	24%	25%	30%
1	0.9009	0.8929	0.8850	0.8772	0.8696	0.8621	0.8333	0.8065	0.8000	0.7692
2	0.8116	0.7972	0.7831	0.7695	0.7561	0.7432	0.6944	0.6504	0.6400	0.5917
3	0.7312	0.7118	0.6931	0.6750	0.6575	0.6407	0.5787	0.5245	0.5120	0.4552
4	0.6587	0.6355	0.6133	0.5921	0.5718	0.5523	0.4823	0.4230	0.4096	0.3501
5	0.5935	0.5674	0.5428	0.5194	0.4972	0.4761	0.4019	0.3411	0.3277	0.2693
6	0.5346	0.5066	0.4803	0.4556	0.4323	0.4104	0.3349	0.2751	0.2621	0.2072
7	0.4817	0.4523	0.4251	0.3996	0.3759	0.3538	0.2791	0.2218	0.2097	0.1594
8	0.4339	0.4039	0.3762	0.3506	0.3269	0.3050	0.2326	0.1789	0.1678	0.1226
9	0.3909	0.3606	0.3329	0.3075	0.2843	0.2630	0.1938	0.1443	0.1342	0.0943
10	0.3522	0.3220	0.2946	0.2697	0.2472	0.2267	0.1615	0.1164	0.1074	0.0725
11	0.3173	0.2875	0.2607	0.2366	0.2149	0.1954	0.1346	0.0938	0.0859	0.0558
12	0.2858	0.2567	0.2307	0.2076	0.1869	0.1685	0.1122	0.0757	0.0687	0.0429
13	0.2575	0.2292	0.2042	0.1821	0.1625	0.1452	0.0935	0.0610	0.0550	0.0330
14	0.2320	0.2046	0.1807	0.1597	0.1413	0.1252	0.0779	0.0492	0.0440	0.0254
15	0.2090	0.1827	0.1599	0.1401	0.1229	0.1079	0.0649	0.0397	0.0352	0.0195
16	0.1883	0.1631	0.1415	0.1229	0.1069	0.0930	0.0541	0.0320	0.0281	0.0150
17	0.1696	0.1456	0.1252	0.1078	0.0929	0.0802	0.0451	0.0258	0.0225	0.0116
18	0.1528	0.1300	0.1108	0.0946	0.0808	0.0691	0.0376	0.0208	0.0180	0.0089
19	0.1377	0.1161	0.0981	0.0829	0.0703	0.0596	0.0313	0.0168	0.0144	0.0068
20	0.1240	0.1037	0.0868	0.0728	0.0611	0.0514	0.0261	0.0135	0.0115	0.0053
21	0.1117	0.0926	0.0768	0.0638	0.0531	0.0443	0.0217	0.0109	0.0092	0.0040
22	0.1007	0.0826	0.0680	0.0560	0.0462	0.0382	0.0181	0.0088	0.0074	0.0031
23	0.0907	0.0738	0.0601	0.0491	0.0402	0.0329	0.0151	0.0071	0.0059	0.0024
24	0.0817	0.0659	0.0532	0.0431	0.0349	0.0284	0.0126	0.0057	0.0047	0.0018
25	0.0736	0.0588	0.0471	0.0378	0.0304	0.0245	0.0105	0.0046	0.0038	0.0014
30	0.0437	0.0334	0.0256	0.0196	0.0151	0.0116	0.0042	0.0016	0.0012	*
35	0.0259	0.0189	0.0139	0.0102	0.0075	0.0055	0.0017	0.0005	*	*
36	0.0234	0.0169	0.0123	0.0089	0.0065	0.0048	0.0014	*	*	*
40	0.0154	0.0107	0.0075	0.0053	0.0037	0.0026	0.0007	*	*	*
50	0.0054	0.0035	0.0022	0.0014	0.0009	0.0006	*	*	*	*

〈부표 3〉 연금의 현재가치요소: $PVIFA_{(r,\, n)} = \dfrac{(1+r)^n - 1}{r(1+r)^n}$

n \ r	1%	2%	3%	4%	5%	6%	7%	8%	9%	10%
1	0.9901	0.9804	0.9709	0.9615	0.9524	0.9434	0.9346	0.9259	0.9174	0.9091
2	1.9704	1.9416	1.9135	1.8861	1.8594	1.8334	1.8080	1.7833	1.7591	1.7355
3	2.9410	2.8839	2.8286	2.7751	2.7232	2.6730	2.6243	2.5771	2.5313	2.4869
4	3.9020	3.8077	3.7171	3.6299	3.5460	3.4651	3.3872	3.3121	3.2397	3.1699
5	4.8534	4.7135	4.5797	4.4518	4.3295	4.2124	4.1002	3.9927	3.8897	3.7908
6	5.7955	5.6014	5.4172	5.2421	5.0757	4.9173	4.7665	4.6229	4.4859	4.3553
7	6.7282	6.4720	6.2303	6.0021	5.7864	5.5824	5.3893	5.2064	5.0330	4.8684
8	7.6517	7.3255	7.0197	6.7327	6.4632	6.2098	5.9713	5.7466	5.5348	5.3349
9	8.5660	8.1622	7.7861	7.4353	7.1078	6.8017	6.5152	6.2469	5.9952	5.7590
10	9.4713	8.9826	8.5302	8.1109	7.7217	7.3601	7.0236	6.7101	6.4177	6.1446
11	10.3680	9.7868	9.2526	8.7605	8.3064	7.8869	7.4987	7.1390	6.8052	6.4951
12	11.2550	10.5750	9.9540	9.3851	8.8633	8.3838	7.9427	7.5361	7.1607	6.8137
13	12.1340	11.3480	10.6350	9.9856	9.3936	8.8527	8.3577	7.9038	7.4869	7.1034
14	13.0040	12.1060	11.2960	10.5630	9.8986	9.2950	8.7455	8.2442	7.7862	7.3667
15	13.8650	12.8490	11.9380	11.1180	10.3800	9.7122	9.1079	8.5595	8.0607	7.6061
16	14.7180	13.5780	12.5610	11.6520	10.8380	10.1060	9.4466	8.8514	8.3126	7.8237
17	15.5620	14.2920	13.1660	12.1660	11.2740	10.4770	9.7632	9.1216	8.5436	8.0216
18	16.3980	14.9920	13.7540	12.6590	11.6900	10.8280	10.0590	9.3719	8.7556	8.2014
19	17.2260	15.6780	14.3240	13.1340	12.0850	11.1580	10.3360	9.6036	8.9501	8.3649
20	18.0460	16.3510	14.8770	13.5900	12.4620	11.4700	10.5940	9.8181	9.1285	8.5136
21	18.8570	17.0110	15.4150	14.0290	12.8210	11.7640	10.8360	10.0170	9.2922	8.6487
22	19.6600	17.6580	15.9370	14.4510	13.1630	12.0420	11.0610	10.2010	9.4424	8.7715
23	20.4560	18.2920	16.4440	14.8570	13.4890	12.3030	11.2720	10.3710	9.5802	8.8832
24	21.2430	18.9140	16.9360	15.2470	13.7990	12.5500	11.4690	10.5290	9.7066	8.9847
25	22.0230	19.5230	17.4130	15.6220	14.0940	12.7830	11.6540	10.6750	9.8226	9.0770
30	25.8080	22.3960	19.6000	17.2920	15.3720	13.7650	12.4090	11.2580	10.2740	9.4269
35	29.4090	24.9990	21.4870	18.6650	16.3740	14.4980	12.9480	11.6550	10.5670	9.6442
36	30.1080	25.4890	21.8320	18.9080	16.5470	14.6210	13.0350	11.7170	10.6120	9.6765
40	32.8350	27.3550	23.1150	19.7930	17.1590	15.0460	13.3320	11.9250	10.7570	9.7791
50	39.1960	31.4240	25.7300	21.4820	18.2560	15.7620	13.8010	12.2330	10.9620	9.9148

n \ r	11%	12%	13%	14%	15%	16%	20%	24%	25%	30%
1	0.9009	0.8929	0.8850	0.8772	0.8696	0.8621	0.8333	0.8065	0.8000	0.7692
2	1.7125	1.6901	1.6681	1.6467	1.6257	1.6052	1.5278	1.4568	1.4400	1.3609
3	2.4437	2.4018	2.3612	2.3216	2.2832	2.2459	2.1065	1.9813	1.9520	1.8161
4	3.1024	3.0373	2.9745	2.9137	2.8550	2.7982	2.5887	2.4043	2.3616	2.1662
5	3.6959	3.6048	3.5172	3.4331	3.3522	3.2743	2.9906	2.7454	2.6893	2.4356
6	4.2305	4.1114	3.9975	3.8887	3.7845	3.6847	3.3255	3.0205	2.9514	2.6427
7	4.7122	4.5638	4.4226	4.2883	4.1604	4.0386	3.6046	3.2423	3.1611	2.8021
8	5.1461	4.9676	4.7988	4.6389	4.4873	4.3436	3.8372	3.4212	3.3289	2.9247
9	5.5370	5.3282	5.1317	4.9464	4.7716	4.6065	4.0310	3.5655	3.4631	3.0190
10	5.8892	5.6502	5.4262	5.2161	5.0188	4.8332	4.1925	3.6819	3.5705	3.0915
11	6.2065	5.9377	5.6869	5.4527	5.2337	5.0286	4.3271	3.7757	3.6564	3.1473
12	6.4924	6.1944	5.9176	5.6603	5.4206	5.1971	4.4392	3.8514	3.7251	3.1903
13	6.7499	6.4235	6.1218	5.8424	5.5831	5.3423	4.5327	3.9124	3.7801	3.2233
14	6.9819	6.6282	6.3025	6.0021	5.7245	5.4675	4.6106	3.9616	3.8241	3.2487
15	7.1909	6.8109	6.4624	6.1422	5.8474	5.5755	4.6755	4.0013	3.8593	3.2682
16	7.3792	6.9740	6.6039	6.2651	5.9542	5.6685	4.7296	4.0333	3.8874	3.2832
17	7.5488	7.1196	6.7291	6.3729	6.0472	5.7487	4.7746	4.0591	3.9099	3.2948
18	7.7016	7.2497	6.8399	6.4674	6.1280	5.8178	4.8122	4.0799	3.9279	3.3037
19	7.8393	7.3658	6.9380	6.5504	6.1982	5.8775	4.8435	4.0967	3.9424	3.3105
20	7.9633	7.4694	7.0248	6.6231	6.2593	5.9288	4.8696	4.1103	3.9539	3.3158
21	8.0751	7.5620	7.1016	6.6870	6.3125	5.9731	4.8913	4.1212	3.9631	3.3198
22	8.1757	7.6446	7.1695	6.7429	6.3587	6.0113	4.9094	4.1300	3.9705	3.3230
23	8.2664	7.7184	7.2297	6.7921	6.3988	6.0442	4.9245	4.1371	3.9764	3.3254
24	8.3481	7.7843	7.2829	6.8351	6.4338	6.0726	4.9371	4.1428	3.9811	3.3272
25	8.4217	7.8431	7.3300	6.8729	6.4641	6.0971	4.9476	4.1474	3.9849	3.3286
30	8.6938	8.0552	7.4957	7.0027	6.5660	6.1772	4.9789	4.1601	3.9950	3.3321
35	8.8552	8.1755	7.5856	7.0700	6.6166	6.2153	4.9915	4.1644	3.9984	3.3330
36	8.8786	8.1924	7.5979	7.0790	6.6231	6.2201	4.9929	4.1649	3.9987	3.3331
40	8.9511	8.2438	7.6344	7.1050	6.6418	6.2335	4.9966	4.1659	3.9995	3.3332
50	9.0417	8.3045	7.6752	7.1327	6.6605	6.2463	4.9995	4.1666	3.9999	3.3333

〈부표 4〉 미래가치요소: $CVIF_{(r,\ n)} = (1+r)^n$

n \ r	1%	2%	3%	4%	5%	6%	7%	8%	9%	10%
1	1.0100	1.0200	1.0300	1.0400	1.0500	1.0600	1.0700	1.0800	1.0900	1.1000
2	1.0201	1.0404	1.0609	1.0816	1.1025	1.1236	1.1449	1.1664	1.1881	1.2100
3	1.0303	1.0612	1.0927	1.1249	1.1576	1.1910	1.2250	1.2597	1.2950	1.3310
4	1.0406	1.0824	1.1255	1.1699	1.2155	1.2625	1.3108	1.3605	1.4116	1.4641
5	1.0510	1.1041	1.1593	1.2167	1.2763	1.3382	1.4026	1.4693	1.5386	1.6105
6	1.0615	1.1262	1.1941	1.2653	1.3401	1.4185	1.5007	1.5869	1.6771	1.7716
7	1.0721	1.1487	1.2299	1.3159	1.4071	1.5036	1.6058	1.7138	1.8280	1.9487
8	1.0829	1.1717	1.2668	1.3686	1.4775	1.5938	1.7182	1.8509	1.9926	2.1436
9	1.0937	1.1951	1.3048	1.4233	1.5513	1.6895	1.8385	1.9990	2.1719	2.3579
10	1.1046	1.2190	1.3439	1.4802	1.6289	1.7908	1.9672	2.1589	2.3674	2.5937
11	1.1157	1.2434	1.3842	1.5395	1.7103	1.8983	2.1049	2.3316	2.5804	2.8531
12	1.1268	1.2682	1.4258	1.6010	1.7959	2.0122	2.2522	2.5182	2.8127	3.1384
13	1.1381	1.2936	1.4685	1.6651	1.8856	2.1329	2.4098	2.7196	3.0658	3.4523
14	1.1495	1.3195	1.5126	1.7317	1.9799	2.2609	2.5785	2.9372	3.3417	3.7975
15	1.1610	1.3459	1.5580	1.8009	2.0789	2.3966	2.7590	3.1722	3.6425	4.1772
16	1.1726	1.3728	1.6047	1.8730	2.1829	2.5404	2.9522	3.4259	3.9703	4.5950
17	1.1843	1.4002	1.6528	1.9479	2.2920	2.6928	3.1588	3.7000	4.3276	5.0545
18	1.1961	1.4282	1.7024	2.0258	2.4066	2.8543	3.3799	3.9960	4.7171	5.5599
19	1.2081	1.4568	1.7535	2.1068	2.5270	3.0256	3.6165	4.3157	5.1417	6.1159
20	1.2202	1.4859	1.8061	2.1911	2.6533	3.2071	3.8697	4.6610	5.6044	6.7275
21	1.2324	1.5157	1.8603	2.2788	2.7860	3.3996	4.1406	5.0338	6.1088	7.4002
22	1.2447	1.5460	1.9161	2.3699	2.9253	3.6035	4.4304	5.4365	6.6586	8.1403
23	1.2572	1.5769	1.9736	2.4647	3.0715	3.8197	4.7405	5.8715	7.2579	8.9543
24	1.2697	1.6084	2.0328	2.5633	3.2251	4.0489	5.0724	6.3412	7.9111	9.8497
25	1.2824	1.6406	2.0938	2.6658	3.3864	4.2919	5.4274	6.8485	8.6231	10.8350
30	1.3478	1.8114	2.4273	3.2434	4.3219	5.7435	7.6123	10.0630	13.2680	17.4490
35	1.4166	1.9999	2.8139	3.9461	5.5160	7.6861	10.6770	14.7850	20.4140	28.1020
36	1.4308	2.0399	2.8983	4.1039	5.7918	8.1473	11.4240	15.9680	22.2510	30.9130
40	1.4889	2.2080	3.2620	4.8010	7.0400	10.2860	14.9740	21.7250	31.4090	45.2590
50	1.6446	2.6916	4.3839	7.1067	11.4670	18.4200	29.4570	46.9020	74.3580	117.391

n \ r	11%	12%	13%	14%	15%	16%	20%	24%	25%	30%
1	1.1100	1.1200	1.1300	1.1400	1.1500	1.1600	1.2000	1.2400	1.2500	1.3000
2	1.2321	1.2544	1.2769	1.2996	1.3225	1.3456	1.4400	1.5376	1.5625	1.6900
3	1.3676	1.4049	1.4429	1.4815	1.5209	1.5609	1.7280	1.9066	1.9531	2.1970
4	1.5181	1.5735	1.6305	1.6890	1.7490	1.8106	2.0736	2.3642	2.4414	2.8561
5	1.6851	1.7623	1.8424	1.9254	2.0114	2.1003	2.4883	2.9316	3.0518	3.7129
6	1.8704	1.9738	2.0820	2.1950	2.3131	2.4364	2.9860	3.6352	3.8147	4.8268
7	2.0762	2.2107	2.3526	2.5023	2.6600	2.8262	3.5832	4.5077	4.7684	6.2749
8	2.3045	2.4760	2.6584	2.8526	3.0590	3.2784	4.2998	5.5895	5.9605	8.1573
9	2.5580	2.7731	3.0040	3.2519	3.5179	3.8030	5.1598	6.9310	7.4506	10.6040
10	2.8394	3.1058	3.3946	3.7072	4.0456	4.4114	6.1917	8.5944	9.3132	13.7860
11	3.1518	3.4785	3.8359	4.2262	4.6524	5.1173	7.4301	10.6570	11.6420	17.9220
12	3.4985	3.8960	4.3345	4.8179	5.3503	5.9360	8.9161	13.2150	14.5520	23.2980
13	3.8833	4.3635	4.8980	5.4924	6.1528	6.8858	10.6990	16.3860	18.1900	30.2880
14	4.3104	4.8871	5.5348	6.2613	7.0757	7.9875	12.8390	20.3190	22.7370	39.3740
15	4.7846	5.4736	6.2543	7.1379	8.1371	9.2655	15.4070	25.1960	28.4220	51.1860
16	5.3109	6.1304	7.0673	8.1372	9.3576	10.7480	18.4880	31.2430	35.5270	66.5420
17	5.8951	6.8660	7.9861	9.2765	10.7610	12.4680	22.1860	38.7410	44.4090	86.5040
18	6.5436	7.6900	9.0243	10.5750	12.3750	14.4630	26.6230	48.0390	55.5110	112.455
19	7.2633	8.6128	10.1970	12.0560	14.2320	16.7770	31.9480	59.5680	69.3890	146.192
20	8.0623	9.6463	11.5230	13.7430	16.3670	19.4610	38.3380	73.8640	86.7360	190.050
21	8.9492	10.8040	13.0210	15.6680	18.8220	22.5740	46.0050	91.5920	108.420	247.065
22	9.9336	12.1000	14.7140	17.8610	21.6450	26.1860	55.2060	113.574	135.525	321.184
23	11.0260	13.5520	16.6270	20.3620	24.8910	30.3760	66.2470	140.831	169.407	417.539
24	12.2390	15.1790	18.7880	23.2120	28.6250	35.2360	79.4970	174.631	211.758	542.801
25	13.5850	17.0000	21.2310	26.4620	32.9190	40.8740	95.3960	216.542	264.698	705.641
30	22.8920	29.9600	39.1160	50.9500	66.2120	85.8500	237.376	634.820	807.794	*
35	38.5750	52.8000	72.0690	98.1000	133.176	180.314	590.668	*	*	*
36	42.8180	59.1360	81.4370	111.834	153.152	209.164	708.802	*	*	*
40	65.0010	93.0510	132.782	188.884	267.864	378.721	*	*	*	*
50	184.565	289.002	450.736	700.233	*	*	*	*	*	*

〈부표 5〉 연금의 미래가치요소 : $CVIFA_{(r,n)} = \dfrac{(1+r)^n - 1}{r}$

n \ r	1%	2%	3%	4%	5%	6%	7%	8%	9%	10%
1	1.0000	1.0000	1.0000	1.0000	1.0000	1.0000	1.0000	1.0000	1.0000	1.0000
2	2.0100	2.0200	2.0300	2.0400	2.0500	2.0600	2.0700	2.0800	2.0900	2.1000
3	3.0301	3.0604	3.0909	3.1216	3.1525	3.1836	3.2149	3.2464	3.2781	3.3100
4	4.0604	4.1216	4.1836	4.2465	4.3101	4.3746	4.4399	4.5061	4.5731	4.6410
5	5.1010	5.2040	5.3091	5.4163	5.5256	5.6371	5.7507	5.8666	5.9847	6.1051
6	6.1520	6.3081	6.4684	6.6330	6.8019	6.9753	7.1533	7.3359	7.5233	7.7156
7	7.2135	7.4343	7.6625	7.8983	8.1420	8.3938	8.6540	8.9228	9.2004	9.4872
8	8.2857	8.5830	8.8923	9.2142	9.5491	9.8975	10.2598	10.6366	11.0285	11.4359
9	9.3685	9.7546	10.1591	10.5828	11.0266	11.4913	11.9780	12.4876	13.0210	13.5795
10	10.4622	10.9497	11.4639	12.0061	12.5779	13.1808	13.8164	14.4866	15.1929	15.9374
11	11.5668	12.1687	12.8078	13.4864	14.2068	14.9716	15.7836	16.6455	17.5603	18.5312
12	12.6825	13.4121	14.1920	15.0258	15.9171	16.8699	17.8885	18.9771	20.1407	21.3843
13	13.8093	14.6803	15.6178	16.6268	17.7130	18.8821	20.1406	21.4953	22.9534	24.5227
14	14.9474	15.9739	17.0863	18.2919	19.5986	21.0151	22.5505	24.2149	26.0192	27.9750
15	16.0969	17.2934	18.5989	20.0236	21.5786	23.2760	25.1290	27.1521	29.3609	31.7725
16	17.2579	18.6393	20.1569	21.8245	23.6575	25.6725	27.8881	30.3243	33.0034	35.9497
17	18.4304	20.0121	21.7616	23.6975	25.8404	28.2129	30.8402	33.7502	36.9737	40.5447
18	19.6147	21.4123	23.4144	25.6454	28.1324	30.9057	33.9990	37.4502	41.3013	45.5992
19	20.8109	22.8406	25.1169	27.6712	30.5390	33.7600	37.3790	41.4463	46.0185	51.1591
20	22.0190	24.2974	26.8704	29.7781	33.0660	36.7856	40.9955	45.7620	51.1601	57.2750
21	23.2392	25.7833	28.6765	31.9692	35.7193	39.9927	44.8652	50.4229	56.7645	64.0025
22	24.4716	27.2990	30.5368	34.2480	38.5052	43.3923	49.0057	55.4568	62.8733	71.4027
23	25.7163	28.8450	32.4529	36.6179	41.4305	46.9958	53.4361	60.8933	69.5319	79.5430
24	26.9735	30.4219	34.4265	39.0826	44.5020	50.8156	58.1767	66.7648	76.7898	88.4973
25	28.2432	32.0303	36.4593	41.6459	47.7271	54.8645	63.2490	73.1059	84.7009	98.3471
30	34.7849	40.5681	47.5754	56.0849	66.4388	79.0582	94.4608	113.283	136.308	164.494
35	41.6603	49.9945	60.4621	73.6522	90.3203	111.435	138.237	172.317	215.711	271.024
36	43.0769	51.9944	63.2759	77.5983	95.8363	119.121	148.914	187.102	236.125	299.127
40	48.8864	60.4020	75.4013	95.0255	120.800	154.762	199.635	259.057	337.882	442.593
50	64.463	84.5794	112.797	152.667	209.348	290.336	406.529	573.770	815.084	*

n \ r	11%	12%	13%	14%	15%	16%	20%	24%	25%	30%
1	1.0000	1.0000	1.0000	1.0000	1.0000	1.0000	1.0000	1.0000	1.0000	1.0000
2	2.1100	2.1200	2.1300	2.1400	2.1500	2.1600	2.2000	2.2400	2.2500	2.3000
3	3.3421	3.3744	3.4069	3.4396	3.4725	3.5056	3.6400	3.7776	3.8125	3.9900
4	4.7097	4.7793	4.8498	4.9211	4.9934	5.0665	5.3680	5.6842	5.7656	6.1870
5	6.2278	6.3528	6.4803	6.6101	6.7424	6.8771	7.4416	8.0484	8.2070	9.0431
6	7.9129	8.1152	8.3227	8.5355	8.7537	8.9775	9.9299	10.9801	11.2588	12.7560
7	9.7833	10.0890	10.4047	10.7305	11.0668	11.4139	12.9159	14.6153	15.0735	17.5828
8	11.8594	12.2997	12.7573	13.2328	13.7268	14.2401	16.4991	19.1229	19.8419	23.8577
9	14.1640	14.7757	15.4157	16.0853	16.7858	17.5185	20.7989	24.7125	25.8023	32.0150
10	16.7220	17.5487	18.4197	19.3373	20.3037	21.3215	25.9587	31.6434	33.2529	42.6195
11	19.5614	20.6546	21.8143	23.0445	24.3493	25.7329	32.1504	40.2379	42.5661	56.4053
12	22.7132	24.1331	25.6502	27.2707	29.0017	30.8502	39.5805	50.8950	54.2077	74.3270
13	26.2116	28.0291	29.9847	32.0887	34.3519	36.7862	48.4966	64.1097	68.7596	97.6250
14	30.0949	32.3926	34.8827	37.5811	40.5047	43.6720	59.1959	80.4961	86.9495	127.913
15	34.4054	37.2797	40.4175	43.8424	47.5804	51.6595	72.0351	100.815	109.687	167.286
16	39.1899	42.7533	46.6717	50.9804	55.7175	60.9250	87.4421	126.011	138.109	218.472
17	44.5008	48.8837	53.7391	59.1176	65.0751	71.6730	105.931	157.253	173.636	285.014
18	50.3959	55.7497	61.7251	68.3941	75.8364	84.1407	128.117	195.994	218.045	371.518
19	56.9395	63.4397	70.7494	78.9692	88.2118	98.6032	154.740	244.033	273.556	483.973
20	64.2028	72.0524	80.9468	91.0249	102.444	115.380	186.688	303.601	342.945	630.166
21	72.2651	81.6987	92.4699	104.768	118.810	134.841	225.026	377.465	429.681	820.215
22	81.2143	92.5026	105.491	120.436	137.632	157.415	271.031	469.056	538.101	*
23	91.1479	104.603	120.205	138.297	159.276	183.601	326.237	582.630	673.626	*
24	102.174	118.155	136.832	158.659	184.168	213.978	392.484	723.461	843.033	*
25	114.413	133.334	155.620	181.871	212.793	249.214	471.981	898.092	*	*
30	199.021	241.333	293.199	356.787	434.745	530.312	*	*	*	*
35	341.590	431.664	546.681	693.573	881.170	*	*	*	*	*
36	380.164	484.463	618.749	791.673	*	*	*	*	*	*
40	581.826	767.091	*	*	*	*	*	*	*	*
50	*	*	*	*	*	*	*	*	*	*

찾 아 보 기

ㄱ

ㄴ

ㄷ

ㄹ

ㅁ

ㅇ

ㅈ

ㅊ

ㅋ

ㅌ

ㅍ

ㅎ

저자약력

□ 허 화

부산대학교 상과대학 졸업
일본 대판시립대학 대학원 경영학박사
일본 아시아경제연구소 연구원
부산대학교 상과대학 학장
한국증권선물거래소 사외이사
부산대학교 경영학부 명예교수

[주요 논문]
- 주식연결구조와 효율적 포트폴리오(2006)
- KOSPI200의 변동성 추정방법에 따른 VaR 비교연구(2006)
- 원 · 달러선물시장에서 일중 거래량이 수익률 및 수익률의 변동성에 미치는 영향(2005)
- DEA모형을 이용한 우리나라 손해보험회사의 효율성 분석에 관한 연구(2005)
- 연기금의 파생상품 활용에 관한 연구(2004) 외 다수

□ 박종해

경희대학교 경영학과 졸업
경희대학교 대학원 재무관리전공 석사
경희대학교 대학원 재무관리전공 박사
부산대학교 금융선물보험 전문 인력양성사업단 연구교수
경남과학기술대학교 조교수

[주요 논문]
- 국내 선물가격의 분산비 검정(2006)
- 내재변동성 측정방법에 따른 실현 변동성 예측력 분석(2006)
- 금융도시 부산의 잠재력 분석과 발전방향(2006)
- 풋콜옵션의 내재변동성 차이를 이용한 옵션거래성과(2003) 외 다수

□ 변영태

경성대학교 경영학과 졸업
부산대학교 대학원 재무관리전공 석사
부산대학교 대학원 재무관리전공 박사
현. 경성대학교 경영학과 조교수

[주요 논문]
- 한국 주식시장에서의 3요인 모형을 이용한 주식수익률의 고유변동성과 기대수익률 간의 관계에 관한 연구(2011)
- KOSPI 200 현물, 선물, ETF 시장 간의 변동성 전이효과 비교 : KINDEX 200, KODEX 200, KOSEF 200, TIGER 200 ETFs를 대상으로(2014)
- 내재위험회피도에 반영된 기대와 위험선호의 이질성(2010)
- KOSPI 200 ETF시장, KOSPI 200 선물시장 및 KOSPI 200 현물시장 간의 정보효과(2015) 외 다수

자본시장 이해

2017년 3월 10일 1판 1쇄 발행
2023년 8월 16일 1판 4쇄 발행

저 자 허 화 · 박 종 해 · 변 영 태
발행인 김 학 민
조 판 아 람 기 획

07285
발행처 서울특별시 영등포구 선유로3길 10, 617호
도서출판 **탑 북 스**
등 록 2009.12.21 제 2016-000101 호
전 화 02)365-2223 팩스 02)365-2224

정가 22,000 원
ISBN 979-11-87343-27-1-93320